Das Jahrhundert des Bewusstwerdens

Dr. Gundl Kutschera

Das Jahrhundert des Bewusstwerdens

Geheimnis Resonanz

Dr. Gundl Kutschera

IMPRESSUM

Das Jahrhundert des Bewusstwerdens – Geheimnis Resonanz

1. Auflage, 2019

Autorin: Dr. Gundl Kutschera | www.kutschera.org
Umschlaggestaltung: Gruppe am Park | www.gruppe-am-park.at
Illustrationen: Mag. Clemens Deifel | www.kutschera.org
Lektorat: Wortspiel . Text & Konzept | www.wort-spiel.at
Layout: Florian Divi | www.divi.at
Produktion: Emanuel Raviola | www.raviola.eu
Verlag: Buchschmiede von Dataform Media GmbH, Wien

ISBN Paperback: 978-3-99093-073-1
ISBN Ebook: 978-3-99093-075-5
Gedruckt in Österreich

INHALTSVERZEICHNIS

DANKE

Es ist mir unmöglich allen Menschen Danke zu sagen, die mitgewirkt haben, um die komplexe Ganzheit von Beziehungen und menschlichem Miteinander in einem Konzept als Einheit darzustellen.

Es sind so viele, mit denen ich gemeinsam gesucht und immer wieder nächste Schritte gefunden habe, um mehr Resonanz in unserem Umfeld und in unseren Beziehungen gestalten zu können.

Danke allen Kollegen und Kolleginnen und allen Teilnehmerinnen und Teilnehmern unserer Kurse. Und vor allem Danke an Walter, der so viel Verständnis für meinen Traum hat und für mich da ist, wenn ich den nächsten Schritt nicht finden kann.

Danke

Andrea für alle wertvollen Gespräche, Texte und die viele Zeit,
Clemens für die liebevollen und treffenden Zeichnungen,
Christine für die Formulierungen,
Emanuel für dein Engagement und deine Geduld als Geburtshelfer,
Florian Divitschek für die einfühlsame Gestaltung,
Fr. Wickhoff und Fr. Kerndle für das achtsame Lektorat,

Danke meinen strengsten Lehrmeistern

Walter, Steffi, Peter und Jörg

DAS JAHRHUNDERT DES BEWUSSTWERDENS

MENSCHEN IN RESONANZ GEHEN MIT VERTRAUEN IN DIE ZUKUNFT UND MACHEN UNMÖGLICHES MÖGLICH

Wir Menschen sind an einem Punkt angekommen, an dem wir uns entscheiden dürfen: Wollen wir noch mehr Konsum, noch mehr Information, noch mehr Wachstum und noch mehr Ausbeutung oder wollen wir uns auf das Wesentliche konzentrieren? Was aber ist das Wesentliche? Es ist die Suche nach Glück, Zufriedenheit und Miteinander im Leben – und der Schlüssel dafür liegt in uns!

Jeder Mensch hat in sich einen großen Schatz – eine persönliche Resonanz. Diese Resonanz wird im Laufe des Lebens oft verschüttet, kann aber wiederentdeckt und gelebt werden. Erst wenn wir wieder in Resonanz sind, werden wir neue Lösungsmöglichkeiten finden, ganz neue Richtungen öffnen und lernen die riesige Kapazität unseres Gehirns bewusst zu gebrauchen. Doch zurzeit besteht ein großer Unterschied zwischen dem was wir tun und leben und dem, was wir tun und leben könnten.

Die Frage lautet: Wie können wir diese Kluft verringern und mit Freude unser Potential und unsere Fähigkeiten und Weisheiten miteinander leben?

Große neue Errungenschaften und Entdeckungen sind immer dann passiert, wenn Menschen sich getraut haben in unbekannte Gebiete vorzudringen. Es ist unser Bestreben generelle Muster und Strukturen für menschliches Miteinander zu finden, die jeder einzelne mit seinem eigenen Inhalt füllen kann. Dazu gehört das Wissen aus dem neuen Forschungsfeld der Epigenetik, welches uns hier weiterhilft: Wir können unsere Gene neu schreiben, Altes, Belastendes löschen und uns mit dem Geist unserer Ahnen in unseren Genen versöhnen.

Wenn uns das gelingt, können wir neue Türen in viele Bereiche öffnen, die volle Kapazität unseres Gehirns nutzen und mit Entdeckermut unsere Begrenzungen weiten und uns voll Begeisterung Neuem stellen, ein gleichwertiges Miteinander leben und all dieses Wissen vielen Menschen zugänglich machen. Dann ist auf unserer Erde genug für alle da: genug Liebe, genug Geld, genug Essen, genug Schönheit, genug Gesundheit und genug Platz.

Jede Person und jedes Alter findet individuelle Antworten, wenn sie Resonanz in sich, mit anderen und der Natur lebt. Dann sind wir innerlich ausgeglichen und gehen mit Zuversicht in die Zukunft – auch wenn wir nicht wissen, wie die Zukunft sein wird. Dieses Buch zeigt mit einfachen Erklärungen und Übungen, wie jeder seine eigene Resonanz im Alltag leben kann und wie Menschen gemeinsam gestalten können:

- *Familien, in die jeder gerne heimkommt.*
- *Schulen, in denen jeder gerne lernt.*
- *Unternehmen, in denen jeder gerne arbeitet.*
- *Gemeinden, in denen jeder gerne lebt.*

Dieses Buch ist eine Schatzsuche in Sachen Menschlichkeit. Diese kann nur gelingen, wenn wir lernen ganzheitlich zu denken, zu lehren und zu lernen.

EINLEITUNG

Wir dürfen nicht hoffen,
eine bessere Welt zu erbauen,
ehe nicht die Individuen besser werden.

–Marie Skłodowska–Curie (1867–1934)

„Das Wunderbare an uns Menschen ist,
dass wir zwei Vererbungssysteme besitzen –
ein chemisches und ein kulturelles. …
Unser chemisches System erhebt uns kaum
über andere Tiere, doch unser kulturelles
System ist in der Natur ohne Beispiel. Seine
formende Kraft schenkt uns Sprache, Kunst,
Wissenschaft und sittliche Verantwortung."

–Gottfried Schatz:

Jenseits der Gene: Essays über unser Wesen,
unsere Welt und unsere Träume, 2008

Wir Menschen sind verantwortlich für alle Entwicklungen unserer Zivilisation, ob gut oder schlecht, wir haben sie durch unser Handeln ermöglicht. Und deshalb können wir diesen Kurs auch in neue Richtungen lenken. Dies kann nur geschehen, wenn wir lernen ganzheitlich zu denken und die volle Kapazität unseres Gehirns bewusst zu nutzen.

Unsere Gedanken sind kraftvoll und bestimmen unser Leben:

- Unsere Gedanken beeinflussen unsere Körperzellen und sind wesentlich verantwortlich für unsere **Gesundheit**.
- Unsere Gedanken bestimmen, wie wir mit **technischen Entwicklungen** umgehen und ob wir die Folgen abschätzen.
- Unsere Gedanken bestimmen, ob wir unseren **Reichtum** teilen oder nur am eigenen Gewinn interessiert sind.
- Unsere Gedanken bestimmen unsere **Beziehungen** und unser **Miteinander** im privaten und beruflichen Bereich.
- Unsere Gedanken bestimmen, wie wir **unsere Kinder erziehen** und wie sie die Zukunft gestalten werden.
- Unsere Gedanken bestimmen, ob wir unsere Energie für **Fachwissen** oder **Gefühle und Intuition** verwenden – oder für beides.
- Unsere Gedanken bestimmen, ob wir uns **frei oder eingeschränkt** fühlen und ob wir uns als Dirigent unseres eigenen Orchesters fühlen oder darunter leiden, dass andere uns vorgeben, was zu tun ist.
- Unsere Gedanken bestimmen, ob wir an unsere **Fähigkeiten und Talente** glauben und ob wir bereit sind diese inneren Schätze zu erforschen.
- Unsere Gedanken bestimmen, ob wir an ein **freundliches oder unfreundliches Universum** glauben und sie bestimmen in welche Richtung wir unsere Kräfte, unser Wissen und unsere Talente einsetzen.

Es gibt sehr viele Wissenschaftler, die diese Richtungen beschreiben. Das Problem ist, dass alle Richtungen zusammenwirken und sich gegenseitig beeinflussen. Es braucht ganzheitlicheres Denken, ganzheitliches Lehren und Lernen, um die Visionen für eine gesunde Erde und eine gesunde Zukunft möglich werden zu lassen. Dieses Lehren und Lernen sollte bereits in der Schule beginnen und könnte ermöglichen, dass Kinder schon früh beginnen holistisch zu denken und diese großartige Vielfalt auf unserer Erde ständig ausbalancieren und neue Türen öffnen.

Es ist sehr wichtig, dass wir Fachwissen lernen. Genauso wichtig ist jedoch, dass wir alles lernen, was nicht als Fachwissen gilt: globales Denken, Selbstvertrauen, soziales Verhalten. Wir brauchen in der Schule ein neues Fach, sodass Kinder schon früh lernen die riesigen unbewussten Kapazitäten des Gehirns bewusst zu gebrauchen.

Unser menschliches Gehirn ist wie ein riesiger Computer, aber wir brauchen dafür eine Gebrauchsanweisung. Wir können uns Folgendes überlegen und ausrechnen: Unsere hervorragenden Computerprogramme und technischen Errungenschaften werden mit 0 und 1 programmiert, also zwei Elementen. Nehmen wir nun unser Gehirn, in dem Informationen in Form von 5 Elementen gespeichert sind: sehen, hören, spüren, riechen und schmecken. Wir können also um exponentiell vieles mehr als die Computerwelt – das heißt, wir können Unmögliches möglich machen. Das Problem ist, dass wir diese riesige Kapazität nur unbewusst nutzen und dieses Unbewusste führt zu den großen Problemen unserer Zeit. Es besteht daher die riesige Chance, dass wir lernen unser Gehirn bewusst zu gebrauchen und abzuschätzen, wie wir mit unseren Gedanken und Visionen alles, was uns umgibt, beeinflussen können.

Wir alle haben gute und schlechte Tage. An guten Tagen haben wir all das bereits zur Verfügung und brauchen es nur noch aufzudecken. Wenn wir uns bewusst machen, was wir an guten Tagen tun, können wir jeden schlechten Tag in einen guten verwandeln und die volle Kapazität unseres Gehirns bewusst nutzen – und jeder kann dazu beitragen das Unmögliche möglich zu machen. Dieses Buch soll eine Gebrauchsanweisung für unser Gehirn sein. Es soll sehr einfach aufzeigen, wie wir Schritt für Schritt entdecken können, was wir an guten Tagen machen und wie wir es bewusst im Alltag leben können.

Eine Metapher für diese individuelle Resonanz und ein ganzheitliches Miteinander ist ein Orchester.

Dazu möchte ich zunächst Nikolaus Harnoncourt, Begründer des Concentus Musicus, Orchestermusiker und Dirigent, zitieren (Harnoncourt 2017, S. 20), der über das Orchester Folgendes sagte: „Wie konnte man das erfinden? Man konnte es nicht, es ist nach und nach entstanden... Viele Generationen, unendlich viele Experimente führten schließlich zum Orchester, einer Klangwundermaschine aus Menschen und Musikinstrumenten; man kann es fast nicht glauben, dass Musiker, die ja von Natur aus Individualisten sind, die ihren persönlichen Klang schaffen wollen, nun ihre Phantasie dem großen Kollektiv zuwenden, der Verschmelzung von Klängen, der Entdeckung und Erfindung neuer Farben und Farbkombinationen; fast alle Komponisten waren zeitweise Mitglieder solcher Orchester. Sie nahmen selbst aktiv Anteil am Entstehen der vielen, vielen Möglichkeiten, und sie kannten und verstanden das komplizierte Wesen des Orchesters: jeder gute Musiker hat einen ausgeprägten Gestaltungswillen, ist im Grunde Solist und muss es sein – im Orchester vereinen sich alle diese Individualitäten, jeder bringt seine ganze Persönlichkeit, seine volle Künstlerschaft und ordnet sie zugleich einem – rätselhaften – Gesamtwillen unter. So hat jedes Orchester auch ohne Dirigent eine unverwechselbare Persönlichkeit; natürlich bilden sich in Wien, Prag, Paris etc. verschiedene nationale Klangideale."

Man fragt sich also, wie es möglich ist, dass Musiker gemeinsam in einem Orchester eine wunderbare Symphonie spielen und eine Atmosphäre verbreiten, die die Zuhörer verzaubert? Das Geheimnis ist wohl, dass jeder das eigene Instrument und seinen Teil der Partitur perfekt beherrscht und zugleich mit den anderen Musikern verbunden ist. Diese Verbundenheit schwingt – ähnlich wie im Resonanzraum der Geige oder des Cellos – auch innerhalb des Orchesters.

Abbildung 1: Orchester

Jeder Musiker muss sich aber auf diese komplexe Ganzheit einlassen. Ein Geigenspieler erarbeitet sich zunächst Tonleitern und Techniken, die jedoch noch keine Musik ergeben, auch wenn sie perfekt gespielt sind. Es müssen noch das Herz und die Gefühle hinzukommen, damit eine innere Berührung möglich wird. Wenn nun ein Geigenspieler dies erreicht hat, braucht es weitere Fähigkeiten, um auch gut im Orchester mitzuspielen: Er muss lernen mit allen anderen Musikern und Instrumenten Verbindung aufzunehmen. D.h., während jeder Musiker sein Instrument und seine Noten spielt, ist er gleichzeitig mit den anderen Musikern verbunden. Wenn das funktioniert, fehlt nur noch das Publikum. Jedes Publikum ist anders und auf jedes Publikum stellen sich gute Musiker neu ein, um ein wunderbares musikalisches Erlebnis zu schaffen.

Das Gleiche gilt für menschliches Miteinander: Es ist sicherlich sinnvoll Techniken zu lernen, mit denen man seine inneren Teile kennen lernt, sodass das „innere Hamsterrad" zur Ruhe kommt. Aber erst wenn zu den

Techniken – so wie beim Geigenspieler – die Gefühle und das Herz hinzukommen, sind wir auch authentisch und in Resonanz mit uns selbst. Wenn wir mit anderen auf neue Weise leben und arbeiten wollen, sollten wir lernen die innere Landkarte unseres Gegenübers zu verstehen, so wie das gute Musiker im Orchester tun.

Wenn wir nun alle gut miteinander spielen, fehlt noch das Umfeld, bzw. um im Bild des Orchesters zu bleiben, das Publikum und die Rahmenbedingungen: Erst wenn wir wieder lernen, mit der Natur in Verbindung zu sein, andere Menschen in ihrer wunderbaren Eigenart zu entdecken und unsere Gefühle und unseren Verstand zu schätzen und uns damit zu verbinden, dann können wir wie ein Orchester wunderbare Musikstücke gemeinsam spielen und wohltuende Atmosphäre verbreiten. Dann leben wir Resonanz in uns, mit anderen und mit aktuellen Rahmenbedingungen, die sich laufend verändern können. Wie ein Orchester hat auch jede Partnerschaft, jede Familie eine unverwechselbare Persönlichkeit und natürlich bilden sich in verschiedenen Ländern und Kulturen verschiedene Klangideale.

Für all das braucht es Fähigkeiten, die genauso erlernt und trainiert werden können, wie Orchestermusiker die Partitur und ihren Anteil darin erlernen. Wir können in Gesprächen gemeinsam Musikstücke finden, in denen jeder Spieler wichtig ist und jeder sich für das Gelingen verantwortlich fühlt und sein Bestes einbringt. Dann sind die Tonleitern – oder das individuelle Fachwissen – mit Intuition verbunden. Herz und Verstand haben sich dann gefunden und lieben gelernt. Es ist eine wunderbare Reise vom Verstand zum Herzen und dann kann man beides in ihrer Verbindung schätzen.

Sinnvoll leben und Sinn stiften

Seit vielen Jahren begleite ich Menschen, die Sinn im Leben finden wollen und gleichzeitig wissen, dass ihnen etwas in ihrem Leben fehlt, es aber nicht fassen können. Viele haben Angst krank zu werden und haben Angst vor einer unsicheren Zukunft. Was sie wirklich suchen, ist ein gleichwertiges Miteinander, in dem sie frei und geborgen mit anderen leben können. Beruf und Fachwissen allein hilft ihnen dabei nicht weiter.

Dazu braucht es eine ganzheitliche Betrachtung von Beziehungen, die alle Ebenen des Fühlens, Denkens, Wissens und Handelns miteinbezieht. So wie Orchestermusiker einzelne Schritte lernen und diese immer wieder zu einer Ganzheit zusammenführen bis sich am Ende eine wunderschöne Musik ergibt, habe ich eine ähnlich klare Vorgehensweise für das Musikstück des Lebens gefunden, mit der jede Beziehung, jede Familie, jedes Unternehmen und jede Gemeinde ihr eigenes Musikstück gestalten kann. Ich begleite Menschen diese Reise zu gehen, damit sie erleben, erfahren und erkennen können, wer sie sind und wie sie im großen Orchester des Lebens mitspielen können.

Das Buch ist in folgende Kapitel gegliedert:

Kapitel 1 zeigt einige bekannte Modelle für Resonanz und ganzheitliches Denken.

Kapitel 2 zeigt mit dem Modell der logischen Ebenen die Elemente auf, die helfen können die unbewussten Kapazitäten des Gehirns bewusst und damit lehr- und lernbar zu machen.

Kapitel 3 beschreibt das Erlernen von Resonanz und Kommunikation mit sich selbst.

Kapitel 4 hat das Ziel, Resonanz und Kommunikation mit anderen zu erlernen.

Kapitel 5 erweitert Resonanz und Kommunikation auf die Welt der Natur und des globalen Umfeldes.

Kapitel 6 umfasst die Kutschera-Resonanz®-Methode im Überblick.

Kapitel 7 beschreibt weiterführende Forschungsansätze für menschliches Miteinander.

Kapitel 8 erzählt von meinen eigenen Kindheitsträumen, weil ich glaube, dass wir schon sehr früh wissen, was uns im Leben wichtig ist und welche Visionen wir leben wollen. Es soll die Leser anregen ihre Träume wieder zu entdecken.

Jedes Konzept, das gleich einer Landkarte Orientierung bieten soll, wird aber erst lebendig, wenn es auch erfahren und erlebt wird, so wie sich das Wesen einer Landschaft auch erst auf einer Wanderung oder Fahrt durch selbige offenbart und die Landkarte als Orientierung dient. Das bedeutet, dass auch dieses Konzept erst seine Kraft entfalten kann, wenn es nicht nur kognitiv, sondern auch mit dem Herzen verstanden wird.

Wenn ich davon spreche, wie wichtig es ist in Resonanz zu leben, geht es nicht darum, verschiedene negative Gefühle und Erfahrungen einfach wegzudrücken. Es geht auch nicht darum Gefühle wie Ängste, Trauer oder Wut immer wieder zu analysieren und sich darin zu verlieren oder sogar in sie zu verlieben, bevor sie irgendwann geheilt werden können.

Es geht darum, diese Dualität, diese Unterschiede von negativen und positiven Gefühlen zu einer Einheit zu verbinden. Unsere Aufgabe ist es zu lernen, diese Vielfalt von positiven und negativen Gefühle ernst zu nehmen und ihre Botschaften zu verstehen.

Denn sie bestimmen unser Leben und wollen angenommen werden. Sie sind wie viele verschiedene innere Gesichter, die alle erkannt werden wollen. Sie haben Botschaften für uns, die uns helfen ganz zu werden und unsere Resonanz, unsere einzigartige Urschwingung immer weiter zu verfeinern. Eine kurze Geschichte von einem Großvater und seinem Enkel fasst alles zusammen, was dieses Buch vermitteln möchte:

Es war einmal ein Großvater, der viel Zeit mit seinem Enkel verbrachte. Eines Tages ärgerte er sich furchtbar über den Jungen und war ziemlich aufgebracht: „Es scheint, dass du zwei Drachen in dir hast. Einer ist ganz freundlich und liebevoll und der andere ist respektlos und widerlich." Der kleine Enkel schaute seinen Großvater nachdenklich an und fragte: „Großvater, was glaubst du, welcher Drache wird gewinnen?" Darauf antwortete der Großvater: „Der, den du fütterst."

(Indianische Weisheit)

Viele Menschen fragen sich zu Recht: „Wie soll das denn gehen? Ich kann doch all das Negative, das rundherum sichtbar ist und all meine Verletzungen nicht einfach wegschieben, sie sind ja da!"

Denn an manchen Tagen gelingt uns alles ganz leicht und schnell und die richtigen Worte fließen aus uns heraus. Und an manchen Tagen gelingt fast gar nichts. Alles Wissen, alle Begeisterung sind wie weggeblasen, wir fühlen uns steif und unbeweglich und haben keine Ahnung, wie wir zu unseren guten Tagen zurückfinden können. An „schlechten Tagen" sind manche Worte nervig und unangenehm und an guten Tagen können die gleichen Worte angenehm und wohltuend sein. Alle Menschen haben gute und schlechte Tage: „Es kommt darauf an, welchen Drachen du fütterst." Spannend wird es, wenn man diese Phänomene als komplexe, unbewusste Erfahrungen betrachtet, die bewusst gemacht werden können. Die Bewusstmachung dieser Erfahrungen und ihrer Strukturen ist die Basis dafür, dass wir tatsächlich wählen können, welchen Drachen wir füttern wollen. Tatsächlich gebrauchen wir unser Gehirn an guten und schlechten Tagen sehr unterschiedlich.

Die Annahme ist, dass wir Menschen zuerst bewusst wissen müssen, was wir an „guten" Tagen machen. Dann können wir die Fähigkeit erlangen, jeden „schlechten" Tag zu einem „guten" Tag zu machen. Das würde auch bedeuten, nicht mehr dem Druck und inneren Zwang eines Reiz-Reaktions-Verhaltens ausgeliefert zu sein – sondern wir können bewusst entscheiden, wie wir Beziehungen mit anderen leben wollen.

Wir brauchen für fast jede Tätigkeit Ausbildungsnachweise und „Scheine". Nur eine Partnerschaft darf jeder ohne jegliches Lernen beginnen und Eltern dürfen ihre Kinder erziehen ohne entsprechend geschult zu sein. Daraus resultiert eine große Unsicherheit. Es besteht die Annahme, dass diese Unsicherheit die Ursache für viele Scheidungen ist und nicht weil sich die Partner „nicht mehr mögen".

Es sind Gefühle und innere Haltungen, die entscheiden, ob Worte angenehm oder unangenehm sind, ob sie gehört werden oder nicht. Dazu ein Beispiel: Ein junges Paar heiratet und verspricht sich, respektvoll miteinander umzugehen. Aber stattdessen reiben sich die beiden in kleinlichen

Diskussionen über alles und jedes auf. Als sie zu mir kamen, versuchte ich mit dem jungen Mann und der jungen Frau herauszufinden, was jeder für sich unter dem Begriff Respekt versteht. Das muss ja nicht dasselbe sein, auch wenn beide dasselbe Wort dafür verwenden. Geprägt durch ihre Familiengeschichte nahm der junge Mann an, dass jeder seine Meinung sagen müsse, bevor man auseinandergeht. Dazu gehörte es auch laut zu werden und zu schreien. Für die junge Frau bestand respektvoller Umgang darin, den Raum zu verlassen, wenn man sich nichts Nettes mehr zu sagen hatte. So definierte jeder der Beiden den Begriff Respekt anders und die Missverständnisse waren vorprogrammiert. Um eine Lösung zu finden, entdeckten beide, dass ihnen dieses Anderssein beim ersten Kennenlernen wichtig gewesen war und wie sie voneinander lernen konnten: Die Ehefrau lernte ihre Meinung auch einmal lautstark zu äußern und ihr Mann lernte sich manchmal zurückzunehmen. Damit eröffnete sich für das Paar eine neue Dimension von Respekt und sie fanden eine gemeinsame Perspektive für die Zukunft.

Dieses Beispiel zeigt, wie wichtig die innere Haltung und Gefühle sind und wie sie helfen das verletzende Verhalten ganz neu wahrzunehmen. Die beiden wollten sich nicht verletzen, sondern wünschten sich Respekt und wussten nicht, warum das nicht möglich war. Ihnen war nicht bewusst, dass sie ganz unterschiedliche innere Vorstellungen vom gleichen Wort haben, in diesem Fall von Respekt. Auf der Respektsebene konnten sie sich neu treffen und entscheiden, ob sie weiterhin nur ihr eigenes, gelerntes Verhalten leben wollen, oder ob sie ihr Repertoire für respektvolles Verhalten erweitern und voneinander lernen wollen. Diese Veränderung der inneren Haltung kann manchmal ausreichen, um ein schlechtes Gespräch zu einem guten Gespräch werden zu lassen, d.h. auch einen schlechten Tag zu einem guten zu machen.

Es scheint einfach zu sein, wenn es Menschen bewusst wird, was sie an guten Tagen machen, dann könnten sie theoretisch jeden „schlechten" Tag zu einem guten Tag machen. Könnten wir Menschen nur gute Tage leben, dann hätten wir die Basis für ein menschliches Miteinander erreicht. Ziel dieses Buches ist es aufzuzeigen, wie dies im Alltag gelebt werden kann. Es soll ein Buch sein, das Fachwissen mit Gefühlen, Intuition und Weisheit verbindet und diese lehr- und lernbar macht. Zugleich soll es zur Grundlagenforschung für Menschlichkeit anregen (Kapitel 7) und ermöglichen dazu konkrete Lehrmethoden zu entwickeln. 1992 habe ich das Theoriebuch „Tanz zwischen Unbewusst-sein und Bewusst-sein geschrieben. Dieses Buch soll einfache Hilfen im täglichen Miteinander geben, sodass jede Beziehung und jede Gruppe ihre eigene Melodie finden kann.

Im Sport, in der Musik, im Theater und der Kunst weiß man, dass Fachwissen mit Talenten verbunden werden muss, damit Erfolg möglich ist. Dasselbe sollte für jedes andere Fachwissen und besonders auch für Kommunikation und menschliches Miteinander gelten.

Ich träume davon, dass es in Schulen und an Universitäten zusätzlich zu den etablierten Fächern noch ein weiteres für holistisches Denken, für Selbst- und Sozialkompetenz gibt. Hier könnten Kinder und Studenten lernen ihre Fähigkeiten zu entdecken, Träume zu leben, Freude an der persönlichen Bestleistung zu haben und gemeinsam mit anderen ein sinnvolles Leben zu gestalten.

Ich träume davon, dass wir mit Hilfe von ganzheitlichem Denken, Lehren und Lernen ein holistisches Menschenbild finden, das als Basis für Lösungen auf unsere selbsterzeugten, riesigen globalen Herausforderungen dient – und wir damit unseren Kindern Antworten auf ihre Forderungen geben können.

Ich wünsche Ihnen viel Spaß
beim Bewusstmachen Ihrer inneren Schätze
mit vielen guten Tagen.

RESONANZ UND GANZHEITLICHE DENKANSÄTZE

NEUE ÄRA

Die Erkenntnisse der Neurowissenschaft sind bahnbrechend. Wir wissen heute, dass es möglich ist aus jeder Teufelsspirale auszusteigen und Lösungen zu finden – ganz gleich ob privat, beruflich, gesundheitlich oder gesellschaftspolitisch.

Wenn wir nun eine Brücke bauen zwischen den wissenschaftlichen Erkenntnissen und unserer gesellschaftlichen und individuellen Lebenswirklichkeit, dann gelingt eine neue Ära, dann entfaltet sich der Zauber rund um das Geheimnis Resonanz, dann entfalten sich die im Menschen angelegten Potentiale, um über sich hinauswachsen zu können.

Das letzte Jahrhundert hat das rationale Wissen forciert und erstaunliche Dinge erreicht. Das 21. Jahrhundert möchte ich als das Jahrhundert des Bewusstwerdens bezeichnen. Die Neurobiologie hat erkannt, dass wir sehr viele Regionen unseres Gehirns unbewusst nutzen. Im positiven Zustand kennt das jeder, wenn wir dem Bauchgefühl vertrauen oder uns einfach „treiben lassen", wenn wir intuitiv das Richtige tun. Im Negativen kennen wir diese unbewussten Reaktionen ebenso: Wenn wir auf Kleinigkeiten automatisch mit Ärger, Trauer oder Wut reagieren und diese nicht kontrollieren können. Wir ähneln dann Tieren mit einem Reiz-Reaktions-

Verhalten. Wir denken zum Beispiel, dass wir liebevoll sein wollen, aber diese Gedanken werden von Gefühlen überrollt, sodass das Denken keine Power mehr hat und wir instinktmäßig wie Tiere reagieren, andere verletzen und uns damit von menschlichem Miteinander weit entfernen.

Dies passiert uns Menschen deshalb immer wieder, weil wir nach den Erkenntnissen der Gehirnforschung nur einen winzigen Teil unserer Gehirnkapazität bewusst nutzen. Dem gegenüber steht eine riesige Kapazität des Gehirns, die wir unbewusst nutzen *(siehe Abb. 2).*

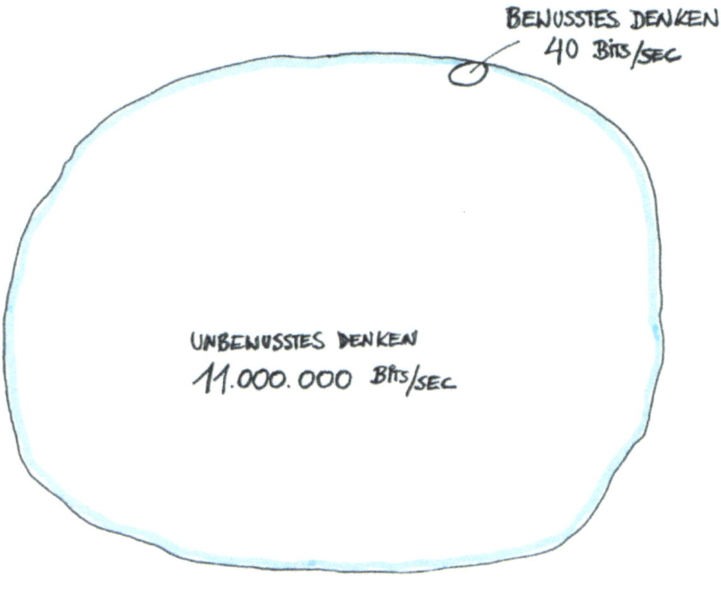

Abb. 2: Die Kapazitäten für bewusstes und unbewusstes Denken (Bruce Lipton, 2006)

Ein kleines Beispiel: Sehe ich auf einer wunderschönen Blumenwiese die Blumen, so kann ich mich an den leuchtenden Farben erfreuen und die Zeit genießen. Oder ich sehe nur die Hundehaufen dazwischen und ärgere mich. An einem Tag, an dem es einem gut geht, sieht man nur lächelnde und gut gelaunte Menschen, hat schöne Begegnungen und findet an jeder Ecke Bestätigung. An einem anderen Tag, an dem man schlecht drauf ist, findet man an jeder Ecke einen Grund zur Klage und sieht nur Menschen, die schlecht gelaunt und unfreundlich sind.

Wenn derzeit fachliches/logisches Lernen in Schule, Forschung und Entwicklung vorwiegend in den wenigen „bewussten" Regionen unseres Gehirns stattfindet, dann gilt es herauszufinden, wie wir die weitere, bisher unbewusst genutzte Kapazität unseres Gehirns bewusst nutzen können. Wir können erst die volle Verantwortung für unser Verhalten übernehmen, wenn wir auch bewusst verstehen und bewusst entscheiden können. Erst dann werden Menschen ihrer „inneren Weisheit" vertrauen und diese mit ihrem jeweiligen Fachwissen verbinden. Das daraus resultierende Ergebnis ist die Basis eines menschlichen Miteinanders, die Basis für Frieden und Respekt gegenüber unterschiedlichen Kulturen, Religionen und Denkansätzen.

Die Hypothese ist: Wer bewussten Zugang zu der unbewussten Kapazität des Gehirns hat, wird die Zukunft mit der Komplexität globaler Strukturen besser meistern können.

Dazu gibt es viele Wissenschaftler, die wichtige theoretische Schritte in dieser Richtung zeigen. Hier sind einige, die leicht verständlich schreiben und gute Metaphern für Beziehungen anbieten.

Gerald Hüther (*1951), Neurobiologe aus Deutschland, zeigt auf, wie unsere Gedanken unseren Körper stark oder schwach machen: Wenn er Menschen schöne Bilder zeigt, entspannt sich der ganze Körper, dagegen verspannt er sich bei Kriegsbildern und Ähnlichem.

Für die Kutschera-Resonanz®-Methode heißt das, dass wir Menschen entscheiden, was wir für unseren Körper tun wollen und was wir in unserem Umfeld wahrnehmen wollen: Sehen wir das Glas als halb voll oder halb leer. Sehen wir überall den Mangel oder das Schöne. Diese Entscheidung prägt unser Leben und unsere Gesundheit und entscheidet über unsere

Lebensqualität und Lebensfreude. Dies klingt sehr leicht und ist so schwierig in der täglichen Anwendung.

Bruce Lipton (*1944) Entwicklungsbiologe und Stammzellenforscher in den USA, der mit seinen Forschungen Hoffnung gibt, dass wir Menschen eigenverantwortlich unser Leben gestalten können. Er ist Epigenetiker und zeigt die Verbindungen zwischen Körper und Geist auf und schreibt in seinen Büchern, dass nicht die Gene den Menschen kontrollieren, sondern der Mensch die Gene, dass nicht unsere bewussten Wünsche uns dirigieren, sondern unsere unbewussten Gedanken uns beeinflussen und unsere Gene verändern. Ziel wäre, dass wir das Denken und die Beziehung zur Welt bewusster wahrnehmen. Er sagt, dass wir nur 1,5–5 % von der Kapazität unseres Gehirns bewusst gebrauchen und 95–98,5 % unbewusst. Diese unbewusste Kapazität des Gehirns beeinflusst uns Menschen und führt zum nicht kontrollierbaren Reiz-Reaktions-Verhalten – im Guten wie im Schlechten, im Verliebtsein und im Verletzen.

Zum Matrix–Denken von Bruce Lipton: Wir können mit der Kutschera-Resonanz®-Methode die erwähnte Aussage von Bruce Lipton nachvollziehen. Dabei entmachten wir mit klaren Schritten und Übungen schmerzhafte Familienmuster, die sich über Generationen hindurchziehen und finden neue. Man kann auch sagen, dass wir unsere Gene neu schreiben und sozusagen den Geist der Ahnen in den Genen heilen. Das ist eine Revolution der Psychotherapie, weil ganzheitlich, schnell und inhaltfrei geheilt werden kann und dadurch viel Zeit zum Aufbauen und Finden neuer Elemente des menschlichen Miteinanders zur Verfügung steht. So können wir gleichwertig miteinander leben lernen. Dazu gibt es ab Seite 140 eine Übung, die diesen Prozess beschreibt.

Tanja Singer (*1969), Direktorin für Soziale Neurowissenschaften am Max–Planck–Institut für Kognitions- und Neurowissenschaften in Leipzig Ihre Schwerpunkte sind Empathie, Gefühle und soziales Miteinander. Sie leistet Bahnbrechendes für menschliches Miteinander und vernetzt weltweit bestehende Projekte zu diesem Thema.

Ihre groß angelegte Studie „Das ReSource Projekt“ ist eine weltweit einzigartige Untersuchung zum mentalen Training mit westlichen und fernöstlichen Methoden der Geistesschulung. Insgesamt zielt das Training darauf ab mentale Gesundheit und soziale Kompetenzen zu verbessern, um z. B. Stress zu reduzieren, mehr geistige Klarheit zu erlangen, die Lebenszufriedenheit zu steigern sowie andere Menschen besser verstehen zu lernen. Es handelt sich um ein säkulares Programm, das mit einem Team von erfahrenen Meditationslehrern, Wissenschaftlern und Psychotherapeuten entwickelt wurde. Singer vergleicht theoretische Definitionen von Mitgefühl mit Psychologie, Neurowissenschaften, buddhistischen Perspektiven und evolutionärer Anthropologie. Sie bringt weiters empirische wissenschaftliche Ergebnisse, die Effekte von Mitgefühlstraining auf Gehirn, Herz, Stress und subjektives Wohlbefinden beschreiben.

Was ist Resonanz?

Alles ist Schwingung.
Ändere Deine Schwingung
und Du änderst Dein Leben.

–Pythagoras (ca. 570–510 v.Chr.)

Es scheint sich ein Bogen zu spannen zwischen dieser Aussage von Pythagoras und den neuen Erkenntnissen der Neurobiologie, Gehirnforschung und Computerentwicklungen. Sie alle zeigen, wie wichtig Verbindungen und Vernetzungen sind, und dass wir dringend lernen sollten damit sicherer umzugehen.

Das große Geheimnis für menschliches Miteinander ist Resonanz. Diese Resonanzschwingung ist ein ganzheitlicher Zustand, in dem wir mit allem verbunden sind: Mit uns selbst, mit anderen, mit der Natur und dem Universum. Diese Resonanzschwingung ist gleichzeitig die Basis dafür, dass Kommunikation mit sich selbst, mit anderen, mit der Natur und dem Universum als ganzheitlicher Prozess verstanden und gelernt werden kann.

Dazu einige Bilder, die dies verdeutlichen:

Re-sonanz, wörtlich übersetzt, heißt Widerklang. In der Physik spricht man von Resonanz, wenn die Frequenzen von anregender und angeregter Schwingung in einem harmonischen Verhältnis zueinander sind. In diesem Zustand ist eine optimale Wechselwirkung zwischen Systemen möglich. Ähnlich scheint es in zwischenmenschlichen Beziehungen zu sein: Ist man auf die Eigenfrequenz des anderen eingestimmt, dann ist es leicht, gemeinsam im Gleichklang zu schwingen. So wird ein Pädagoge, der mit Kindern in Resonanz ist, diese leicht und spielerisch führen können. Dasselbe gilt für eine Führungskraft im Management eines Unternehmens. Wichtig ist, dass im Zustand der Resonanz eine starke Rückkopplung zum anregenden System, also der Führungskraft, besteht. Damit werden alle Bemühungen, die eine Führungskraft in Richtung Resonanz bzw. Atmosphäre unternimmt, allen Betroffenen gleichermaßen, also auch ihr selbst, zugutekommen.

Fast jeder von uns hat schon einmal einem Kind beim Schaukeln geholfen und schnell herausgefunden, dass man die Schaukel leichter in Schwung bringt, wenn man sie im Rhythmus der natürlichen Eigenschwingung anstößt. Wenn man die Eigenschwingung nicht berücksichtigt, kann man zwar die Schaukel mit viel Energieaufwand zum Schwingen bringen, aber keine Resonanz erreichen.

Eine andere Metapher für Resonanz: Wenn man ein Weinglas mit einem feuchten Finger zum Klingen bringt, wird jedes Weinglas im Raum, meist unhörbar, in seiner Eigenschwingung mitklingen.

Übertragen auf das menschliche Miteinander bedeutet Resonanz, dass Menschen sich gegenseitig in Schwingung bringen können, wie beim Phänomen der Weingläser, die klingen oder sich gegenseitig stören können. Daraus ergibt sich, dass Kommunikation mit sich selbst nicht nur für das Individuum von Bedeutung ist, sondern auch für sein gesamtes Umfeld. Depressive Gefühle und Gedanken bleiben nicht bei der Person, die sie erleidet, sondern breiten sich wie Schwingungen im gesamten Freundeskreis, in der Familie oder am Arbeitsplatz aus. Im Volksmund sagt man: „Hier ist dicke Luft!“ Wenn es dicke Luft gibt, kann es auch gute Luft im Miteinander geben. Es sind immer die eigenen Gedanken, die darüber entscheiden, ob eine gute oder schlechte Atmosphäre vorherrscht.

Eine weitere Metapher für Resonanz ist das schon in der Einleitung beschriebene Orchester. Der Kern dieses Bildes ist, dass es uns Menschen gelingen kann, einen Wohlklang im Zusammenspiel zu erzeugen, auch wenn das Orchester aus ganz unterschiedlichen Instrumenten besteht. So ist es auch bei uns Menschen: Sind wir aufeinander eingestimmt, dann können wir unsere individuelle Eigenschwingung behalten und zugleich im Wohlklang miteinander schwingen.

Die Bedeutung von Resonanz für ein menschliches Miteinander

> *Es ist möglich und wünschenswert, dass wir mit anderen Menschen unsere Vielfalt an Gefühlen, Gedanken und Handlungen leben und gleichzeitig unsere Eigenschwingung behalten können.*

Viele Beschreibungen von positiven Gefühlen wie Schwingen, Pulsieren, Vibrieren oder Fließen kommen dem Resonanzbegriff aus der Physik nahe. Wenn wir in Resonanz sind, sind unsere Teilpersönlichkeiten in harmonischer Schwingung und regen sich gegenseitig an wie im Beispiel der Schaukel. Im Beispiel des Orchesters können die Fähigkeiten der Musiker auch für Gespräche gelernt und gelebt werden – indem wir dem Gesprächspartner unsere volle Aufmerksamkeit schenken und versuchen, die Welt des anderen zu verstehen und seine „innere Landkarte“ zu erkunden. Wie beim Orchester kommt es darauf an gleichzeitig die eigene Schwingung zu behalten. Wer nur emphatisch ist, vergisst das Eigene und läuft Gefahr ausgelaugt zu werden.

> *Beziehung und gleichwertiges Miteinander basieren auf diesen Fähigkeiten: Aufmerksamkeit anderen zu schenken und gleichzeitig bei sich zu bleiben.*

Wollen wir bewusst unsere Ganzheit erfassen und erkennen, ist es unabdingbar, dass wir in bewusstem Kontakt zu Körper, Geist und Seele sind. Philosophisch stimmen wir dieser Vorstellung meist zu; wenn wir aber versuchen diese Ganzheit zu leben, sind wir oft sprachlos.

Beim tatsächlichen Erleben dieser Begriffe geht es vor allem um einen Grad von Intensität, der offenbar für uns ungewohnt ist.

> *Es scheint, dass praktisch alle Probleme auf diesen Nenner reduziert werden können: Wir haben Angst vor unserer eigenen Schönheit und Weisheit. Angst vor unserer eigenen Power und Intensität.*
>
> *Nelson Mandela sagte dazu sinngemäß bei seiner Antrittsrede als Präsident von Südafrika: „Wir haben nur Angst vor unserem Licht und es hilft niemandem etwas, wenn wir unser Licht verstecken oder zurückhalten."*

Wenn wir Zugang zu unserer eigenen Resonanz, unserer Kreativität und Intuition haben, dann können wir Beziehungen in ihrer Ganzheit und Komplexität als einen kontinuierlichen Prozess erfassen und sehen einzelne Personen als einen kleinen Teil vom Ganzen. Resonanz ist ein besonderer innerer Zustand, in dem wir in Kontakt und Harmonie mit unseren inneren Kraftquellen und gleichzeitig in Verbindung mit einem riesigen Reservoir von Wissen, Weisheit und Liebe sind. In der Literatur wird dieses Reservoir unterschiedlich benannt: C. G. Jung nennt es das kollektive Unbewusste, Rupert Sheldrake das morphogenetische Feld, andere sprechen von göttlicher Liebe und Weisheit. Albert Einstein sagt: „Fantasie ist wichtiger als Wissen, denn Wissen ist begrenzt.".

Denn alles, was die Menschenhand jemals gestaltet hat, wurde zuerst gedacht. Wenn wir Neues gestalten wollen, ist es notwendig dafür zuerst

Analogien zu finden, Visionen und Bilder, die dann Schritt für Schritt Wirklichkeit werden können.

Wenn wir Neues gestalten wollen, ist es wichtig herauszufinden, wie wir zum Bereich unserer Träume und Fantasien bewusst Zugang bekommen.

Resonanz und ganzheitliche Denkansätze

Wenn wir Resonanz erleben wollen, brauchen wir Ziele, Visionen und innere Vorstellungen von gleichwertigen Beziehungen, die eine komplexe Ganzheit sind und aus vielen Elementen bestehen, die sich alle gegenseitig beeinflussen. Wird ein kleines Ziel erreicht, kann es passieren, dass ein anderes Element dadurch leidet. Dazu kommt, dass es kaum Vorstellungen gibt, wie die neuen Familien und die neuen Rollenbilder sein könnten, sodass sich alle wohl fühlen können. Obwohl es Ansätze dafür gibt, wissen wir noch nicht, wie die neuen Väter, die neuen Mütter, die neuen Kinder und Jugendlichen, die neuen Führungskräfte, Lehrer, Ärzte usw. ausschauen könnten. Um Antworten dazu zu finden gibt es in Kapitel 6 ab Seite 212 genauere Ausführungen.

Hier sind einige naturwissenschaftliche und philosophische Denkansätze, die mir und meinem Team geholfen haben, Schritt für Schritt diese Komplexität eines gleichwertigen Miteinanders theoretisch erklären zu können.

Zuerst war es **Max Planck (1858–1947)**, der mit der Quantenphysik ganz neue Denkansätze formuliert hat. Er hat 1900 mit der Quantenphysik ein neues Weltbild beschrieben, wonach alles durch Frequenzen von Atomen und Elektronen bestimmt wird. Da stellt sich die Frage, ob auch in Beziehungen Frequenzen entscheidend sind. Umgangssprachlich sagen wir: „In diesem Gespräch gab es keine Resonanz."

Max Planck spricht vom alten Weltbild, das bestehen bleiben muss und von einem neuen Weltbild, das hinzukommen wird. (CD-Reihe „Die Aufgabe der Wissenschaft": „Max Planck – Wissenschaft und Leben".)

Dasselbe gilt für Beziehungen: Das alte Weltbild bleibt bestehen, in dem die Sinneswahrnehmung entscheidend ist. Für das neue Weltbild braucht es eine erweiterte Sinneswahrnehmung, die als Bauchgefühl, Intuition oder Talent beschrieben wird. Die Kutschera-Resonanz®-Methode hat das Ziel, die komplexe Ganzheit in Beziehungen mit Hilfe von Frequenzen und Schwingungen zu erfassen. Um die Frequenzen und Schwingungen in Beziehungen und Gesprächen wahrnehmen zu können, braucht es eine Erweiterung der sinnlichen Wahrnehmung. Mit den sogenannten Untereigenschaften unserer fünf Sinne (wie z. B. bunt, klar, weich, laut, leise) können wir Frequenzen und Schwingungen wahrnehmen, beschreiben und damit in Gesprächen nutzen. Menschen nennen das z. B. Pulsieren, Vibrieren oder Fließen.

Schwingungen und Frequenzen folgen in der Physik klaren Gesetzen und Kräften. Obwohl wir diese Begriffe auch im psychischen Bereich verwenden, sollten sie nicht eins zu eins von der Physik übernommen werden. Zwar kann ihre Wirkung am besten durch das physikalische Analogon beschrieben werden, doch bleiben uns die dahinterliegenden Kräfte und Gesetze letztlich verborgen. Wir haben es also mit einer phänomenologischen Theorie zu tun.

Wenn unsere Gedanken wie Frequenzen sind, dann sind sie auch für die Atmosphäre in Gesprächen oder Beziehungen verantwortlich. Mit diesem Wissen und dem achtsamen Umgang mit unseren Gedanken könnten wir viel bewusster den Rahmen für Gespräche und menschliches Miteinander gestalten. Entsprechend dem obigen Bild könnten negative Gedanken eine andere Atmosphäre hervorrufen als positive Gedanken. Das bedeutet: Entscheidend in der Kommunikation sind nicht nur die gesprochenen Worte, sondern auch die inneren Haltungen (nicht sichtbare Elemente), sprich das, was wir über unsere Gesprächspartner denken und fühlen. Im Gegenzug werden die Gesprächspartner die Gedanken spüren und – verbal oder nonverbal – darauf reagieren.

Ein anderer Forscher, **Otto Scharmer (*1961)**, Massachusetts Institute of Technology (MIT) in den USA, führt in seiner U-Theorie aus, dass die innere Einstellung in Gesprächen wichtiger ist, als die Worte. Er sagt, dass Menschen aus einer inneren Quelle heraus handeln. Weiters behauptet er, dass die Politik zusammen mit den großen Organisationen und Unternehmen eine Einheit bilden müsste, um Lösungen für die Zukunft finden zu können. Er betont, dass dieser Prozess nur beim Individuum beginnen kann: Erst wenn jede Person ihre eigene Schwingung kennengelernt hat, können Systeme gemeinsam schwingen und in Resonanz treten.

Gottfried Schatz (1936–2015) war einer der bekanntesten Biochemiker unserer Zeit, der viele Jahre am Biozentrum der Universität Basel lehrte und forschte. Sein Leben lang stellte er sich die Frage nach der Lebensenergie. Er wollte wissen, was uns antreibt und welche Rolle die DNA für unsere Persönlichkeit spielt, für das, was und wer wir sind. In seinen vielen Forschungen hat er verschiedenste Antworten gefunden, die ihn immer weiter und weiter geführt haben. Er war auch wesentlich an der Mitochondrien-Forschung mit Nobelpreisträger Frederick Sanger an der Universität von Cambridge, England, beteiligt. Mitochondrien sind das Kraftwerk in jeder Zelle. Sie halten die Zellen am Leben oder lassen diese verkümmern. So sind die Mitochondrien für unsere Lebensenergie verantwortlich und wahrscheinlich auch für unser Verhalten, für die Intensität unserer Beziehungen oder die Intensität und Begeisterung unseres Tuns. In seinem Buch „Der Feuersucher" beschreibt Schatz die Lebensenergie in den Zellen und die Sehnsucht das eigene innere Feuer zu finden und zu leben.

Manfred Spitzer (*1958), Gehirnforscher an der Universität Ulm, experimentierte mit Ratten: Mit dünnsten Drähten stimuliert er eine bestimmte Stelle im Gehirn. Davon waren die Tiere dermaßen angeregt, dass sie Essen und Trinken vernachlässigten, bis sie starben. Das heißt, dieses Gefühl, diese bestimmte Stimulation im Gehirn, lässt die Ratten alles andere vergessen. Sie löst ein intensives Suchtgefühl aus, das die Tiere in eine extreme Abhängigkeit führt. Die Ratten wollen so unbedingt immer wieder das gleiche, besondere Gefühl empfinden, dass sie ihre gesamte

Energie diesem Ziel widmen und alles andere für sie nebensächlich wird, bis ihr Bestreben im Tod endet.

Spitzer führt dazu aus, dass dieses intensive Gefühl als Glück empfunden wird und immer wieder gelebt werden will. Außerdem zeigt er, dass Lernen an der gleichen Stelle im Gehirn kodiert ist wie dieses Glückgefühl. Deshalb behauptet er, dass „Lernen gleich Glück ist".

Dies deckt sich mit unseren Erfahrungen, dass Menschen glücklich sind, wenn sie gerne lernen und mit Freude neugierig Neues entdecken wollen. Es ist wunderschön zu erleben, wenn nicht nur Kinder in der Schule gerne lernen, sondern auch Erwachsene glücklich sind, wenn sie immer weiter zu lernen. Dieses Glücksgefühl nennen wir Resonanz.

Resonanz beschreibt **Joachim Bauer (*1951)**, Gehirnforscher aus Freiburg, mit den Spiegelneuronen. Er meint, dass Menschen auf andere, die ähnlich wie sie selbst sind, unbewusst reagieren und so miteinander in Resonanz kommen. Hier braucht es viel Zeit und präzise Grundlagenforschung, um konkretere Aussagen treffen und Ergebnisse im menschlichen Miteinander erreichen zu können.

Resonanz mit dem Umfeld und der Natur

Rupert Sheldrake (*1942) hat in den 1980er-Jahren seine Idee des morphogenetischen Feldes beschrieben. Nach dem Energieerhaltungsgesetz schließt er, dass Gedanken Energie sind und alle jemals gedachten Gedanken erhalten bleiben. Er nennt dieses Feld das morphogenetische Feld, das alle Gedanken enthält. Menschen können in entspanntem Zustand jederzeit auf dieses Feld zurückgreifen – auf alles Wissen und alle Informationen, die jemals gedacht worden sind.

In alten Kulturen wurde Ähnliches gesagt. Man spricht da von einem Feld göttlicher Liebe und Weisheit. Die **moderne Hirnforschung** beschreibt dieses Feld als Matrix, ein Bild, das sich an Computermodelle anlehnt.

Woher nehmen Menschen ihre Energie und wie können sie auftanken, um immer wieder weiter machen zu können? Hier folgen einige Überlegungen, die für die Kutschera-Resonanz®-Methode wesentlich sind. Zuerst ein 75-jähriger Pathologe: „Mein ganzes Leben lang habe ich Krankheiten analysiert. Wenn ich nochmals beginnen könnte, würde ich die gesunden Prozesse im Körper untersuchen, die so wunderbar selbstverständlich ablaufen und von denen wir so wenig wissen. Welche Kraft steuert diese Prozesse? Gesundheit ist viel spannender als Krankheit."

Dazu nochmals **Max Planck**, Nobelpreisträger für Physik: „Als Physiker, also als Mann, der sein ganzes Leben der nüchternen Wissenschaft, der Erforschung der Materie diente, bin ich sicher von dem Verdacht frei, für einen Schwarmgeist gehalten zu werden. Und so sage ich nach meinen Erforschungen des Atoms Folgendes: Es gibt keine Materie an sich. Alle Materie entsteht und besteht nur durch eine Kraft, welche die Atomteilchen in Schwingung bringt... und sie zum winzigsten Sonnensystem des Atoms zusammenhält. ... Wir müssen hinter dieser Kraft einen bewussten intelligenten Geist annehmen. Dieser Geist ist der Urgrund aller Materie. ... So scheue ich mich nicht, diesen geheimnisvollen Schöpfer ebenso zu nennen, wie ihn alle alten Kulturvölker der Erde früherer Jahrtausende genannt haben: GOTT"

Wenn **Gott**, egal in welcher Religion, eine Kraft ist, die alles auf der Erde steuert und überall und in Allem vorhanden ist, wenn in der Kirche die Gemeinde gemeinsam das „Vater unser" betet, laut und im selben Rhythmus, dann kommen alle in Resonanz, dieser Moment ist für jeden Menschen spürbar, auch wenn er nicht an Gott glaubt.

Zum ersten **Weltgebetstag 1986** lud Papst Johannes Paul II erstmals die Vertreter anderer Religionen nach Assisi ein und verkündet, dass man akzeptieren müsse, dass Gott eine transzendente Kraft sei, die nie auf der Erde geboren werden könne. Alle Religionen geben unterschiedliche Schritte an, wie Menschen zu dieser Kraft, zu Gott, kommen können. Da alle Religionen das Gleiche wollen, sollten sie sich gegenseitig respektieren und gemeinsam für den Weltfrieden beten. Sehr viele Kirchenfürsten folgten der Einladung des Papstes und trafen sich in Assisi zum gemeinsamen Gebet.

Göttliche Funke als Metapher

In alten Kulturen heißt es, wenn Menschen ihren göttlichen Funken in sich gefunden haben, sind sie in ihrer Mitte und Frieden ist möglich. Dieser göttliche Funke wird von einer großen Kraft-/Energiequelle (Gott) aufgeladen. Diese Energie, diese individuelle Schwingung hält alle komplexen Prozesse im Körper lebendig und wo diese Energie nicht im Fluss ist, beginnen sich Körpersymptome und Krankheiten mehr und mehr zu bilden. Diese Schwingung nennen wir Resonanz und sie ist dafür wesentlich, ob unser Körper gesund ist oder ob sich Krankheitssymptome bilden.

Die Natur und die Sonne als Metapher

Manche Menschen glauben nicht an Gott und nehmen als Metapher lieber die Natur oder die Sonne und beschreiben diesen lebendigen Funken als innere Sonne. Leuchtet diese Sonne in uns, dann leben wir authentisch unsere Persönlichkeit und mit den Sonnenstrahlen, die von jedem von uns ausgehen, sind wir miteinander in Verbindung. Dies ist der **Wunsch- und Zielzustand** den wir in der Kutschera-Resonanz®-Methode versuchen zu erreichen, wir fühlen uns dann frei und geborgen zugleich, frei und in Verbindung. Wir haben dann gute Tage und gleichwertiges Miteinander ist möglich. Wir können beginnen neue Rollenbilder zu finden und zu definieren für Mütter und Väter, Männer und Frauen, Lehrer und Führungskräfte. Jede Gruppe findet für sich selbst die Definition. Dazu braucht es aber ein Zusammenspiel zwischen den bewussten Entscheidungen und den unbewussten Handlungen. Das heißt, es ist wichtig, dass wir ganz bewusst entscheiden innere Türen zu öffnen, die zu neuen Dimensionen im Denken und Handeln führen können. Um diese bewussten Entscheidungen treffen zu können, ist es notwendig, die oft verdunkelte Sonne, die individuelle Resonanz, freizulegen. Das heißt die schlummernden Fähigkeiten und Talente zu aktivieren, um diese mit dem vorhandenen Fachwissen verbinden zu können. Diese Aufgabe ist vergleichbar mit Schatzsuchern, die Menschen helfen, ihre inneren Schätze, ihre innere Sonne wieder zum Leuchten zu bringen. Wir fühlen uns als ganze Persönlichkeiten, wenn in uns die Sonne, der göttliche Funke leuchtet, wir jederzeit auftanken können und dies mit dem gelernten Fachwissen verbinden. Dieses Denkmodell hilft uns aus immer wiederkehrenden negativen Teufelskreisen in Kommunikation auszusteigen und Lösungen zu finden. Wir können dann jederzeit bei der großen Quelle auftanken und uns dort alles holen, was wir uns wünschen, auch wenn jene Personen, die wir lieben, keine Zeit für uns haben. Wie brauchen nicht traurig, sauer, depressiv oder aggressiv zu sein, wenn andere nicht für uns da sind, uns andere nicht anerkennen oder uns nicht lieben.

Die Kutschera-Resonanz®-Methode bietet Möglichkeiten an den Teufelskreis selbst zu unterbinden und nicht länger abhängig von anderen Personen zu sein. Leben wir unsere innere Sonne und lassen diese Sonne von der großen Sonne auftanken, können wir jederzeit all das leben, was für uns wichtig ist und was wir in gegebenen Situationen brauchen. Wir können uns jederzeit geliebt, geschützt und geführt fühlen. Im Buch „Tanz zwischen Bewusst-sein und Unbewusst-sein" sind viele Übungen und Interventionen angeführt, die jedem Menschen helfen die eigene angenehmste Möglichkeit zu finden, diesen Resonanzzustand zu erreichen und zu leben. Bevor das möglich ist, müssen oft tiefliegende Verletzungen sowohl in der Vergangenheit geheilt werden, als auch Ängste etc. in der Zukunft sowie auch alte kodierte Familientraditionen.

In diesem Buch wird nur ein kurzer Überblick unserer Ausbildungen gegeben, in denen sich Alt und Jung treffen und gemeinsam neugierig Neues lernen. Die Freude am Lernen und immer wieder zu erleben wie Anderssein Reichtum sein kann, ist die Basis unserer Ausbildungen.

Diese theoretischen Gedanken aus der Wissenschaft erfahren Bestätigung in unserer praktischen Arbeit.

Ich hatte häufig in den Ausbildungen das Problem, dass Teilnehmer sich in Partnerschaften alleingelassen fühlten und sich trennen wollten. Ich war so verzweifelt, weil ich nicht helfen konnte und schon knapp dran war alles aufzugeben. Durch das Quellen- und Auftankkonzept fand ich neue Hoffnung: Haben Menschen keine Möglichkeiten aufzutanken, dann fühlen sie sich einsam und alleingelassen und versuchen, dieses Gefühl über Ersatzmittel, sprich Süchte, zu befriedigen. Der Ersatzmittel-Markt wächst ununterbrochen und ich glaube, wir alle wissen, wie schwer es ist aus einer Sucht wieder auszusteigen. Vielen Menschen konnte ich helfen, sich aus Süchten zu befreien, indem ich ihnen Folgendes anbieten konnte: Ich helfe dir, was Besseres und sogar Intensiveres zu finden und dann kannst du selbst entscheiden, was dir lieber ist. Im anschließenden Prozess lösen und heilen wir manchmal viele alte Schmerzen und manchmal finden wir eine neue Zielrichtung, in der Lebensqualität, Glück und Intensität ohne Suchtmittel möglich sind. Zwei bis drei Monate dauert erfahrungsgemäß diese Neufindung – sowohl auf privaten als auch auf beruflichem Gebiet.

Der erste Schritt aus Abhängigkeiten ist eigenverantwortlich zu entscheiden, wie es Albert Einstein formuliert:

> *Jeder entscheidet für sich, ob das Universum freundlich oder unfreundlich ist.*
>
> *Wenn wir entscheiden, dass es unfreundlich ist, benutzen wir unser Wissen um Werkzeuge zu entwickeln, mit deren Hilfe das Unfreundliche bekämpft werden kann.*
>
> *Wenn wir entscheiden, dass das Universum weder freundlich noch unfreundlich ist, fühlen wir uns leicht als Opfer und sind machtlos.*
>
> *Wenn wir uns entscheiden, dass das Universum freundlich ist, benutzen wir unsere Fähigkeiten um Technologien und Gedanken zu entwickeln, die das Universum noch freundlicher werden lassen.*

Zum Abschluss noch theoretische Überlegungen von **Hartmut Rosa (*1965)**, Soziologe an der Universität in Jena, der viele der gegenwärtigen Probleme mit dem Resonanzprinzip erforscht und erklärt. Er zeigt auf, wie auf den folgenden drei Gebieten die Balance gestört ist und die Bereiche nach dem Resonanzprinzip viel zu hoch gegeneinander schwingen (Rosa 2016):

- Ökologie – das globale Gleichgewicht zwischen Mensch und Natur ist gestört.
- Demokratie – dazu gehören alle Probleme des menschlichen Miteinanders in politischen, unternehmerischen und familiären Aktivitäten.
- Menschen – dazu gehört vor allem die Schwierigkeit der Kommunikation mit sich selbst. Die steigenden Zahlen von Erkrankungen wie Depressionen und Burn-outs drücken sich darin aus.

Erst wenn Resonanz in allen drei Bereichen wieder hergestellt werden kann, wird es neue Lösungen geben.

In der Folge zeige ich Schritt für Schritt auf, wie man Resonanz und Kommunikation mit sich selbst, mit anderen, mit der Natur und mit dem Universum lernen kann und wie dies mit dem Fachwissen verbunden werden kann. Ich glaube, dass innerlich starke und ausgeglichene Menschen mit Vertrauen in die Zukunft gehen können, auch wenn sie diese nicht kennen. Große neue Errungenschaften und Entdeckungen sind immer dann passiert, wenn Menschen sich getraut haben in unbekannte Gebiete vorzudringen. Wir haben in unseren Ausbildungen bereits vielen Menschen in allen Altersstufen geholfen dieses Vertrauen zu finden und zu leben – wir haben sie so unterstützt neue Türen in ihrem Fachwissen zu öffnen.

Resonanz, die Basis für Talent und sinnvolles Leben

Sind Menschen in Resonanz, dann leben sie ihre Fähigkeiten, Talente und Träume und haben Freude daran Sinn zu stiften. Die Basis für Fähigkeiten und Talente ist ein intensives Gefühl, das Menschen immer wieder erleben wollen und mit dem sie sichere Entscheidungen treffen und eigenverantwortlich handeln können.

(Siehe dazu das Talente-Modell in Kapitel 5 ab Seite 158)

Hier drängt sich der Vergleich mit der Natur auf: Eine Blume, nehmen wir die Glockenblume, will immer eine Glockenblume sein und freut sich so zu sein, wie sie ist. Das ist ihre Bestimmung zur Erhaltung ihrer Art. Im Gegensatz dazu kennen wir viele Menschen, die ein Leben lang danach streben etwas anderes zu sein, als sie sind. Das wäre so, als würde die Glockenblume eine Rose werden wollen. Der Unterschied zu Menschen ist wohl der, dass wir durch unsere Gedanken auch einen anderen Weg gehen können.

Resonanz mit sich selbst bedeutet, das eigene Musikinstrument zum Klingen zu bringen und nicht nur die Technik zu beherrschen. Diese Schwingung ist etwas, was uns am Leben hält oder das Leben beenden lässt.

Resonanz ist da, wenn Menschen in sich klingen und pulsieren. Dieses Pulsieren, Klingen oder Strömen in sich wollen sie mehr und öfter haben. Es ist nicht eine Tätigkeit, die uns Menschen antreibt, es ist dieses powervolle Gefühl, das wir immer wieder haben wollen, das uns antreibt weiter zu machen. Dieses Gefühl bleibt immer gleich, die Tätigkeiten können auch wechseln.

Diese individuelle Resonanz jedes Menschen ist eigentlich ein natürlicher Zustand, ähnlich allen komplexen Prozessen in der Natur. Wie die Tages- und Jahreszeiten das Werden und Vergehen in der Natur bestimmen, wie die Sonnenenergie durch Photosynthese die Pflanzen wachsen lässt, so lädt sich die individuelle Resonanz des Menschen immer wieder auf. Im Unterschied zur Natur ist der Mensch jedoch in der Lage durch seine Gedanken diesen Resonanzzustand zu unterbrechen oder ihn wieder herzustellen, wenn er verlorengegangen ist.

Als Sozialwissenschaftlerin habe ich seit 1974 konsequent untersucht, wonach Menschen in ihrem Leben wirklich streben. Viele haben dieses Resonanzgefühl schon einmal erlebt, allerdings häufig unbewusst, und sie wollen dieses Gefühl wieder finden und leben. Dabei konnte ich beobachten, dass manche Menschen im Leistungssport, manche in der Wissenschaft und manche in der Kunst in ihren Aktivitäten ganz viel Spaß und Freude haben, um über Grenzen zu gehen, immer mehr, immer weiter, um Unmögliches möglich zu machen. Offensichtlich wollen sie dieses Gefühl der Begeisterung, ähnlich dem durch Suchtmittel ausgelösten „Kick", immer wieder erleben, um so Türen in ganz neue Bereiche öffnen zu können. Es geht dabei primär nicht um irgendwelche Erkenntnisse, sondern eben um dieses intensive Lebensgefühl (wie oben von Hirnforscher Spitzer zitiert), das sie immer wieder suchen, das sie weiter treibt und das sie immer wieder erleben wollen.

Wenn Menschen diese treibende Lebensenergie im Positiven nicht finden können, werden sie diese im Negativen leben. Die Intensität ist die Gleiche, egal welches Verhalten dazu notwendig ist: Mit Sex, Süchten, Sport oder Depressionen kann Intensität erlebt werden, die das alltägliche Leben nicht bieten kann. Die innere treibende Kraft ist also dieses intensive Gefühl, das auch negativ sein kann und unabhängig von der Tätigkeit in möglichst vielen Bereichen des Lebens gelebt werden will. „Eine gute Depression ist eine gute Depression" – viele Menschen durfte ich begleiten, die buchstäblich in ihre Depression verliebt waren und keine andere Zukunftsperspektive finden konnten.

Dazu zwei Beispiele, die deutlich machen, dass es nicht der Beruf oder die Tätigkeit allein sind, die uns begeistern, sondern nur die Kombination von innerer treibender Kraft und Tätigkeit ergibt die Freude im Tun:

Ein nicht sehr sportlicher Mann fragt einen Tennisspieler, warum er freiwillig, bei schönem Wetter, in einen Käfig geht und einen Ball hin und her schlägt und gewinnen will. Der Tennisspieler ist verwirrt: „Wieso Käfig? Wieso gewinnen?“ Er hatte den Tennisplatz noch nie als Käfig gesehen und denkt beim Tennis nicht an das Gewinnen. Wenn er den Ball richtig trifft, gibt es einen bestimmten Klang, der durch den ganzen Körper geht. Dieses Gefühl will er öfter und mehr haben und deshalb geht er Tennis spielen.

Ein anderer Mann will mit dem Golfen beginnen und fragt den besten Spieler, was beim Golfspielen wichtig sei. Dieser empfiehlt ihm, einen Anfängerkurs zu machen. Der Anfänger lässt nicht locker und fragt: „Was ist das Geheimnis im Golf, warum kommen Sie gerne hier auf diesen Platz und bemühen sich, einen Ball in ein Loch zu schießen, das sie nicht sehen?“ Der Golfmeister fragt verwirrt: „Es geht um diese bestimmte Bewegung, um dieses Gefühl, wenn ich mit dem Schläger den Ball richtig treffe und der Ball zum Ziel fliegt, auch wenn ich das Loch nicht sehe.“

Diese Kombination von Tun und Gefühl ergibt „Sinn“. Das Gute daran ist, dass dieses Resonanzgefühl bewusst gemacht und auf jede Tätigkeit und in jede Beziehung übertragen werden kann.

Sinn stiften

Eine Tätigkeit empfinden Menschen dann als sinnvoll, wenn sie dieses Resonanzgefühl bei ihrer Arbeit erleben. Es ist dann egal, worin diese Tätigkeit besteht, man wird erfolgreich sein, sich wohl fühlen, gesund sein und das Wichtigste, man wird glücklich sein und das eigene Talent mit anderen teilen. Auf die Frage, was der richtige Beruf für mich ist, kann die Antwort nur lauten: „Der Job, indem du dein Resonanzgefühl leben kannst, ist der richtige.“

Robin Sharma (*1969), Massachusetts Institut of Technology (MIT), USA, untersucht die Freude von persönlichen Bestleistungen und Kreativität für das Individuum und für Führungskräfte.

Entscheidend sind die Intensität, die Freude und die Begeisterung, die man für eine Tätigkeit empfindet, egal in welchem Beruf. Diese Intensität ist ebenso für Gesundheit und Erfolg wesentlich.

Dabei spielten die Art der Tätigkeit und das Einkommen eine untergeordnete Rolle. Ein engagiertes Zimmermädchen zum Beispiel, das Freude empfindet, wenn der Gast in ein liebevoll vorbereitetes Zimmer kommt und sich wohlfühlt, wird mit spürbarer Aufmerksamkeit und vielen Kleinigkeiten die Zimmer so vorbereiten, dass die Gäste gerne wiederkommen. Sie erzielt jeden Tag ihre Bestleistung, kann zufrieden sein mit ihrer Arbeit und empfindet sie als sinnvoll und erfüllend. Dasselbe gilt für gute Lehrer: Wenn sie mit Begeisterung ihren Unterricht vorbereiten und in der Wissensvermittlung die Schüler an ihrer Faszination teilhaben lassen, dann wird diese Begeisterung auf die Kinder und die Atmosphäre in der Klasse übergehen. Auch hier wirkt das Resonanzprinzip der Spiegelneuronen, das letztlich die Talente in den Schülern weckt. Deshalb gilt es, dieses Wissen um Resonanz, Spiegelneuronen, innere Haltung und das gemeinsame Schwingungsfeld in den Lehrplan zu integrieren.

Ähnliches kann in Beziehungen passieren, in der Erotik und im sozialen Miteinander: Die Liebe dafür, Verantwortung für andere übernehmen zu dürfen genauso wie die Freude annehmen zu können was uns geschenkt wird, erzeugen Resonanz, also starke, intensive Gefühle. Ebenso die Liebe etwas mitgestalten zu dürfen, egal auf welchem Gebiet. Angetrieben von dieser besonderen Liebe und Freude, dieser Resonanz und Begeisterung, ist es möglich persönliche Bestleistung zu erlangen und quasi über sich hinaus zu wachsen; so könnte jedes Fachgebiet zur Ektase führen und Talente lebbar werden lassen.

Ohne Resonanz, Liebe und Begeisterung ist es schwierig Menschen zu verbinden, Familien zu gestalten, in die alle gerne heimkommen oder Schulen zu organisieren, in denen alle gerne lernen. Es braucht diese Energie, um

Gemeinden so zu führen, dass jeder gerne dort lebt oder Unternehmen so zu managen, dass alle gerne dort arbeiten.

Es wäre schön, wenn mit intensiver Grundlagenforschung die Erkenntnisse der Biochemie, der Gehirnforschung und der Sozialwissenschaften sich gegenseitig bereicherten und uns Menschen so helfen herauszufinden, wie einerseits die Wechselbeziehung zwischen der Lebensenergie und den Zellen und andererseits die Wechselwirkung von zwischenmenschlichem Verhalten aussieht.

Unsere Erfahrungen zeigen, dass nicht materielle Dinge im sozialen Miteinander wichtig sind. Das, was wir wirklich wollen, ist nicht kaufbar, es sind Werte, Gefühle und Qualitäten, die im Miteinander und im Fachwissen gelebt, gelehrt und gelernt werden können.

GANZHEITLICH RESONANZ LERNEN – DIE LOGISCHEN EBENEN

HERZ & HIRN

„Fantasie ist wichtiger als Wissen, denn Wissen ist begrenzt."

–Albert Einstein

Offenbar werden wir im Taumel der Begeisterung über unsere errungenen wissenschaftlichen und technischen Erfolge die in unserem Hirn entstandenen Denkmuster nicht wieder so leicht los.

Der Ruf nach einem Umdenken wird immer lauter. Und das ist gut so. Aber Umdenken alleine ist es nicht. Unbewusst machen wir weiter wie bisher und so bestätigen wir seit Generationen, dass wir am besten dann weiterkommen, wenn wir rücksichtslos und protektionistisch unsere eigenen Interessen verfolgen, ohne Rücksicht auf Verluste. Wie also sollte ein Umdenken möglich sein?

Wie kommen wir aus diesen Denkmustern wieder raus? Hier helfen neue neurowissenschaftliche Erkenntnisse und das damit verbundene Geheimnis Resonanz.

In Kommunikation gibt es das sichtbare Verhalten und viele nicht sichtbare, unbewusste Elemente, die Gespräche beeinflussen. Gregory Bateson hat mit seinem Konzept „Die Stufen des Lernens“ (Ökologie und Geist, 1971) erste Schritte gezeigt, wie die komplexe Ganzheit in der Kommunikation mit sich selbst und mit anderen erfasst werden kann. John Grinder und Richard Bandler haben dieses Konzept weiterentwickelt und Robert Dilts (1990) hat die logischen Ebenen als Graphik dargestellt. Dieses Konzept hilft in Gesprächen einzelne Elemente zu erkunden und gegebenenfalls zu verändern. Man kann diese Ebenen, wie die Tonleitern beim Geigenspiel lernen, üben und individuell kombinieren. Doch auch hier ist es wie in der Musik, wo das perfekte Beherrschen der Tonleitern nicht ausreicht, um ein wunderbares Konzert spielen zu können. Jeder Musiker im Orchester trägt dazu bei mit Hilfe der eigenen Fähigkeiten, die durch das Üben der Tonleitern immer sicherer und besser werden, das Musikstück zu einer Ganzheit zusammenzufügen.

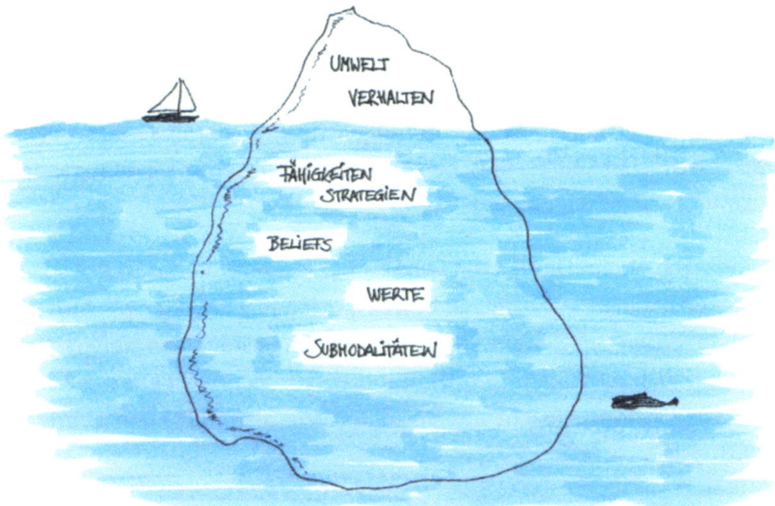

Abb. 3: Eisbergmodell

In diesem Eisberg-Modell der logischen Ebenen ist jedes Verhalten in alle Ebenen eingebettet. So beeinflussen sie sich gegenseitig. Sichtbar sind nur das Verhalten und das Umfeld. Aber so wie Schiffe am nicht sichtbaren Eisberg zerschellen, zerbricht menschliche Kommunikation nicht am sichtbaren Verhalten und dem Umfeld, sondern an unsichtbaren, unbewussten Faktoren. In jeder gelungenen Kommunikation ist es entscheidend, wie schnell man diese komplexen, unsichtbaren Faktoren erfassen und darauf eingehen kann. Zu den unbewussten, unsichtbaren Faktoren gehören Strategien, Fähigkeiten, innere Einstellungen/Haltungen, Werte und die Seele – all jene Faktoren, die in ihrer Ganzheit und Einheit gelehrt, gelernt und erfasst werden können.

Die eigenen Werte und innere Weisheit eines Menschen verbinden die Fähigkeiten zu einer Ganzheit, die die persönliche Note jeder Person ausmacht und nicht von anderen übernommen werden kann. Das heißt, die persönliche Individualität wird von jedem anders entdeckt und gelebt. Schritte, um dies zu erreichen, beschreiben die logischen Ebenen.

Der Aufbau der Pyramide – eine kurze Zusammenfassung

Wir beginnen beim sichtbaren Verhalten: Die Umwelt, das Umfeld und die vorhandenen Bedingungen prägen das Individuum. Darüber liegt das Verhalten, das natürlich vom Umfeld abhängig ist. Das Verhalten besteht aus Codes, Umgangsformen, Sprache und Auftreten; alles Faktoren, die sichtbar sind. Dann kommen die Fähigkeiten und Strategien, die – wie bei einem Kochrezept – die Schritte auf dem Weg zum Erfolg weisen. Werden diese Schritte nicht eingehalten, misslingt das Ergebnis, das Ziel kann nicht erreicht werden. Fähigkeiten und Strategien sind im Gegensatz zum Umfeld und dem Verhalten nicht sichtbar.

Fähigkeiten und Strategien wiederum basieren auf sogenannten Beliefs, inneren Regeln oder inneren Haltungen, auch Glaubenssätze genannt. Diese sind intensive Gefühle, die bestimmen, wie die Welt zu sein hat. Sie sind so stark, dass wir, wenn sie nicht mit der Realität übereinstimmen, unbewusst versuchen die Realität umzuformen. So bestimmen Beliefs auch unsere Rollenbilder: Männer sind so, Frauen sind so. Darüber hinaus geben die

Beliefs Dingen ihre Bedeutung. Im Gehirn ist eine Lampe einfach eine Lampe, erst die Beliefs geben der Lampe eine Bedeutung und eine Wertigkeit. So kann sie schön, hässlich oder wertvoll sein. Beliefs sind vom Familiensystem vorgegeben. Sie entstehen durch Assoziationen im Gehirn. Sie können jederzeit neu bestimmt, also auch verändert werden. Hier liegt die Chance, aus selbstgesteckten Grenzen auszubrechen und neue Regeln zu definieren, die einen gleichwertigen Umgang möglich machen.

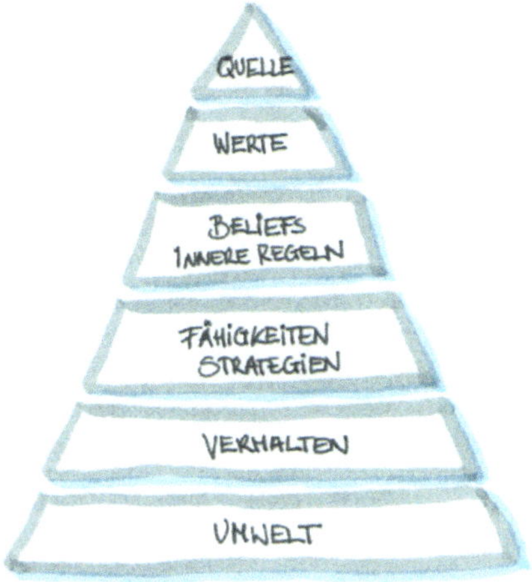

Abb. 4: Die logischen Ebenen

All das wird bestimmt und determiniert durch unser Wertesystem, den individuellen Werterahmen, den wir uns selbst geben. Werte geben im Leben die Richtung an und sind wiederum durch die Sozialisation in der Familie bestimmt. Klassische Werte sind beispielsweise Gesundheit, Reichtum, Arbeit, Leistung, Schönheit. Die Werte bilden den Rahmen für die darunterliegenden Ebenen. Wenn ich die Werte ändere, verändere ich alles, was darunter liegt.

Die Basis der Pyramide ist gleichsam die Spiritualität, die innere Quelle. Hier ist die Seele zu Hause, als Feld, als reine Schwingung ohne Inhalt.

Die Stufen des Lernens nach Gregory Bateson (1904–1980), anglo-amerikanischer Biologe, Sozialwissenschaftler, Kybernetiker und Philosoph.

Gregory Bateson entwirft mit seinen Stufen des Lernens die Basis für die logischen Ebenen und damit einen völlig neuen Ansatz in Sachen Kommunikation: Lernen wir nur auf der Verhaltensebene, dann wird Lernen nur in einer bestimmten Situation einstudiert und ist selten auf andere Bereiche übertragbar. Je weiter oben in der Hierarchie das Lernen stattfinden kann, z. B. auf der Werteebene, umso effektiver ist Lernen und umso mehr kann es auf viele andere Bereiche übertragen werden.

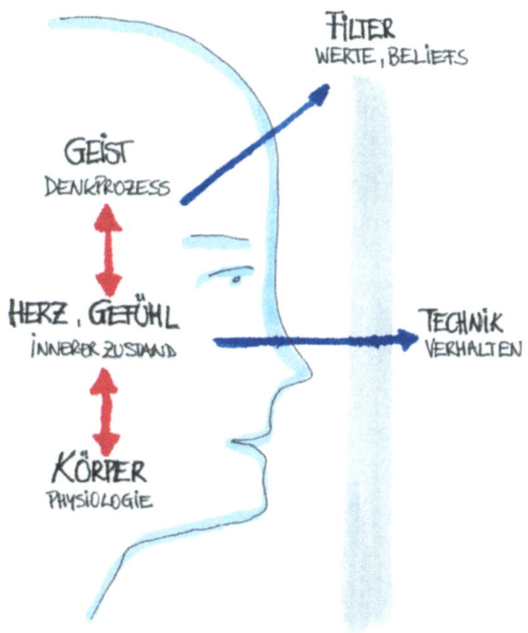

Abb. 5: Filter in der Wahrnehmung

Dieses Lernen ist die Basis der Kutschera-Resonanz®-Methode und ist im folgenden Bild sichtbar gemacht: Jedes Verhalten (z. B. sich selbst klein zu machen) ist abhängig von einem Gefühl (Ohnmacht/Opferrolle). Die Lösung findet auf der Gefühls- oder Werteebene statt. Das Gefühl (Selbstbewusstsein) wird durch neue Gedanken oder durch neue Beweglichkeit oder Physiologie gefunden. Mit dem neuen Gefühl geht man zurück zum Verhalten und entdeckt in Problemsituationen neue Möglichkeiten. Die Gedanken sind wie ein Filter, der bestimmt, was im Umfeld wahrgenommen werden kann (siehe Abb. 5): selbstbewusste oder unterdrückte Menschen, Freundliches oder Unfreundliches.

Ein Beispiel dazu: Jemand wird immer wieder in einer bestimmten Situation respektlos behandelt und empfindet sich in der Rolle des Opfers. Dieser Person wurde auf verschiedene Art erklärt, sie solle sich stark machen, ihre Meinung deutlich artikulieren und wenn nötig „auf den Tisch hauen". Nichts hat geholfen, die Person ist verzagt und zusammengefallen und jede Hoffnung scheint in ihrer Opferrolle zu verschwinden. Lernt diese Person auf der Werteebene Selbstbewusstsein, Mut, Respekt oder Ähnliches, dann wird ihr Verhalten in vielen Bereichen anders sein. Sie wird wahrscheinlich nicht mehr respektlos behandelt werden und braucht auch nicht mehr auf den Tisch zu hauen.

Definition der logischen Ebenen

UMWELT

Definition: *Damit ist der gesamte Lebensraum eines Menschen gemeint, also alles, was er außerhalb seiner selbst wahrnimmt, auf das er reagiert und selbst Einfluss nimmt: Menschen, Tiere, Pflanzen, Lufttemperatur, Wohnungseinrichtung etc.*

Die Frage hier lautet: Wie ist meine Verbindung zu meinem Umfeld?

Das Umfeld ist meist vorgegeben und nicht veränderbar. Man kann sich nun immer wieder darüber beschweren oder es annehmen, so wie es ist und innerhalb des vorgegebenen Bereichs nach eigenen Wünschen gestalten.

Es gilt also, innerhalb eines vorgegebenen Rahmens das eigene Umfeld selbst zu gestalten, sodass man sich wohl fühlt und nicht wartet, dass andere dies für einen übernehmen oder bis das vorgegebene Umfeld sich ändert.

Im Privatbereich bedeutet das, man kann eine Wohnung oder ein Haus so gestalten, dass man sich wohlfühlt und somit einen Lebensstil wählen, der darauf ausgelegt ist, dass es allen gut geht. Zum Beispiel kann der Vater sein Reich im Schlafzimmer einrichten, wohin er sich zurückziehen kann. Oder Kinder bekommen feste Plätze, an denen sie ihre Hausaufgaben machen können. Die Mutter findet ihren Bereich, der von anderen respektiert wird.

Im Berufsleben ist dies sehr wichtig, weil sich Menschen sehr oft über Dinge beschweren, die real nicht veränderbar sind und sie sich daher nicht aus der Opferrolle lösen können. Menschen können deshalb krank werden. Hier ist es wichtig herauszufinden, was der nichtveränderbare Rahmen ist und wo sich der Spielraum innerhalb dieses Rahmens befindet. Meist ist es möglich, diesen Spielraum so zu gestalten, dass man sich wohlfühlt und das Gefühl hat selbst entscheiden zu können. Es geht sogar noch weiter: Innerhalb dieses Rahmens kann jeder die eigene persönliche Bestleistung erbringen und begeistert jeden Tag die Lebensenergie spüren – dieser besonderer Kick die eigene Resonanz zu leben, wird als Glück empfunden.

Das Ziel ist, den vorgegebenen Rahmen zu akzeptieren und innerhalb dessen mit viel Lebensenergie in Resonanz die persönliche Bestleistung zu leben. Das heißt, dass man die Verbindung zum Umfeld, zur Natur und zu den anderen Menschen bewusst wahrnimmt und spürt, um beste Entscheidungen und Gestaltungsmöglichkeiten für das gesamte Umfeld treffen zu können.

VERHALTEN

***Definition:** Gemeint sind das Tun und die Reaktionen, die mit anderen Menschen und dem Umfeld stattfinden und das eigene Verhalten beeinflussen.*

Die Frage hier lautet: Wie ist mein sichtbares Verhalten? Wie sehen mich andere?

Das Verhalten und alle Handlungen sind sichtbar und meist versucht man, ein bestimmtes Verhalten zu verbessern. Das Spannende daran ist, dass das gleiche Verhalten an schlechten Tagen sehr unangenehm sein kann, an guten Tagen vielleicht sogar witzig und humorvoll. Dasselbe gilt für Worte: Die gleichen Worte sind manchmal sehr unangenehm und manchmal angenehm und dabei sind es einfach nur Worte. Wenn zum Beispiel die Mutter den Namen des Kindes in einem bestimmten Tonfall ausspricht, weiß es, jetzt ist Schluss und es ist dringend nötig zu tun, was sie möchte. Ein anderes Mal kann sie den Namen so aussprechen, dass er voll Liebe klingt. Das heißt, jedes Verhalten ist abhängig von den unbewussten Elementen, die hinter dem Verhalten stehen.

FÄHIGKEITEN UND STRATEGIEN

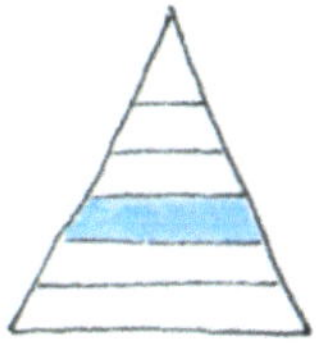

Definition: *Verstanden werden hier die genauen Schritte, die zum konkreten Verhalten führen. Es gilt mit verschiedenen Techniken genaue Schritte zu lernen, sodass die eigene Melodie im Tun zum Klingen kommt.*

Die Frage hier lautet: Wie tue ich es?

Jeder Mensch hat ganz persönliche Fähigkeiten und Talente. Die Fähigkeit ist eine besondere sensorische Wahrnehmung und das individuelle Talent ist die Umsetzung der Fähigkeit in eine Tätigkeit und ein Fachwissen.

Beispiele: Jemand kann sich sehr gut empathisch in andere Menschen und Situationen hineinversetzen und dieses Einfühlungsvermögen in bestimmten Tätigkeiten leben, wie z. B. Krankenschwestern oder Ärzte. Leistungssportler sind umso besser, je besser sie mit ihrem Umfeld im Einklang sind und auf nicht vorhersagbare Veränderungen reagieren können. Schlechtere Sportler beschweren sich über die unmöglichen Verhältnisse.

Schüler oder Mitarbeiter beschweren sich über Lärm und Unruhe, während andere diese Unruhe ausblenden können und völlig entspannt die vorgegebenen Aufgaben erledigen. Sie haben quasi „Türen in den Ohren" oder spezielle innere Brillen. Beides kann gelernt werden, was eine große Hilfe für viele Menschen sein kann.

Strategien sind kleine Schritte, die für bestimmtes Verhalten notwendig sind.

Weitere Beispiele dazu:

Der beste Verkäufer einer Firma wird Abteilungsleiter, kommt in dieser Position nicht zurecht und fühlt sich als Versager. Wenn er eine neue Strategie für das nötige neue Verhalten lernt, hat er sein Selbstbewusstsein wieder erreicht und fühlt sich nicht mehr als Versager.

Ein Schüler, der Legasthenie hat, braucht eine neue Rechtschreib-Strategie. Solange er das Rechtschreiben nicht lernt, wird er nicht selbstbewusst sein und sich dumm fühlen.

Eine Mutter, die nicht „Nein" sagen kann, braucht dringend eine neue Strategie. Sie kann lernen, zwischen Person und Verhalten zu unterscheiden – also das Kind als Person liebevoll zu achten und sein Verhalten klar und bewusst zu kommentieren. Wenn sie weiß, dass sie ihr Kind liebt und dass es als Person großartig ist, wird sie lästiges Fehlverhalten, das verletzend und respektlos ist, schneller verbieten und notfalls sanktionieren können.

Ganzheitliche Lernstrategie – neues Lehren und Lernen

Ein wesentlicher Teil der Kutschera-Resonanz®-Methode sind neue Unterrichtsmethoden und neue gehirngerechte Lernstrategien. Menschlichkeit, ganzheitliche Gesundheit und gleichwertige Beziehungen können nicht mit den gleichen didaktischen Mitteln unterrichtet werden, wie es das Aneignen von Fachwissen erfordert.

Der Tanz zwischen Unbewusst-sein und Bewusst-sein ist wesentlich für ganzheitliches Lernen. Dazu ist es wichtig zu wissen, wie Informationen aufgenommen und abgerufen werden können. Aufgrund meiner Erfahrung habe ich folgende Lernstrategien entwickelt:

Menschen leben in zwei Wirklichkeiten, der äußeren und der inneren Wirklichkeit. Beide Wirklichkeiten sind für das Lernen und Lehren wichtig und es ist notwendig, dass wir beide gebrauchen. Die innere Wirklichkeit wird von jedem unterschiedlich gestaltet. Manche schwelgen in Erinnerungen und genießen wunderbare Erlebnisse, während andere immer wieder an die schlimmsten Erlebnisse ihrer Vergangenheit denken. Manche kreieren sich wunderbare innere Filme und manche scheinen sich in „Horror-Movies" verliebt zu haben.

Hier stellt sich die Frage: Gestalten Menschen ihre Innenwelt selbst oder ist diese vorgegeben? Es scheint logisch, dass jeder für sich wählen und entscheiden kann. Verständlich ist auch, dass das, was immer wieder geübt wird, häufiger und häufiger wird, vertrauter und vertrauter, und deshalb leicht die Idee entstehen kann, dass dies die eigene Persönlichkeit ist.

Neben der bewussten Entscheidung, welchen inneren Film Menschen kreieren wollen, sind Metaphern und Geschichten ein weiterer wichtiger Baustein für ganzheitliches Lernen: Alles Wissen sollte in Form einer Geschichte dargestellt werden können. Ein gutes Beispiel ist die Bibel, die alles Wissen als Geschichten aufzeigt. Gottfried Schatz, weltbekannter Biochemiker, geht noch weiter: Wissenschaft, die nicht in einer Geschichte erzählt werden kann, ist keine gute Wissenschaft. Eine Geschichte erfasst immer eine Ganzheit, die alle Einzelteile, alle Strategien und deren Verbindungen deutlich macht.

Einige Metaphern für neues Lernen

Einstein ist gefragt worden, wie er zu all seinen fantastischen Antworten und Ideen käme. Er sagte sinngemäß: Wenn ich eine Frage habe, setze ich mich auf meinen Lichtstrahl (den er sich aus seiner Kindheit bewahrt hat), lasse mich ins Universum mitnehmen, finde dort meine Antworten, bringe sie zurück auf die Erde und übersetze sie hier für die Mitmenschen.

> *Release your mind, see what you find*
> *and bring it back to your people.*
> *Entspann deinen Geist, schau, was du findest und bring*
> *es zurück zu deinen Leuten.*
>
> *(Indianische Weisheit)*

Superlearning und Speedreading verwenden ganz ähnliche Schritte: Entspannt, in Alpha-Zuständen, kann alles zu Lernende aufgenommen und später abgerufen werden.

Die Kutschera–Resonanz® Lernstrategie mit dem inneren Lerncomputer baut darauf: Bewusst Fragen stellen, in den Resonanzzustand „eintauchen" und von der riesigen Kapazität des Unbewussten Antworten auf die Fragen bekommen. Dieselbe Strategie wird auch bei vielen Resonanzübungen verwendet, die zum Lösen von Blockaden und Konflikten dienen. Hier wird bewusst um „Heilung vom Unbewussten" gebeten und Neues gefunden, das dann Schritt für Schritt gelernt und verinnerlicht werden kann.

Es ist mit einem Computer vergleichbar: Bewusst drücken wir einen Programmknopf und schon läuft die Software dazu. Genauso wird eine bewusste Frage oder Bitte an das Unbewusste gesendet, und somit die Anfrage ausgeschickt eine bestimmte Software zu verwenden. Auch die nächsten Schritte sind wichtig: Das Gefundene muss hierher auf die Erde gebracht werden. Dies kann auf verschiedene Weise geschehen: malen, aufschreiben, erzählen oder tanzen, Sketche spielen und Ähnliches.

Diese ganzheitliche Lernstrategie wird in den Ausbildungen des Instituts Kutschera durchgehend angewandt, wodurch Lernen mühelos und mit viel Spaß geschehen kann. Die Voraussetzungen dafür sind Meditation und Mentaltraining, sogenannte Gehirngymnastik, die Zeit und Übung braucht. Mit diesem Üben und der Begeisterung, das Gehirn auf ganz neue Art zu gebrauchen, wird immer wieder erlebt, dass Lernen Spaß macht. Unsere

Teilnehmer bestätigen damit immer wieder die theoretische Erkenntnis vom Gehirnforscher M. Spitzer, der nachgewiesen hat, dass Lernen und Glück an der gleichen Stelle im Gehirn kodiert sind. Wir erleben immer wieder, dass Lernen Glück ist und Menschen mit Freude weiter lernen.

Der innere Lerncomputer – ganzheitliches Lehren und Lernen in Schulen

Der innere Lerncomputer ist eine besondere Form der Lernstrategie. Er hilft, Fachwissen so aufzunehmen und abrufbar zu machen, dass man es mühelos und ohne ständiges Strebern und Wiederholen lernen kann. Diese neue, gehirngerechte, ganzheitliche Lernstrategie hilft in ganz vielen Fällen und wird immer weiter verbessert.

Das Gehirn ist für mich vergleichbar mit einem Computer, der nur das macht, was programmiert ist und nur die Software laufen lässt, die angeklickt wird: Beim Lernen wird eine Software installiert, die genau vorgegeben werden muss. Für jeden Lernstoff wird genau das Buch oder Skriptum vorgegeben, das gelernt und abgerufen werden soll. Die Vorbedingung für das Funktionieren des inneren Lerncomputers ist ein langfristiges, intensives Mentaltraining und der Tanz von bewussten Vorgaben und unbewusstem Vertrauen. Darauf zu vertrauen, dass das Gehirn die Bücher und Skripten wirklich speichert und abrufbar aufbewahrt, erfordert ein Umdenken und ist anfangs sehr ungewohnt oder schwierig.

Ein starkes Argument dafür ist die Faulheit: Die Aussicht, dass die Lernzeit auf ein Minimum reduziert werden kann und dabei trotzdem Verstehen und Wissen generiert werden, motiviert Schüler zum Mitmachen.

Es klingt fantastisch und unglaubwürdig, aber wir haben viele Ergebnisse von Schülern und Studenten, die das Unmögliche möglich machen. Das beste und gleichzeitig unvorstellbarste Beispiel ist eine Medizinstudentin, die für keine Prüfung länger als 14 Tage gelernt und alle Prüfungen mit Auszeichnung bestanden hat.

Wenn es wirklich so leicht geht, wem würde dann Lernen, Entdecken und Neugierigsein nicht Spaß machen? Die Begeisterung, das Glücksgefühl und das buchstäbliche Aufwachen, das wir immer wieder erleben, wenn Schüler plötzlich leicht lernen, überzeugen uns immer wieder.

Die Vision der neuen Schule könnte dann Folgende sein: Schüler haben alles geforderte Fachwissen zur Verfügung und können dieses in Streitgesprächen mit pro und contra abrufen. Die restlichen Schüler der Klasse vergeben Punkte für die besseren Argumente. Dann würde jeder Lernstoff Spaß machen und ganzheitlich erfassbar sein. Schüler denken nicht mehr linear, testen ihre persönlichen Grenzen aus und öffnen einander in Projekten Türen für neue Dimensionen im Denken und Handeln.

BELIEFS: INNERE HALTUNGEN UND GLAUBENSSÄTZE

Definition: *Glaubenssätze geben Dingen Bedeutung – sie geben Schönheit oder Verzweiflung. Es handelt sich dabei um Assoziationen im Gehirn. Äußeres wird mit einer Bedeutung verbunden, die jede Person individuell festlegt. Wenn diese Erkenntnis bewusst gemacht wird, können Menschen jede Bedeutung, die sie einst Dingen und Situationen gegeben haben, auch wieder ändern.*

Die Frage hier lautet: Was sind meine inneren Regeln und Haltungen, die mein Verhalten beeinflussen?

Glaubensätze sind neurologische Assoziationen im Gehirn und können als Gleichung ausgedrückt werden: A = B

Ein äußeres Signal (A) hat eine bestimmte Bedeutung (B), die als gegeben angesehen wird: Das Haus ist zu groß. Oder: Dieser Blick löst etwas Negatives in mir aus. Glaubenssätze definieren Rollenbilder, wie

„Väter sind ...“, „Frauen sind ...“, „Ehe ist ...“, „Lehrer sind ...“ usw. Glaubensätze geben auch Regeln vor, wie die eigenen Werte gelebt werden sollen: „Wenn du das machst, dann lieb ich dich nicht mehr“ und Ähnliches.

Ein bestimmtes Verhalten (A) führt zu einem bestimmten Gefühl (B). Man kann das mit einer Gleichung ausdrücken:

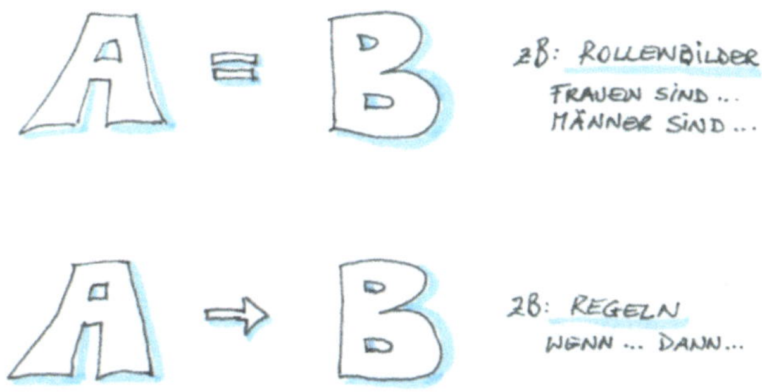

Abb. 6: Struktur von Beliefs

Die Gedanken geben die Regeln und inneren Überzeugungen vor, wie ein Instrument zu klingen hat, wie Gespräche geführt werden sollen, kurz, was gut und was schlecht ist. Die Gedanken sind verantwortlich für die Atmosphäre und geben den Worten Energie und Kraft oder machen Gespräche bedeutungslos.

Glaubenssätze sind Gefühle von Bestimmtheit, wie die Welt zu sein hat. Diese Glaubenssätze determinieren jedes Gespräch und sind für viele oft lächerlich scheinende Konflikte verantwortlich. Meist sind uns viele Glaubenssätze nicht bewusst und und auch nicht, wie entscheidend und fundamental diese für das Leben sind. Sie werden mit einer absoluten Konsequenz immer wiederholt.

Bevor wir Glaubenssätze ändern können, braucht es innere Entscheidungen und innere Glaubenssätze, die dafür sorgen, dass wir an das Neue glauben können. Die beste Strategie ist sonst hinfällig. Das heißt: Schmerzvolle Erinnerungen müssen zuerst gelöst und geheilt werden, bevor neue Strategien angewendet werden können.

Glaubenssätze werden im Laufe des Heranwachsens gebildet und zwar immer dann, wenn eine Situation sehr intensiv ist oder durch vermehrtes Wiederholen ähnlicher Erfahrungen verstärkt wird. Dies gilt sowohl für positive als auch für negative Glaubenssätze.

Eltern und andere Bezugspersonen sind für Glaubenssätze verantwortlich, aber auch Autoritätspersonen wie Lehrer oder Ärzte geben uns oft unbewusst lebensbestimmende Glaubenssätze in Form von Ratschlägen und Vorgaben mit. Diese Erkenntnis könnte viel effizienter und häufiger im positiven Sinne angewendet werden, indem mehr zustimmendes Feedback und konstruktive Vorgaben gegeben werden, die in förderliche Richtungen weisen.

Einige Beispiele für negative Beliefs, die erfolgreiches Lernen verhindern: Ein Lächeln kann für das Kind die Bedeutung von lächerlich machen haben, es entscheidet: „Nie mehr sage ich, was mir wirklich wichtig ist."

Eine Familie reist vom Urlaub zurück und alle Anschlussflüge sind abgesagt. Der Vater versucht das Beste für seine Familie zu tun und gibt seinem Sohn einen kleinen Auftrag, während er sich erkundigen geht. Als er zurückkommt, hat der Sohn den Auftrag vergessen. Der Vater, nervös und gestresst, sagt: „Du bist ja für alles zu dumm." Ab dem Zeitpunkt ist der Junge in der Schule schlecht, und niemand weiß warum.

Solche und ähnliche Entscheidungen werden dann das ganze Leben gelebt und bestimmen Freude und Leid. Das können auch für ein Miteinander notwendige Regeln sein, die die Eltern und das Umfeld den Kindern vermitteln. Manche dieser Regeln sind für die Kindheit sehr wichtig, aber ergeben im Erwachsenenalter keinen Sinn mehr. Trotzdem leben Betroffene immer wieder nach diesen Regeln, die als Zugehörigkeit zur Familie erlebt werden und deshalb nicht geändert werden können. Der Kopf findet diese

Regeln nicht mehr gut und trotz bewusster Entscheidungen werden sie immer wieder unbewusst gelebt.

Die Balance zwischen den eigenen Bedürfnissen und denen der anderen ist wohl der wesentlichste Teil des individuellen Sozialisationsprozesses. Menschen haben eigene Bedürfnisse, die innerhalb der Regeln (Glaubenssätze/Beliefs) und der Bedürfnisse der Familie, Gesellschaft, Kultur oder Religion gelebt werden wollen. Dies ist ein ständiges Balancieren, für das es nie feste Vorgaben geben wird. Dieses Balancieren kann aber gelernt werden und soll sich permanent den äußeren Gegebenheiten und Lebensabschnitten anpassen. Manchmal sind die eigenen Bedürfnisse wichtiger und manchmal die der anderen. Wenn z. B. ein Baby schreit, ist es klar, dass das eigene Bedürfnis zurückgestellt und das Baby versorgt werden muss.

Ein extremes Beispiel, das jedoch ein Problem skizziert, welches sicher in jeder Partnerschaft bekannt ist: Ein 82-jähriges Ehepaar kommt zum Coaching. Er meint, es hätte doch alles keinen Sinn. Sie bestätigt sehr schnippisch, dass sie das auch glaube. Ich frage behutsam, wie lange sie diese Schwierigkeit schon hätten. „Seit der Hochzeitsnacht", war die Antwort. Durch achtsames Weiterfragen konnte er sich erinnern: Er hatte sich damals gut vorbereitet, war sehr nervös – und es sei alles schiefgegangen. Sie meinte immer wieder, „das hab ich auch bemerkt". Wenn er vollkommen auf seine Vorbereitungen konzentriert war, war er nur in seiner Innenwelt und konnte nicht bemerken, wie es seiner Frau ging. Ich fragte sie vorsichtig, wie die Situation für sie gewesen war, ob sie vielleicht geweint hätte. Sie bestätigte, dass sie die ganze Nacht geweint habe und er das nicht gemerkt habe. Beide waren sehr betroffen, weil sie einander 60 Jahre innerlich diese Hochzeitsnacht vorgeworfen und daran gelitten hatten. Hier fanden viele Glaubenssätze über Männer und Frauen, über Sex und Erotik ihren Ursprung. Und im Laufe ihrer Ehe wurden diese wiederholt und gefestigt. Lauter Gedankenkonstrukte, die auf den Erfahrungen der Hochzeitsnacht aufbauten. Gedankenkonstrukte und Glaubensätze, die wehtun und es nicht erlauben den geliebten Partner zu erkennen und zu genießen.

Wenn man bedenkt, dass das Ehepaar 60 Jahre Zeit hatte, seine negativen Beliefs über eheliche Beziehungen zu verstärken, ist es kein Wunder, dass diese Glaubenssätze zu ihrem Weltbild, ihrer eigenen Realität wurden: Bei all den vielen verletzenden Wiederholungen wurden im Gehirn Assoziationen über Frauen, Männer und Ehen verknüpft. Diese Glaubenssätze sind dann intensive Gefühle, die bestimmen, wie unsere Welt zu sein hat – und ist.

In diesem Beispiel brauchte nur die intensive Erfahrung der Hochzeitsnacht entkoppelt zu werden und die beiden konnten sich mit ganz neuen Augen sehen und sich gegenseitig auf neue Art erleben.

So können Assoziationen im Gehirn gelöst, geheilt und neue gefunden werden. In Kapitel 4 „Kommunikation mit sich selbst“ findet sich dazu auf Seite 105 eine Achtsamkeitsübung. Weitere Übungen sind im Buch „Tanz zwischen Bewusst-sein und Unbewusst-sein“ zu finden.

WERTE – ATMOSPHÄRE GESTALTEN

Definition: *Werte sind richtungsweisend für unser Leben und zeigen uns, wo wir am Lebensende ankommen werden. Sie können negativ oder positiv sein. Meist sind sie unbewusst und lenken manchmal in eine Richtung, die nicht gewollt ist. Es ist sehr wichtig die eigenen Werte zu kennen und sie sich bewusst zumachen, damit sie helfen die Zukunft zu gestalten und die Gegenwart lebenswert und sinnvoll zu machen.*

Die Frage hier lautet: Was ist mir im Leben wichtig?

Menschen gehen auf positive Werte wie Liebe, Mut, Lebensfreude zu und werden im täglichen Leben mit großer Wahrscheinlichkeit Schritt für Schritt mehr und mehr ihre Werte entdecken und bemerken, wie diese den Alltag bereichern.

Gehen Menschen von negativen Werten weg und versuchen, diese zu vermeiden, werden sie sich immer tiefer in eine Negativspirale hineindrehen. Wenn sie z. B. von Werten wie Druck, Wut oder Depression wegwollen, werden diese Werte immer mehr ihren Alltag erfüllen, egal ob das ihre Tätigkeit betrifft oder ihre Beziehungen. Am Lebensende werden sie nur die negativen Werte leben, von denen sie so dringend weg wollten.

Was kann man tun, um mehr die eigenen wichtigen Werte zu finden und zu leben? Sich immer wieder die Frage stellen: Wo willst du hin? Wo willst du am Lebensende ankommen?

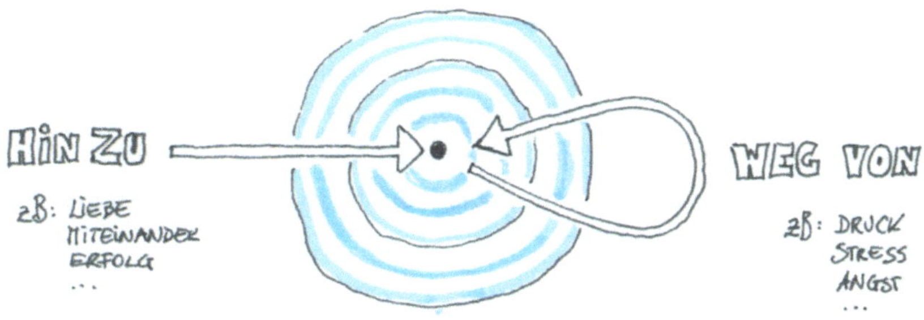

Abb. 7: Werte – „hin zu" versus „weg von"

Ein erster Schritt wäre ein Bewusstmachen, wozu man die eigene Aufmerksamkeit benützen will. Wir können in einer Sekunde nur 7 ± 2 Dinge wahrnehmen. Folgende Übung veranschaulicht diese Aussage:

ÜBUNG: WAHRNEHMUNG

Schau dich im Raum um und betrachte alles, was du siehst ... Dann mache dir bewusst, was du gerade hörst, auch wenn es nur dein Atem ist ... Wenn du hörst – was geschieht mit dem Sehen? Wahrscheinlich wird es weniger. Wenn du jetzt die Aufmerksamkeit auf das Spüren lenkst und alles spürst, was im Moment da ist, die Luft, die Kleider am Körper ... Wahrscheinlich gerät dann das Sehen und Hören weiter in den Hintergrund ...
Das heißt: Unbewusst nehmen wir alles wahr, aber bewusst erleben wir immer nur einen kleinen Ausschnitt.

Menschen können also nur wenig bewusst wahrnehmen und vieles bleibt unbewusst. Deshalb ist es sehr wichtig, dass wir bewusst entscheiden, was wir wahrnehmen wollen und wofür wir unsere Energie verwenden – für Negatives oder Positives, für die Arbeit oder für die Familie, für Trauer oder Freude, Liebe oder Gewalt.

Albert Einstein sagte, als er schon älter war: Wenn er seiner Familie so viel Aufmerksamkeit geschenkt hätte, wie er sie der Physik und seiner Arbeit gegeben hat, hätte er sicher eine Familie gestalten können, in der es allen gut gegangen wäre.

Werte sind relativ leicht zu finden: Nehmen Sie ein Verhalten. Eine Person ärgert sich z. B., weil sie immer wieder übersehen wird und immer wieder alles tun muss, was die anderen nicht tun wollen. Sie fühlt sich als Opfer und kommt und kommt von dieser Empfindung nicht weg. Sie hat vieles versucht, aber nichts hat geholfen. Es wird scheinbar immer „mehr vom Gleichen", je mehr sie das Verhalten analysiert. Die Identifikation mit der Opferrolle verstärkt sich, je öfter sie sich mit dieser auseinandersetzt.

Die Frage ist: Was will diese Person wirklich? Will sie Ärger? Oder will sie Respekt, Achtung oder Selbstbewusstsein? Manchmal ist es auch hilfreicher zu fragen: Was fehlt dir? Wir gehen damit auf eine höhere Ebene, die Werte-Ebene, und konzentrieren uns auf das, was nicht sichtbar ist, auf das, was versteckt und unbewusst tief innen schlummert. Wenn diese Person die immer wieder kehrenden Verletzungen und Missachtungen, die mit der Opferrolle verbunden sind, geheilt hat, kann sie Respekt, Achtung oder Selbstbewusstsein lernen und wird sich in ähnlichen Situationen anders verhalten, sodass andere sie nicht mehr respektlos behandeln werden. Wenn diese Person also ihre unbewussten Bedürfnisse und Werte erkennt und diese in ihr Leben integriert, wird sie in vielen Situationen im Alltag neues Verhalten leben können. Sie wird sich von anderen nicht mehr dirigieren lassen, kann ihr Leben selbst in die Hand nehmen und kann das Balancieren zwischen den eigenen Bedürfnissen und denen der anderen lernen. Sie wird merken, was es heißt, sich selbst zu respektieren und wie viel Freude es dann macht, andere zu respektieren und von anderen respektiert zu werden. Ein wichtiger Aspekt in diesem Heilprozess ist auch, dass diese Person plötzlich andere Menschen trifft, die sie schätzen und die gerne mit ihr sind. Sie richtet ihre Aufmerksamkeit nicht mehr nur auf Negatives, sondern bemerkt die vielen wohlwollenden anderen Menschen in ihrer Umgebung.

Auch ohne großen Heilungsprozess kann man das relativ leicht üben. Wichtig ist dabei die eigene Entscheidung. Wenn man sich entschieden hat, mehr positive Werte zu leben, wie Liebe, Respekt und Miteinander, wird im Alltag merkbar sein, wo, wann und wie oft diese Werte bereits existieren und gelebt werden. Wie viel Liebe im Alltag bereits da ist, wie viel Respekt und Miteinander und wie viele Facetten es davon gibt. Mehr und mehr werden diese Werte das Leben gestalten. Denn alles, was Menschen suchen, ist bereits vorhanden, sie brauchen nur die Aufmerksamkeit darauf zu richten. Hier wird auch deutlich, wie wichtig das bewusste Entscheiden ist. Es zeigt sich wie wichtig dieser Tanz zwischen Bewusst-sein und Unbewusst-sein ist, denn dieser Tanz entscheidet, ob das Leben leicht oder schwer, fröhlich oder mühsam ist.

Deutlich wird das, wenn wir uns die Rolle der Werte in der Sprache anschauen. Sie sind grammatikalisch gesehen statisch gewordene Verben und der Prozess, der ihnen innewohnt, ist verloren gegangen. Wenn wir über Werte diskutieren und philosophieren, können wir sie nicht spüren und verstehen oft nicht, warum wir ärgerlich werden. Wir wollen die Werte spüren, wieder zurück zum Fühlen finden. Nehmen wir den Wert Liebe: Über Liebe zu reden kann wunderschön sein, aber die Gefühle bleiben draußen und dann kommen berechtigt Einwände wie: „Ich spüre dich nicht." Wenn wir dagegen fragen: „Wie willst du dich selbst lieben, wie willst du andere lieben und wie willst du von anderen geliebt werden", sind wir im Prozess, tasten uns an die Tiefenstruktur der Sprache vor und erreichen die meist unbewussten Bedürfnisse und Sehnsüchte.

Streiten lernen und Frieden finden
In vielen alten Kulturen heißt es, wenn wir den Dualismus und die vielen Polaritäten, die in uns lebendig sind, vereinigen können, sodass sie in eine Richtung gehen, dann gibt es Frieden auf der Erde. Dieser Prozess kann nur auf der Werte-Ebene stattfinden und sicher nicht auf der Verhaltens-Ebene diskutiert werden. Sowohl innere als auch äußere Konflikte können auf der Werte-Ebene nachhaltig geheilt und gelöst werden, indem unterschiedliche Werte und Glaubenssätze als Bereicherung wahrgenommen werden.

Konfliktlösungen

Inneren und äußeren Frieden finden

Wenn streitende Werte und Glaubenssätze versöhnt werden, kann die innere Ruhe wieder gefunden werden. Es kommt oft vor, dass innere Glaubenssätze sehr unterschiedlich sind und folglich miteinander in Konflikt geraten. Jemand kann sich zum Beispiel wünschen erfolgreich zu sein, jedoch gelingt und gelingt es nicht. Da können störende Glaubenssätze die Ursache sein und gegen diesen Wunsch wirken. Hier können zum Beispiel Beliefs intervenieren wie „Erfolgreich sein ist unethisch und unmoralisch" oder „Wenn ich erfolgreich bin, gehöre ich nicht mehr dazu." Die widerstreitenden Werte sind hier Dazugehören und Erfolg, sowie Erfolg und Moral. Um solche mentalen Konflikte zu lösen, werden die beiden streitenden Werte vereinigt und können so in eine gemeinsame Richtung zeigen. Dazu gehört zu erkennen, dass sie sich gegenseitig bereichern. So können sich Kombinationen ergeben, wie zum Beispiel: „Reichtum hilft mir Gutes zu tun". Dieser neue Glaubenssatz ist ethisch vertretbar und erlaubt gleichzeitig beruflichen und finanziellen Erfolg. Und, anders als zunächst angenommen, ist er nicht widersprüchlich, sondern kann förderlich für den Karrierewunsch sein. „Miteinander erfolgreich sein" bringt die Bereicherung, dass Erfolg nicht einsam sein muss, sondern gemeinsam mehr sein kann und viele neue Werte beinhaltet.

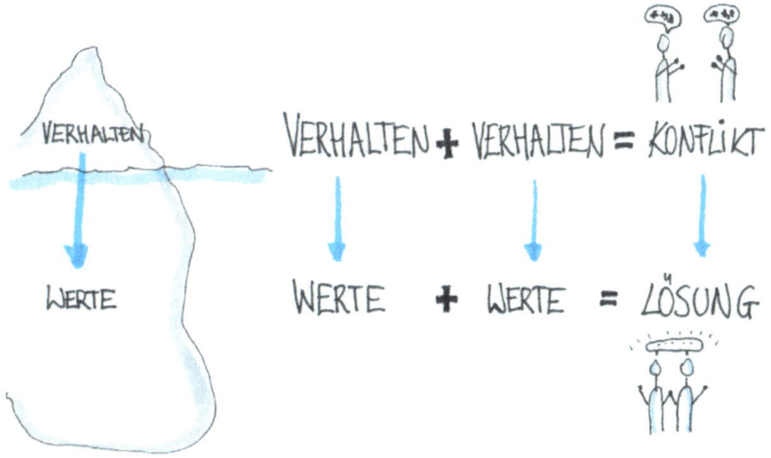

Abb. 8: Konfliktlösung auf Werteebene – Anderssein ist Reichtum

Äußeren Frieden finden

Ganz ähnlich kann eine neue gemeinsame Richtung gefunden werden, wenn Personen streiten. Auch hier kann auf der Belief- und Werteebene ein gemeinsamer Weg gefunden werden und zwar nicht als Win-Win oder Konsens, sondern indem das Anderssein als Reichtum angenommen und nicht bekämpft wird. Wir können diesen Prozess noch weiterführen und sagen, dass wir jedes Mal, wenn jemand anders ist, neugierig sein können und dieses Anderssein als Bereicherung erleben können. Könnten wir das durchgängig schaffen, hätten wir mehr Frieden in unseren Beziehungen und – global gesehen – könnten Kriege dadurch verhindert werden.

Beispiele:

Paare streiten sich über das Anderssein: Er will viel weggehen und immer was Neues erleben und sie will zu Hause sein und immer wieder das Heim verschönern. Auf der Werteebene will er Abenteuer und sie Geborgenheit. Die Kombination könnte sein: „Ein geborgenes Abenteuer" oder „eine abenteuerliche Geborgenheit", dann braucht niemand auf etwas zu verzichten, braucht keinen Konsens einzugehen, sondern bekommt etwas dazu. Außerdem erleben beide in diesem Prozess häufig, dass dieses Anderssein zu Beginn der Beziehung das Reizvolle war. Er hat die Genussfähigkeit an ihr bewundert und sie seine Lebendigkeit. Nun können beide voneinander lernen und sich gegenseitig wertschätzen.

In einer großen Firma kommen die beiden Firmenchefs immer wieder in aggressive Diskussionen: Einer will Innovationen und mehr Neues. Der andere will Tradition und Sicherheit. Sie erleben, dass sie sich im gemeinsamen Erfolg unterstützen können, indem sie „sichere Innovationen" oder „innovative Sicherheit" in Zukunft leben wollen. Beide erkennen, dass jeder für sich allein das Unternehmen nicht zum Erfolg führen kann, sondern den anderen braucht. Zu viele Innovationen könnten die Firma in Gefahr bringen und durch zu viel Sicherheit könnte sie wahrscheinlich nicht mit der Konkurrenz am Markt mithalten. In der Folge können die beiden einander in Diskussionen wertschätzen und achtsamer miteinander umgehen.

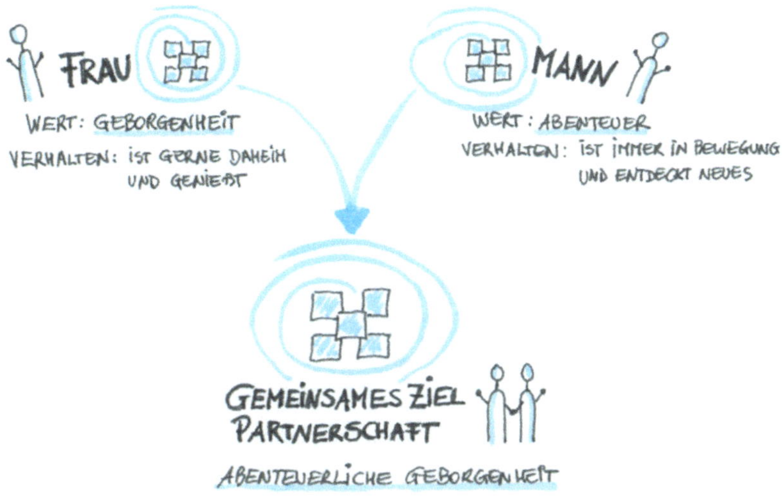

Abb. 9: Werte zusammenführen

Zusammenfassend kann gesagt werden, dass Änderungen und Lernen auf einer höheren Ebene automatisch Änderungen und Lernen auf den darunterliegenden Ebenen mit sich ziehen. Deshalb geht man in der Kutschera-Resonanz®-Methode in Kommunikation vom Verhalten auf die Werte- und Gefühlsebene, um dort Lösungen zu erreichen. Diese Lösungen ermöglichen dann automatisch neue Verhaltensweisen. Die Grundlage dafür ist die Vorannahme, dass jedes Verhalten von Gefühlen und inneren Haltungen gesteuert wird. Ändern wir die Gefühle und Werte, dann öffnen sich Türen und neues Verhalten ist möglich.

„Anderssein ist Reichtum."

SEELE UND CHARISMA

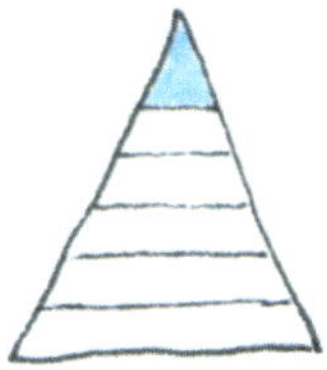

Definition: *Die Seele ist die individuelle Resonanzschwingung. Sie definiert die Persönlichkeit und entscheidet, ob das Leben sinnvoll ist. Sie ist inhaltfrei. Ziel ist, diese Schwingung in jeder Tätigkeit und in jeder Beziehung zu leben. Diese Resonanzschwingung wird mit Hilfe der Submodalitäten der fünf Sinne beschrieben und erfahren. In Kulturen wird sie als göttlicher Funke beschrieben, der von einer großen Kraftquelle immer wieder aufgeladen wird.*

Die Frage hier ist: Wer bin ich wirklich und wie kann ich sinnvoll leben?

Dies ist die Ebene, auf der wir die größten metaphysischen Fragen betrachten: Was ist für mich im Leben wichtig? Wozu bin ich da? Was ist mein Sinn in der Welt? Was ist mein Lebensauftrag?

Die Seele ist nicht greifbar, nicht sichtbar, nicht hörbar und doch beeinflusst sie unser Leben wesentlich. Sie ist spürbar, wenn wir mit anderen verbunden sind, wenn die Atmosphäre in Gesprächen angenehm ist, wenn wir intuitiv das Richtige machen oder wenn wir unserem Bauchgefühl vertrauen.

Es gibt aber nicht nur unsere eigene Seele, sondern auch die Seele der Familie, des Unternehmens, der Kultur und Gesellschaft. Es wäre wunderschön, wenn wir uns diese Seelen bewusst machen könnten und diese verschiedenen Seelen miteinander schwingen könnten. Dann hätten wir das Gefühl, dass das Leben sinnvoll ist.

Wir wissen, dass Gedanken unseren Körper, unsere Zellen und unser Tun beeinflussen. Dass unsere Gedanken uns schwach oder stark machen. Dass nicht nur das Umfeld und andere Menschen uns beeinflussen und uns schwächen oder stärken, sondern dass das, was uns am meisten beeinflusst, unsere Gedanken sind. Wichtig ist also: Welche Bedeutung geben wir dem Umfeld, welche Gefühle haben wir bei bestimmten Dingen oder welche Gefühle lösen bestimmte Situationen oder Menschen in uns aus und beeinflussen uns?

Gregory Bateson bezeichnet die Seele als einen spirituellen inneren Zustand. Er meint, wenn Menschen diesen spirituellen Zustand bewusst erreichen und leben könnten, hätten sie die Möglichkeit, in jeder Situation menschlich zu handeln, würden nicht mehr automatisch und unbewusst reagieren und brauchten sich selbst oder andere nicht mehr zu verletzen. Er glaubte aber auch, dass dieser Zustand nicht für jedermann erreichbar sei. In der Menschheitsgeschichte war dieser spirituelle Zustand immer nur wenigen Menschen – beispielsweise Priestern – zugänglich.

Diese Aussage regte mich an zu suchen und zu forschen. Der Resonanzzustand öffnete mir die Türen und in meiner langjährigen Erfahrung durfte ich erleben, wie jeder, unabhängig vom Alter, diesen spirituellen Zustand erreichen kann und das eigene Leben dadurch wesentlich bereichert. Es scheint möglich zu sein, dass nun alle Menschen auf höhere Bewusstseinsebenen vordringen können. Meine Vision ist: Wenn jeder in Kontakt mit der Seele ist und die eigene Resonanzschwingung spüren und leben kann, wird das Leben als sinnvoll empfunden.

Diese innere Resonanzschwingung ist ein lebendiges Gefühl, ist Intensität, ist dieser Kick, den jeder schon erlebt hat und der immer wieder gesucht und gelebt werden will. Er verhilft uns zu Höchstleistungen und lässt uns Ekstase erleben. Eigentlich suchen wir ein Leben lang diesen Kick, diese Intensität. Erreichen Menschen den Kick nicht autonom und bewusst, besteht die Gefahr, dass sie in Suchtverhalten und Sekten abgleiten, weil sie immer wieder diese Intensität suchen und spüren wollen. Suchtverhalten ist hier jedes intensive Gewohnheitsverhalten, das ab einem bestimmten Punkt nicht mehr gestoppt werden kann, wie Rauchen, Ärger und Aggressivität, Trauer und Depression, Frustessen, Süßigkeiten, Alkohol und Ähnliches mehr. Uns muss bewusst werden, dass diese Intensität lebensnotwendig ist und sowohl negativ als auch positiv erlebt werden kann. Erst wenn man herausfindet, wie diese Intensität anders gelebt werden kann, ist die Sucht nicht mehr notwendig.

Fazit: Was wir Menschen suchen, sind nicht allein philosophische Erklärungen, sondern es sind vor allem Gefühle, Intensität und der Zugang zur eigenen Seele. Nur dann macht das Leben Sinn, wenn diese Intensität vorhanden ist, wir intuitiv und kreativ sind und Spaß an der persönlichen Bestleistung gemeinsam mit anderen haben. Das heißt, wir brauchen beides – das Gefühl und eine Tätigkeit, ein Fachwissen, in dem wir mit Begeisterung, mit der Vibration unserer Seele immer wieder Neues ausprobieren. Auf allen Gebieten gibt es Menschen, die das bereits umsetzen und leben: Sportler, Künstler, Wissenschaftler, Lehrer, Manager, Eltern und viele mehr.

Die Hoffnung für die Zukunft ist Fachwissen mit Kreativität und Intuition zu verbinden, damit neues Denken möglich ist, und sich neue Türen öffnen können. Haben Menschen Zugang zu ihrer Resonanz, zu diesem inneren Pulsieren, dann haben sie Charisma und sind mit ihrer Seele in Kontakt. Könnten alle Menschen diesen Zustand erreichen und ihr Fachwissen mit Begeisterung leben dann brauchte niemand mehr eifersüchtig auf andere zu sein und wir brauchten uns nicht gegenseitig auf die Füße zu treten. Dieses ganz individuelle Wissen und Tun kann uns niemand wegnehmen. Wenn wir es nicht leben und umsetzen, wird es hier auf der Erde nicht lebendig werden.

Dazu eine kleine Anekdote: Ein alter, bekannter Pathologe, der sein Leben lang krankes Gewebe untersucht hatte, kam am Ende zu folgender Erkenntnis: Wenn er nochmals beginnen könnte, würde er untersuchen, warum im menschlichen Körper heilende Prozesse permanent und von alleine ablaufen. Diese Prozesse würden ihn interessieren. Am Ende beschäftigte ihn die Frage, warum bei Krebs gesunde Zellen plötzlich zu wuchern beginnen. Er fragte sich: „Welches Leben will da raus, das nicht gelebt wurde?“

ZUSAMMENSPIEL DER LOGISCHEN EBENEN

In den nächsten Kapiteln zeige ich, wie notwendig und wichtig das Zusammenspiel von allen logischen Ebenen ist und wie unerlässlich dieses für ganzheitliche Persönlichkeiten und gleichwertiges Miteinander ist. Alle

Menschen kennen bereits diesen ganzheitlichen Zustand, wenn an guten Tagen scheinbar alles mühelos von der Hand geht und alles „sinnvoll" ist. Können wir bewusster und öfter diesen Zustand und dieses ganzheitliche Zusammenspiel der verschiedenen Ebenen erreichen und leben, dann brauchen wir keine Angst vor der Zukunft oder vor einer Krise zu haben und werden eine Arbeit finden, die uns begeistert und eine Familie gestalten, in der sich jeder zu Hause fühlt. Fachwissen wird mit Intuition und Weisheit verbunden werden und so Unmögliches möglich machen – täglich darf Intensität gemeinsam mit anderen erlebt werden, egal welchen Auslöser die Begeisterung eines jeden hat: Sport, Naturwissenschaft, soziales Engagement, Ökonomie oder Ökologie.

Die logischen Ebenen ganzheitlich als Spirale dargestellt – jedes Verhalten ist immer in ein Nest eingebettet und kann individuell gestaltet werden:

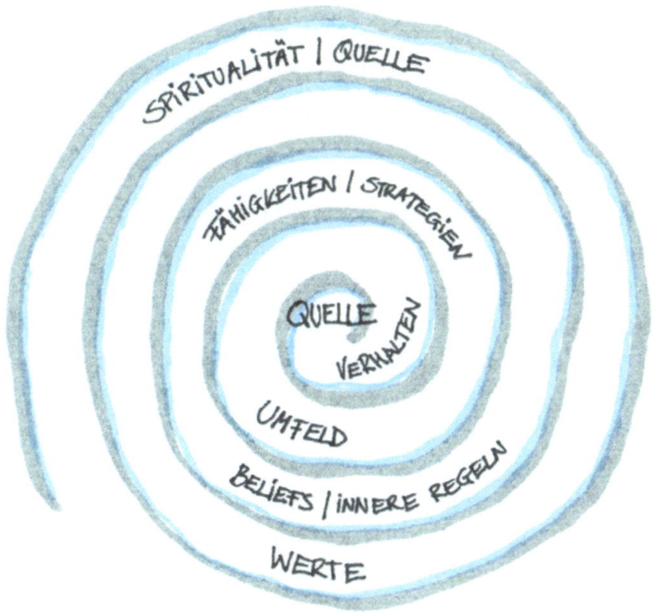

Abb. 10: Die logischen Ebenen ganzheitlich als Spirale dargestellt

Die logischen Ebenen nach Bateson sind eine lineare Darstellung, die darauf abzielt, eine Person in ihrer Ganzheit zu erfassen. Lineare Modelle eignen sich aber nur bedingt, um ganzheitliches Denken darzustellen. Lineare Darstellungen machen es den Menschen sogar unmöglich, aus ihren mentalen Sackgassen herauszukommen. Daher habe ich eine Spirale gewählt, die das Zusammenwirken und die Abhängigkeiten der einzelnen Ebenen in einer organischen Struktur darstellt. Jedes Verhalten ist in ein Umfeld eingebettet und die logischen Ebenen ordnen sich wie ein Nest rundherum an. Das heißt, jedes Verhalten ist immer eingebettet in Strategien und Fähigkeiten, innere Haltungen/Beliefs, Werte und in das ganz außen liegende Feld, die Matrix, die alles enthält und beeinflusst. Trägt jede Person lediglich einen einzelnen, lebendigen Funken von diesem Feld in sich, dann entsteht eine Einheit, in der alle Ebenen miteinander schwingen, sich gegenseitig beeinflussen und jede Person sich aufgehoben und eingebettet fühlen darf und eigenverantwortlich handeln kann. Sie hat Entscheidungsfreiheit und ist gleichzeitig mit der Ganzheit verbunden – dann ist lebendige Ruhe spürbar und Frieden möglich. Menschen sind dann nicht mehr abhängig von anderen, freuen sich aber, sich auf gleichwertiger Ebene gegenseitig erforschen zu können, Spaß zu haben und mit Begeisterung Neues zu denken und zu gestalten.

Anders ausgedrückt: Ist es nicht faszinierend, dass ein großes Feld, eine Matrix, wie ein Pulsschlag die ganze Erde umhüllt? Jede Person kann mit der eigenen Resonanz, mit der eigenen Schwingung diesen Pulsschlag erspüren und Teil dieser Matrix werden. Würden sich alle Menschen mit achtsamen Gedanken auf diese Art und Weise miteinander verbinden, dann wäre Frieden möglich und unterschiedliche Meinungen hätten Platz und wären Bereicherungen.

Nach vierzig Jahren kann ich sagen, dass auch Beziehungen, Talente und menschliches Miteinander in ihrer Komplexität lehr- und lernbar sind und dass es viel Spaß macht, auf Entdeckungsreise zu gehen. **Das große Geheimnis dabei ist Resonanz, wie ich es im Resonanzkapitel vorher beschrieben habe und im Folgenden weiter ausführen werde.**

PROBLEMDEFINITION UND KONFLIKTLÖSUNG

Ob Kommunikation mit sich selbst und mit anderen gelingt, hängt stark davon ab, wie wir mit Problemen umgehen. Dazu möchte ich zwei Definitionen einführen:

Problem als Teufelskreis

Ein Problem ist wie ein Teufelskreis, in den man sich eingesperrt fühlt und immer wieder das Gleiche wiederholt. Wie im Gefängnis sehnt man sich nach der Flucht als einzige Möglichkeit dem Problem zu entkommen. Sobald sich mehrere Möglichkeiten zeigen, wird das Problem nicht mehr als Gefängnis und als unlösbar empfunden, sondern es verändert sich in eine Herausforderung, die man auf verschiedene Arten bewältigen kann.

Probleme können dadurch entstehen, dass wir anderen Menschen oder unserem Umfeld eine bestimmte Bedeutung geben. Diese Bedeutung zu ändern liegt in unserer Entscheidung. Wir lernen zum Beispiel, andere so sein zu lassen wie sie sind, ohne sie dauernd verändern zu wollen.

Diese Veränderung passiert allein dadurch, dass sich das eigene Gefühl, die eigene innere Einstellung und Haltung dem Problem gegenüber verändert: Weder andere beteiligte Menschen noch die Situation müssen sich verändern, um eine Lösung zu finden. Wir können nur selbst entscheiden, welche Bedeutung wir dem Vorhandenen geben. Dadurch entsteht für uns die Freiheit, das Gefängnis hinter uns zu lassen, und die Integrität, die Selbstbestimmtheit der anderen bleibt bestehen und wird nicht angetastet. Ich möchte sogar noch weiter gehen: Wenn andere nicht so sind, wie wir uns das wünschen, kann genau dieses Anderssein uns etwas Neues lehren, zu neuen Erkenntnissen oder Strategien bringen, wenn wir bereit sind, dieses Anderssein zu erkunden.

Problem als Fähigkeit

Ein Problem ist eine Fähigkeit, die am falschen Platz mit der falschen Person zur falschen Zeit gelebt wird.

Beispiel: Wenn jemand gerne und gut Verantwortung übernimmt, ist dies in vielen Situationen sehr hilfreich und wünschenswert. In manchen Situationen hingegen kann die Fähigkeit Verantwortung zu übernehmen von anderen als nervig empfunden werden und wird damit zu einem großen Problem: Beim Genießen, beim Sex, beim Delegieren zum Beispiel (siehe dazu Seite 158 „Das Talentemodell – die Energiemuster“).

Ein anderes Beispiel: Wenn eine Person sehr mutig ist und sich traut, Missstände aufzuzeigen, dann ist diese Fähigkeit in der Politik oder in einer Bürgerinitiative die Voraussetzung für erfolgreiches Handeln. In einer Beziehung hingegen kann das ständige Aufzeigen von Fehlern ein K.o.-Kriterium für die Partnerschaft sein.

Gründe des Ärgers

- Andere haben etwas Positives, was man selbst nicht hat – darüber ärgert man sich.
- Andere haben etwas Negatives, was man selbst auch hat und man bekommt einen Spiegel vorgehalten.
- Man sieht nur noch eine Möglichkeit und dreht sich in einem Teufelskreis.
- Die Ziele sind unklar.

ÜBUNG: ELEMENTE FÜR KONFLIKTLÖSUNGEN

Um den Teufelskreis zu durchbrechen, können wir Folgendes tun:

- *Anderssein*
- *Neugieriges Interesse am Anderssein haben und die innere Landkarte der anderen Person durch interessiertes Nachfragen erkunden*
- *Im gesamten Gespräch in der eigenen Resonanz bleiben (State Management)*

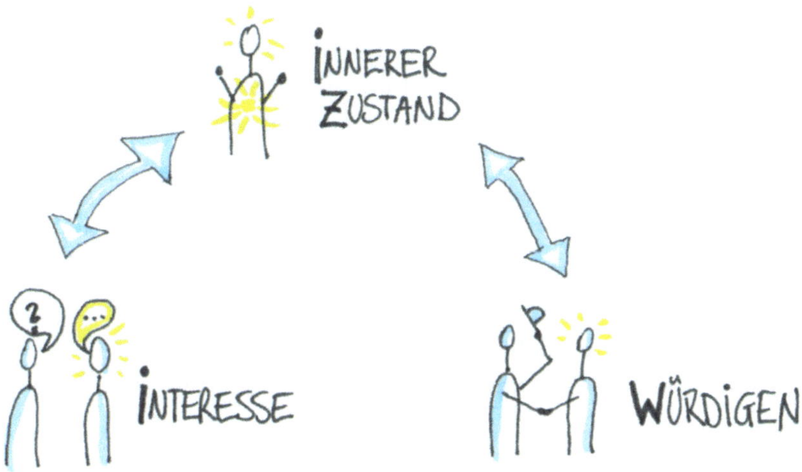

Abb. 11: Kommunikationstools

Die Wirksamkeit dieser Kommunikationstools verdeutlichen die folgenden Beispiele:

Ein Ehepaar, das 40 Jahre verheiratet ist, machte die Übung, bei der ein Partner nur nachfragen, sich aber nicht einbringen darf: Wir alle kennen diese unangenehme Schleife, wenn man jemandem anderen etwas mitteilt und der andere sofort mit eigenen Erfahrungen antwortet und nach dem Motto, „Das kenn ich auch", von sich selbst weitererzählt. Die Schleife wird mit dieser Übung unterbrochen: Jeder bekommt 10 Minuten, um zu erzählen, der Andere darf nur zur Sache nachfragen, aber nichts von sich bringen. Dies ist anfangs schwer, aber es ist das, wonach wir uns sehnen.

Ein Mann brachte als Problem die hohe Wasserrechnung. Er sah als Grund dafür, dass seine Frau und seine Tochter zu oft badeten. Die Frau wollte sofort sehr ärgerlich werden, weil ihr Mann ihr nicht vorschreiben könne, wann sie baden dürfe und wann nicht. Nun musste sie, der Übung zufolge, ihm danken, dass er ihr seinen Ärger mitteilt und gleichzeitig nachfragen, was ihn an der Rechnung so ärgert. Sie sollte nur herausfinden, wie sein inneres Gedankengerüst, seine innere Landkarte ausschaut, indem sie immer wieder würdigt und wertschätzt, dass er ihr seine Bedenken und Gefühle mitteilt und sie immer weiter nachfragt und wirkliches Interesse zeigt, um ihn zu verstehen. In diesem Prozess kam für beide sehr überraschend heraus, dass er eigentlich nur zu ihr in die Badewanne wollte. Die beiden redeten anschließend nur mehr darüber, wie sie ihr Badezimmer mit Schaum, gedämpften Licht, Gerüchen und Musik in eine Zauberwelt verwandeln könnten. Das Ergebnis war für beide eine wirklich große Überraschung, weil er in ihrer 40-jährigen Ehe immer auf eine Dusche bestanden hatte und sie auf eine Badewanne.

Hier wird deutlich, wie viel Unbewusstes wir gegenseitig entdecken können, wenn wir wirkliches Interesse am anderen haben, immer wieder würdigen und uns bedanken, dass die andere Person uns die eigenen Bedenken mitteilt und immer weiter nachfragen, bis wir wirklich die unbewussten Wünsche entdecken und verstehen.

Die Frau eines anderen Ehepaares äußerte bei dieser Übung den Wunsch, endlich mit dem Bau des geplanten Hauses beginnen zu wollen. Der Mann musste der Übung gemäß ruhig bleiben und mit Interesse herausfinden, was die Bedürfnisse seiner Frau sind. Als Architekt hatte er gerne den Plan gezeichnet, aber er hasste das Bauen und den Ärger mit den Baufirmen und Bauarbeitern. Er war fassungslos, als herauskam, dass sie sich gerne um alles kümmerte und gerne mit den Bauarbeitern verhandelte und ganz viel Freude daran hätte zu beobachten, wie ihr gemeinsames Haus langsam entsteht und Form annimmt. Der Mann hatte gedacht, als Architekt müsse er das alles machen. Die Diskussionen um den Bau hatten schon so viel Ärger und Verletzungen verursacht, dass sie knapp vor einer Trennung standen.

Die beiden Beispiele zeigen, wie viel Unbewusstes und Unausgesprochenes in uns schlummert, dass wir gerne mit anderen leben wollen und wie sehr wir uns danach sehnen, dass die Menschen, die wir lieben, uns erforschen wollen. Die Beispiele zeigen auch, wie wenig bewusst wir unser Gehirn gebrauchen und wie viel Kapazität in uns schlummert. Es ist dringend an der Zeit, dass wir in eine neue Bewusstseinsebene kommen, in der wir die volle Kapazität unseres Gehirns bewusst gebrauchen können.

Problemlösungen von negativen Gefühlen führen zu neuen ganzheitlichen Zielen

Um diese Lösungen umsetzen zu können, müssen zuerst das negative Gefühl, der Ärger, die Wut, die Trauer und Ähnliches entmachtet werden, damit neues Verhalten kongruent gelebt werden kann. Anders ausgedrückt: In der Kutschera-Resonanz®-Methode endet jede Intervention, die hilft ein negatives Gefühl zu heilen, mit einem neuen Zielsatz. Dieser Zielsatz kommt von innen, vom Unbewussten und erfasst immer die Ganzheit der gegebenen Situation (siehe dazu viele Übungen in meinem Buch „Tanz zwischen Bewusst-sein und Unbewusst-sein“).

Die Basis für alle Konfliktlösungen ist, dass wir die alleinige Verantwortung für unser Handeln übernehmen und nicht andere dafür verantwortlich oder schuldig machen. Die meisten Konflikte entstehen, weil wir Anerkennung und Zuwendung wollen, diese nicht bekommen und uns dann als Opfer fühlen und die anderen schließlich für unsere Verzweiflung, unseren Ärger und Druck verantwortlich machen. Ich wünsche allen Menschen viel Spaß beim Aufwachen, dabei das Leben selbst in die Hand zu nehmen, Schritt für Schritt in die Freiheit zu gehen und auf dem Weg viele andere zu treffen, die gerne mitgehen. Theoretisch bedeutet das: Das Balancieren zwischen den eigenen Bedürfnissen und den Bedürfnissen anderer kann jederzeit gelernt werden. Dieses Balancieren ist immer wieder anders, weil Situationen und Menschen sich immer wieder ändern. Es braucht dazu eine Vielfalt von Möglichkeiten, die viel Spaß und Freude ins Miteinander bringen.

Kathi ist ein gutes Beispiel für diese Eigenverantwortung. Sie war ab ihrem 14. Lebensjahr in der Psychiatrie. Als sie 18 Jahre alt war, erklärte ihr die Psychiaterin, dass sie nichts mehr für sie tun könne und sie lebenslang in betreuten Wohngemeinschaften verbringen müsse. Kathi war so verzweifelt, dass sie sich umbringen wollte. Ihre Tante brachte sie zu mir. Wir mussten viele Schmerzen heilen, bis Kathi wieder Zugang zu ihrer Resonanz finden konnte und wieder Ziele für ihr Leben entdeckte. Sie kam in die Ausbildungsgruppe, erlebte dort gemeinsam mit anderen, was es heißt dazuzugehören und lernte Schritt für Schritt ihre Kommunikation mit sich selbst kennen, mit anderen, mit der Natur und mit dem Universum. Sie absolvierte die Krankenschwestern-Ausbildung mit Auszeichnung, machte die Matura und überlegt, Medizin zu studieren.

Fragt man sie, was ihr wirklich geholfen hat, antwortet sie sehr klar: „Ich hab entschieden!"

Für mich ist dieser Schritt in meiner Arbeit der schwierigste und gleichzeitig intensivste. Es ist Intensität pur: Kathi wollte, dass ich ihr sage, was zu tun sei. Das konnte und werde ich niemals machen. Ich konnte ihr nicht sagen, wie sie ihr Leben leben soll. Aber ich half ihr, ihre Schmerzen zu heilen und Zugang zu ihren Stärken zu finden, sodass sie ihre Antworten selbst finden konnte.

Balancieren zu lernen und lernen die Eigenverantwortung in vielen kleinen und großen Bereichen des Lebens zu übernehmen, ist ein Ziel dieses Buches.

RESONANZ UND KOMMUNIKATION MIT SICH SELBST – IM EINKLANG SEIN

ERFOLGSERLEBNISSE ALS LÖSUNGS-TURBO

Wir müssten einen anderen Geist in unsere Kultur hineintragen. Der Fokus, u.a. geprägt von unserer Medienberichterstattung, liegt viel zu sehr auf dem Negativen, schürt Ängste und Sorgen und hinterlässt die Menschen mit einem beklemmenden Gefühl der Machtlosigkeit.

Die Kunst der Veränderung liegt aber nicht in der Negativspirale. Die Kunst der Veränderung liegt in der Sichtbarmachung von Erfolgserlebnissen. Die Kunst der Veränderung liegt in der Öffnung des Blickes für positive Erfahrungsräume und für das, was nötig wäre, um eine Veränderung zu initiieren. Es geht um Erfolgsgeschichten, die aufzeigen, dass Änderung möglich ist. Es geht darum Menschen Erfahrungsräume zu öffnen und positive Lösungserfahrungen zu ermöglichen.

Was wir wirklich suchen, ist Intensität. Intensität im Genießen, im Miteinander, im Tun, egal was dieses Tun ist. Es kann im Sport sein, in der Musik, beim Lesen… Wir sehnen uns danach, diese erlebte Intensität öfter und in vielen Erfahrungen immer wieder spüren zu können. Gelingt das nicht, dann werden wir zu Ersatzmitteln, zu Süchten, ausweichen. Der

Ersatzmittelmarkt steigt täglich – Spielen, Sex, Einkaufen, Drogen... Ziel ist es, diese Intensität täglich gemeinsam mit anderen leben zu können – dann werden wir gerne nach Hause gehen und uns auf unsere Arbeit freuen. Wir suchen Intensität im Miteinander.

Es gibt Menschen, die sehr gut mit anderen kommunizieren können, aber an der Kommunikation mit sich selbst scheitern. Ein Beispiel ist der 2014 verstorbene Schauspieler Robin Williams, der Massen begeisterte, aber mit sich selbst offensichtlich so schlecht kommunizieren konnte, dass er seinem Leben selbst ein Ende bereitete. Ähnliche Beispiele sind Michael Jackson, Marilyn Monroe, Elvis Presley und viele andere. Sie begeistern bis heute andere Menschen und sind an der Kommunikation mit sich selbst gescheitert.

Dann gibt es Menschen, die perfekt mit sich selbst kommunizieren und im sozialen Bereich, im Zwischenmenschlichen nicht so gut sind. Das sind z. B. Leistungssportler, die vollendet Körper, Geist und Seele in Einklang und Balance bringen, aber in der Interaktion mit anderen Menschen manchmal scheu, unsicher und zurückhaltend sind. Oder Mathematik- und Computer-Genies, die in Sozialverhalten und Teamfähigkeit wenig Kompetenzen zeigen und dadurch oft in Projekten scheitern.

Schließlich gibt es Menschen, die in virtuellen Welten leben und kaum noch auf der Erde sind. Sie haben nicht gelernt, zwischen den Welten hin- und herzugehen, so wie es alle kreativen Menschen können. Sie haben nicht gelernt, ihre Träume und Visionen hier auf der Erde kreativ einzusetzen. Immer mehr Kinder flüchten in diese Welten und werden im Alltag schwieriger und auffälliger, weil es hier auf der Erde nicht so schön ist und sie die Verzweiflung und die Katastrophen, die sie mitbekommen nicht mehr aushalten. Anders ausgedrückt heißt das, dass sie ihre Fähigkeiten nicht hierherbringen können.

Hier beginnt unsere Talente-Arbeit: Viele von diesen sogenannten schwierigen Kindern haben uns gelehrt Schritt für Schritt Talente zu erforschen.

Beginnen wir mit der Resonanz und Kommunikation mit sich selbst. In den nächsten Kapiteln werden Möglichkeiten aufgezeigt, wie Resonanz und Kommunikation mit anderen, mit der Natur und dem Universum stattfinden kann.

Ein guter Geigenspieler braucht viele Techniken und eine bestimmte innere Einstellung. Beides zusammen ist notwendig, damit die Musik wunderschön klingen kann. So gesehen ist Kommunikation wie Geige spielen: Man braucht viele Tools und den Flow- oder Resonanz-Zustand, um meisterhaft spielen zu können. Beides kann gelernt und geübt werden.

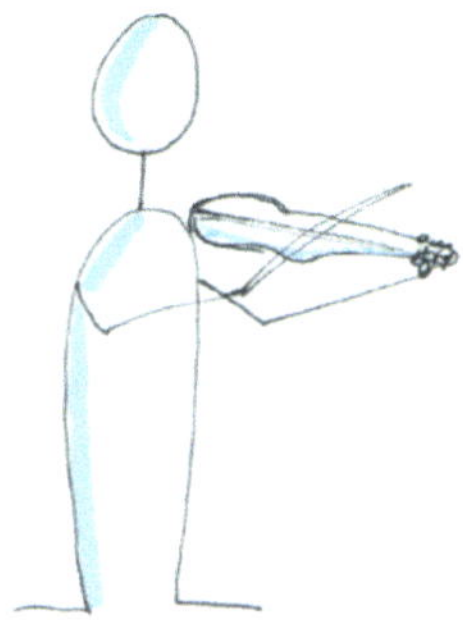

Abb. 12: Kommunikation mit sich selbst – der Geiger

Wenn Menschen in sich Frieden finden wollen, können sie sich in ihrer eigenen, einmaligen Ganzheit erkennen und würdigen – so, wie sie sind. Dazu gehört, dass sie bewussten Kontakt zu ihrem Körper, ihrem Geist und ihrer Seele haben und fasziniert sind das Wunder Mensch zu entdecken. Philosophisch stimmen viele Menschen dieser Idee zu, wenn sie aber versuchen diese Ganzheit zu leben, sind sie oft sprachlos. Während all die schönen Worte beim Philosophieren so leicht fließen, ist es beim tatsächlichen Erleben dieser Begriffe ganz anderes. Dabei geht es vor allem um einen positiven Grad von Intensität, der offenbar ungewohnt ist. Es ist nichts Neues, das Menschen Angst vor den eigenen Gefühlen haben. Ich möchte sogar so weit gehen, alles auf einen Nenner zu reduzieren: Auf die Angst vor der eigenen Schönheit und Weisheit, auf die Angst vor der eigenen Energie und Intensität.

Oder anders ausgedrückt, sie haben Angst vor der eigenen Macht, die in der negativen Ausprägung Ignoranz, Drüberfahren und Unterdrückung beinhaltet. Arbeitet man gegen die innere Resonanz und die natürliche Schwingung an, entstehen auf der Basis dieser Ängste oder dieser Wut Krankheitsbilder. Manche Krankheitsbilder heißen auch Autoaggression oder Autoimmunstörungen. Das heißt, Menschen mit diesen Krankheitsbildern sind höflich, wollen es anderen recht machen und richten ihre Wut und ihre Ängste nach innen gegen sich selbst. Menschen mit Krankheitsbildern wie Arthritis, Multiple Sklerose und anderen Autoimmunerkrankungen halten ihre Gefühle und Bedürfnisse so vehement zurück, dass sie buchstäblich erstarren. Ähnlich ist es bei Depressionen: Diese Menschen sehen keine Zukunft, haben Ängste, wie es weitergehen kann und haben manchmal schreckliche Horrorfilme in ihrem Kopf.

Die positive Kraft der Resonanz für Kommunikation und Beziehungen

- Wenn Menschen Zugang zur eigenen Resonanz, zur eigenen Kreativität und Intuition haben, dann können sie Beziehungen in ihrer Komplexität als einen Prozess erfassen und einzelne Personen als einen kleinen Teil vom Ganzen sehen.

- Wenn Menschen in Resonanz sind, können sie auf neue Art herausfinden, wie alles miteinander in Verbindung steht und reagiert, nicht nur mit anderen Menschen, sondern auch mit Pflanzen und Tieren, mit dem gesamten Umfeld.

- Wenn Menschen in Resonanz sind, können sie neue Regeln und neue Rollenbilder für Männer und Frauen, für Mütter und Väter und für alle Berufe finden. Dies wird möglich, indem sie sich fragen, wie die Männer und Frauen, wie Führungskräfte und Ärzte, Lehrer, Verkäufer etc. der Zukunft sein werden.

- Wenn Menschen in Resonanz sind, sind sie gesund, authentisch und können eigenverantwortlich handeln.

- Wenn Menschen in Resonanz sind, können sie ihre Talente entdecken und mit ihrem Fachwissen verbinden.

- Resonanz ist eine Schwingung und die Essenz jeder Persönlichkeit. Ist Resonanz vorhanden, dann ist jede Tätigkeit für die jeweilige Person gesund und erfolgreich.

- Wenn Menschen in Resonanz sind, sind sie gesund und im Einklang mit Körper, Geist und Seele.

Hier will ich nochmals Einstein zitieren, der sagte: „Fantasie ist wichtiger als Wissen, da alles Wissen begrenzt ist." Das bedeutet, um etwas Neues zu beginnen, ist es wichtig herauszufinden, wie man Zugang zu den eigenen Träumen und Fantasien bekommt. Denn alles, was Menschenhände jemals gestaltet haben, wurde vorher erdacht. Oder umgekehrt: Alles, was erdacht werden kann, kann auch Wirklichkeit werden. Um Neues zu gestalten, braucht es zuerst Analogien und konkrete Vorstellungen, die dann Schritt für Schritt Wirklichkeit werden können.

Die Macht der Gedanken und Empathie

Die Gedanken sind energievoll und beeinflussen offensichtlich die Mitochondrien in unseren Zellen. Sie haben einen Einfluss auf unsere Lebensenergie und lassen uns Tätigkeiten und Beziehungen durch Begeisterung intensiv erleben. Zugleich existiert eine große Angst vor dieser Intensität. Auf Grund meiner jahrzehntelangen Erfahrung kann ich sagen, dass praktisch jedes Problem auf diese Angst vor sich selbst zurückzuführen ist. Nelson Mandela sagt in seiner Antrittsrede als Präsident von Südafrika: „Wir haben nur Angst vor unserem Licht und es hilft niemandem etwas, wenn wir uns klein machen und uns verstecken."

Woher kommt dieses widersprüchliche Verhalten? In Wahrheit geht es hier wieder um die Balance zwischen den eigenen Bedürfnissen, den eigenen Gefühlen und denen der anderen. Menschen sind soziale Wesen und versuchen sich spontan anzupassen, das heißt, sie nehmen sich zurück. In diesem Prozess passiert es, dass manche sich selbst verlieren und andere zu Egoisten werden. Da beides keine erstrebenswerten Zustände sind, entstehen dann Gefühle wie Verzweiflung, Unsicherheit, Ärger oder Trauer. Aus dieser Unsicherheit heraus werden die Betroffenen grantig, aggressiv, sie ziehen sich zurück oder meckern scheinbar ohne Grund. All das passiert aber nur, weil sie nicht gelernt haben, wie Beziehung und gleichzeitig Balance zwischen eigenen und fremden Bedürfnissen hergestellt werden kann. Um dieses

Balancieren zu lernen, müssen sowohl fremde als auch eigene Bedürfnisse betrachtet und kennengelernt werden, denn beides ist wichtig: Resonanz und Kommunikation mit sich selbst sowie Resonanz und Kommunikation mit anderen. Sich anderen zuliebe aufzugeben, ist nicht gesund und nervt auf Dauer die Mitmenschen. Nur an sich zu denken, nervt genauso.

So erzählte Jane Fonda in einer Rede, dass sie immer das gemacht habe, was ihre Eltern wollten und anschließend alles, was ihre Männer wollten. Mit über 70 Jahren habe sie festgestellt, dass niemand all das von ihr verlangt hatte, sondern es ihre eigenen Gedanken waren. Etwa, eine Frau muss schön sein, eine Frau muss mitmachen... Sie habe auch erst mit 70 aufgehört, an ihrem Körper Problemzonen zu sehen. Erst im Alter fühle sie sich in ihrem Körper schön und habe erkannt:

> *Wenn man sich selbst liebt, braucht man nicht mehr zu warten, dass andere einen lieben und man kann die Liebe, den Respekt und die Werttschätzung der anderen annehmen und muss diese nicht mehr zurückweisen.*

Dieses Missverständnis zwischen den eigenen und fremden Bedürfnissen zeigt sich auch in verschiedenen Krankheitsbildern. Eine der Hauptkrankheiten unserer Gesellschaft sind Burn-out und Depression. Beide sind von ähnlicher Symptomatik, nur wird Burn-out gesellschaftlich eher akzeptiert, weil Menschen, die ausbrennen, ja zuvor etwas geleistet haben müssen. Menschen, die unter Depressionen oder Burn-out leiden, sehen keine Zukunft und befinden sich gedanklich in einem Hamsterrad. Metaphorisch gesprochen drehen sich ihre Gedanken immer schneller und schneller in einen Teufelskreis hinein und können nicht mehr abgestellt werden. Je mehr sie sich bemühen, daraus auszubrechen, umso schlimmer scheint es zu werden. Die einen werden antriebslos und können sich kaum noch rühren und andere schmeissen alles hin. Oft unerwartet für ihre Umgebung lassen sie alles fallen und gehen nach Hause. Sie spüren nichts mehr und ihnen ist alles egal. Alle Verpflichtungen, ihr „Funktionieren müssen" scheinen plötzlich keine Rolle mehr zu spielen. Nur ganz langsam können diese

Menschen wieder zu sich selbst zurückfinden. Indem sie ihr Resonanzgefühl wieder entdecken, sind sie in der Lage selbst Entscheidungen zu treffen, wie sie ihr Leben gestalten wollen. Manchmal erfordert das einschneidende Veränderungen, aber erstaunlicherweise finden viele heraus, dass ihr Leben ganz okay ist, wie es ist, und die Gefühle von Fremdbestimmung, das „Tun müssen" eigentlich nur in ihren Vorstellungen existieren. Es gilt also, das „Tun müssen" in ein „Tun wollen" zu verwandeln. Erst dann ist ein wohlwollender, respektvoller und liebevoller Umgang mit sich selbst möglich. Das klingt so einfach, ist aber ein langer Weg, auf dem oft tiefe Wunden und tiefe Verletzungen geheilt werden müssen, bis Versöhnung mit sich selbst stattfinden kann.

ACHTSAMKEITSÜBUNG

Beobachten wir uns doch einfach einmal bei den Selbstgesprächen, die wir im Laufe des Tages führen. Sprechen wir liebevoll, wohlwollend mit uns oder kritisieren wir uns und meckern herum? Das klingt vielleicht lustig, aber mit niemandem reden wir so rüpelhaft wie mit uns selbst. Dabei gilt auch hier, dass die eigenen Gedanken stärken oder schwächen können, lebensfroh oder depressiv machen können. Dies benötigt zuerst eine bewusste Entscheidung, wie achtsam man mit sich reden will. Im nächsten Schritt gibt es Möglichkeiten dies zu ändern. Hier beginnt die Neugierde den Tanz zwischen Bewusst-sein und Unbewusst-sein verstehen zu wollen. Diesen Tanz tanzen wir perfekt an all den Tagen, an denen es uns gut geht und dieser Tanz geht nicht an schlechten Tagen, wenn gar nichts gelingt. Je genauer wir wissen, was wir an den guten Tagen machen, umso leichter werden wir an schlechten Tagen bewusst Zugang dazu haben. Die Frage ist: Was ist anders, was macht den Unterschied aus? Und wie sind die unterschiedlichen Vorgänge im Gehirn?

Gerald Hüther, Gehirnforscher aus Göttingen, zeigt wie Menschen sich selbst und ihren Körper schwächen, wenn sie an Negatives denken und wie sie ihren Körper entspannen und stärken, wenn sie an Schönes denken. Es ist scheinbar egal, ob die negativen Gedanken eigene Erfahrungen sind oder ob sie von außen kommen, wie von Fernsehen, Medien oder Kunst. Denn der Körper kann nicht unterscheiden, ob diese Bilder fremde oder eigene Erfahrungen sind. Beide haben den gleichen Effekt.

Hüther machte ein einfaches Experiment: Er zeigte Versuchspersonen schreckliche Kriegsbilder und Bilder, auf denen Menschen miteinander streiten und wütend sind. Anschließend zeigte er ihnen wunderschöne Landschaftsbilder. Die Reaktionen waren sehr unterschiedlich: Während die Probanden die ersten Bilder betrachteten, verspannte sich ihr ganzer Körper. Bei der Betrachtung der Landschaftsbilder entspannten sie sich wieder. Dieses Experiment zeigt, dass starke Bilder sehr rasch Emotionen auslösen können, die sich maßgeblich auf unser Gemüt und unsere innere Haltung auswirken können – unabhängig davon, ob sie etwas mit uns zu tun haben oder nicht.

Diese Erkenntnis ist für Psychotherapie und Coaching sehr entscheidend, weil es eine ganz andere Vorgehensweise erfordert, ob es sich um eigene Gefühle oder um fremde Gefühle handelt: Welche Gefühle können wir einfach aus dem Körper „hinauskehren" und welche müssen analysiert und geheilt werden? Diese Frage ist nicht leicht zu beantworten, weil die Empfindungen, egal ob sie aus eigenen oder fremden Bildern und Erfahrungen resultieren, die gleiche Wirkung haben. Diese Fragen sind für empathisches Verhalten sehr wichtig und es zeigt sich wieder, dass jede Fähigkeit auch ein Problem sein kann, wenn man nicht ganzheitlich dazulernt.

Schauen wir uns zum Beispiel am Abend Kriegsfilme oder Horror-Movies an, dann kann es sein, dass wir uns anschließend schlecht und verzweifelt fühlen. Diese Verzweiflung gehört einfach raus und darf keine Energie bekommen. Wie oft habe ich selbst ähnlich negative Gefühle therapeutisch behandelt. Habe diese analysiert, ihnen ganz viel Bedeutung gegeben und meinen

Alltag dadurch sehr beeinflusst. Ich war grantig, schnell sauer und wusste nicht warum. Meine Kinder taten mir leid und ich fand aus dieser Spirale nur schwer wieder heraus.

Wie geht es einer Krankenschwester, die 20 bis 30 Patienten täglich mit viel Hingabe und Empathie betreut. Sie ist abends fertig, ist unausgeglichen und ihre Familie bekommt es zu spüren. Empathie ist eine wunderbare Eigenschaft und unsere Welt braucht mehr davon, aber gleichzeitig ist es wichtig, dass empathische Personen geschützt in ihrer Resonanz sind.

Je besser man die eigene Resonanzschwingung kennt, desto eher kann man unterscheiden, ob es sich um ein eigenes oder ein fremdes Gefühl handelt. Oder noch besser: Kann man in der eigenen Resonanzschwingung bleiben, auch wenn man mit anderen ist und andere betreut, dann ist man geschützt, Leid und Verletzungen ziehen vorbei und man bleibt gleichzeitig handlungsfähig.

Atmosphäre und Macht der Gedanken

In Gesprächen ist es immer wichtiger, welche Atmosphäre im Raum ist. Geht man zum Beispiel in ein Lokal, weiß man sofort, ob es angenehm ist oder nicht und man spürt auch, zu welchem Tisch man sich auf keinen Fall setzen möchte.

Wir wissen, dass unsere Gedanken die Atmosphäre bestimmen. Negative Gedanken verspannen uns und machen uns unrund. Diese Erkenntnis hat auch für das menschliche Miteinander große Bedeutung, denn die Gedanken beeinflussen nicht nur den eigenen Körper, sondern auch alle Mitmenschen in Familie und Arbeit. Ein kleines Experiment mit Freunden soll das verdeutlichen:

ÜBUNG: „MACHT DER GEDANKEN“

Wie beim kinesiologischen Test stehen zwei Personen nebeneinander, wobei Person 1 die Hand der Person 2 hinunter drückt. Dann wird Person 2 aufgefordert an eine Situation zu denken, wo es im Moment nicht so gut läuft.

Person 1 kann die Hand von Person 2 weit hinunterdrücken. Person 2 wird aufgefordert, an einen schönen Platz in der Natur zu denken, wo sie gerne ist. Person 1 kann die Hand von Person 2 wahrscheinlich nicht mehr hinunter drücken.

Fazit: Unsere eigenen Gedanken machen uns stark oder schwach.

Dasselbe gilt für die Atmosphäre in Gruppen. Person 2 geht aus dem Raum. Person 1 gibt folgende drei Aufgaben an die Gruppe, die Schulklasse oder das Team:

***A:** Diese Gruppe denkt an einen eigenen schönen Platz in der Natur.*
***B:** Diese Gruppe denkt an ein eigenes Problem.*
***C:** Diese Gruppe stellt in ihrer Vorstellung Bäume um die Testpersonen herum auf.*

Person 2 kommt wieder herein und denkt nun wieder an die eigene Schwierigkeit. Person 1 bittet die Gruppe, nun A durchzuführen – kurz abwarten und dann bei Person 2 testen... Dann bittet Person 1 die Gruppe, B und danach C durchzuführen – jedes Mal mit Person 2 testen...

Welche Unterschiede sind wahrnehmbar?
Was hat Person 2 erlebt?

Für die Zukunft wird es entscheidend sein, wie Menschen die riesige Kapazität ihres Gehirns bewusst benutzen, wie sie ihren freien Willen gebrauchen. Dann können sie entscheiden, dass sie mehr gute als schlechte Tage haben wollen und sie können selbst entscheiden, welche Atmosphäre sie verbreiten wollen. Um dies zu erreichen, können Menschen lernen, ihr Gehirn zu verstehen und auf neue Art zu schulen. Das funktioniert mit uralten Meditationsübungen, mit Mentaltraining und mit ganz neuen Lernmöglichkeiten, wie sie die Gehirnforschung postuliert. In den folgenden Kapiteln erkläre ich Schritt für Schritt einige Übungen, sodass sie täglich angewendet werden können. Wie bei allen anderen Musik- oder Sportübungen ist der Wunsch entscheidend, dieses Pulsieren und Fließen der Resonanz im Körper immer wieder spüren zu wollen. Es ist dieser Kick, der uns weitermachen lässt, dieses Bauchgefühl, das die Basis für Freude, Begeisterung und eigenverantwortliche Entscheidungen ist.

Fazit: Die Gedanken stärken nicht nur den eigenen Körper, sondern auch ganze Gruppen und sind verantwortlich dafür, ob man gerne nach Hause geht und gerne zur Arbeit kommt oder nicht.

Innerer Kraftplatz: Die eigene Resonanz finden

Diesen „Kraftplatz“ können wir uns wie eine innere Tankstelle vorstellen, an der alles geholt werden kann, was gerade gebraucht wird, wo die eigene Resonanz immer wieder gespürt werden kann und dadurch vertrauter und vertrauter wird.

Da diese innere Resonanz nicht einfach an- und abgestellt werden kann, wird in der Übung zuerst Schritt für Schritt zum Hineingleiten in diese individuelle Schwingung angeleitet. Gleichzeitig wird diese Phase dazu genutzt, all die Geschenke anzunehmen, die überall vorhanden sind und an denen man häufig vorbeigeht ohne sie zu bemerken. Weil die Aufmerksamkeit statt auf die Fülle immer wieder auf all das gerichtet ist, was fehlt. Da Menschen nur eine geringe Menge von Sinneseindrücken bewusst wahrnehmen können, entscheiden sie mit den eigenen Gedanken permanent, worauf sie ihre Aufmerksamkeit lenken wollen. Auf das Schöne und Hilfreiche oder auf das Negative und Schwächende.

ÜBUNG: „INNERER KRAFTPLATZ“

Zuerst richtest du deine Aufmerksamkeit auf die Atmung. Bewusst nimmst du wahr, wie der Atem in den Körper fließt und wie er aus dem Körper herausfließt und alles, was du nicht brauchst, fließt mit dem Atem hinaus, alle Verspannungen fließen hinaus, aller Druck, deine Ungeduld ...

Während dieser Prozess ganz natürlich weiterläuft, nimmst du das Geschenk der Sonne an. Die Sonne, die immer da ist, auch wenn du sie nicht sehen kannst. Sie schenkt dir „Wärme und Licht“. Du atmest Sonne ein und beim Ausatmen verteilt sich „warm und hell“ im ganzen Körper und alles, was nicht warm und hell ist, fließt mit dem Ausatmen aus dem Körper heraus ... Wiederhole die Übung in deinem eigenen Rhythmus: Sonne einatmen und „warm und hell“ ausatmen.

Während auch dieser Prozess bei jedem Ein- und Ausatmen weitergeht, atmest du jetzt das Geschenk einer Blume ein und du darfst neugierig sein, welche Blume vor deinem inneren Auge erscheint. Die Blume schenkt „Klarheit und Frische“.

Du atmest die Blume ein und beim Ausatmen fließt alles, was nicht „klar und frisch“ ist, aus dem Körper heraus ... Wiederhole diese Übung im eigenen Rhythmus.

Das nächste Geschenk ist ein Bach, der „plätschern und fließen“ schenkt. Du atmest den Bach ein und alles, was nicht „plätschern und fließen“ ist, fließt beim Ausatmen aus dem Körper heraus. Alle Blockaden lösen sich und mehr und mehr kommt alles im Körper ins Fließen und gleichzeitig verteilen sich die typischen Wassergeräusche im ganzen Körper, der

mit jedem Atemzug mehr und mehr zu einem wunderbaren Klangkörper wird ...
Wiederhole diese Übung in deinem eigenen Rhythmus.

Das letzte Geschenk kommt von einem Bergsee. Du darfst wieder gespannt sein, welcher Bergsee vor deinem inneren Auge erscheint. Der Bergsee schenkt „Ruhe und Stille" und alles, was nicht „ruhig und still" ist, fließt beim Ausatmen aus dem Körper heraus. Indem du den Bergsee einatmest, kann sich Ruhe und Stille im Körper ausbreiten.

Während sich all diese Geschenke mit jedem Atemzug im Körper entfalten, lässt du dich von deinem Atem in deine Vergangenheit schaukeln, überall dorthin wo du schon Resonanz in dir und mit anderen erlebt hast. Manchmal warst du vielleicht allein, manchmal mit anderen, manchmal in der Natur und manchmal in einem Raum, manchmal warst du aktiv und intensiv mit etwas beschäftigt und manchmal warst du ganz ruhig ... lass dich weit zurück treiben in deiner Erinnerungen und lass dich überraschen, wie oft du diese persönliche Schwingung schon gelebt und gespürt hast ... Es ist genau diese Erfahrung, nach der du dich sehnst und die du mehr und mehr in deinem Leben leben möchtest ... lass dir Zeit, diese Erinnerungen und Erfahrungen zu genießen und freu dich, dass du alles schon hast, was du suchst.

Nun wähle von all den Erinnerungen eine aus, wo du in der Natur allein bist ... vielleicht ist es ein Platz, den du gut kennst, vielleicht ist es ein Platz aus der Vergangenheit oder vielleicht einer, wo du jetzt wohnst ... Der Platz, der jetzt für dich da ist, ist der richtige Platz. Es ist der Platz, an dem alles vorhanden ist, was du jetzt in deinem Leben brauchst. Zuerst atmest du die Atmosphäre und den Geruch an diesem Platz tief ein und genießt alles, was da ist ... ist es warm hier, frisch oder kühl, weich oder glatt ... und du kannst dich umschauen, was du alles sehen kannst, welche Farben da sind, sehr intensive oder ganz sanfte, viele bunte Farben oder alles Ton in Ton, vielleicht glitzert alles im Sonnenlicht, vielleicht ist alles sehr klar oder mehr diesig ... und du kannst auch alles hören von ganz weit weg und ganz nahe, Lautes und Leises, sogar deinen Atem kannst du hören. Du findest einen Baum und setzt dich unter den Baum; wenn keiner da ist, lässt du dir einen schenken und setzt dich zu diesem Baum und spürst alles, was der Baum an Geschenken hat: er hat schon viele Stürme überdauert und steht noch fest und sicher und ist doch lebendig und beweglich ... Er ist mit seinen Wurzeln fest in der Erde verankert und ist dauernd im Prozess von Geben und Nehmen ... Er nimmt über seine Wurzeln alles, was die Erde zu geben hat, mit seinen Blättern oder Nadeln nimmt er vom Regen, von der Sonne, vom Wind und gleichzeitig gibt er Sauerstoff ab ... Er nimmt und er gibt ... mit jedem Einatmen und jedem Ausatmen.

Er zeigt dir, dass wirkliches Geben immer auch Nehmen ist. Geben und Nehmen allein gelebt, ist immer mit Bedingungen verknüpft und ist nicht angenehm.

Der Baum ist immer geschützt und will immer nur der Baum sein, der er ist. Stell dir vor, du bist ein Baum, erlebe und spüre alle Eigenschaften und Qualitäten, die ein Baum hat, du bist ruhig, sicher und fest verankert ... vielleicht erlebst du, wie sich so vieles zu verändern beginnt und wie sich diese Qualitäten mehr und mehr verbreiten ...

und egal was passiert, als Baum bleibst du geschützt, ruhig und freust dich so zu sein, wie du bist ...

Die Baumwurzeln schenken dir Stabilität und helfen dir, dich zu konzentrieren auch wenn die Situation rundherum laut und hektisch ist.

Ein anderes Geschenk des Baumes ist seine Krone. Der Baum hat selbst eine Baumkrone und er schenkt jedem oder jeder eine Krone. Es ist das erste Bild, dass dir in den Sinn kommt: es kann eine Blätterkrone sein, nur ein Lichtkreis, eine Königskrone mit Edelsteinen ...

Trägst du diese Krone, dann bist du wie ein König oder eine Königin. Die Herrschenden sollten nur mit der Krone auf dem Kopf Entscheidungen treffen, weil durch die Krone die göttliche Kraft in sie hineinfließt und den ganzen Körper erfüllt und die getroffenen Entscheidungen ganzheitlich sind und nicht egoistisch und auf Kosten anderer gehen.

Kommst du von deiner Reise zurück, dann kannst du die Landschaft mit Baum, Wurzeln und Krone malen und dir nochmals bewusst machen, welche Qualitäten an diesem Platz für dich wesentlich sind, die verantwortlich sind, dass du dich dort so wohlfühlst. Ist es dort warm, frisch, kühl, ruhig (kinästhetisch) oder hell, bunt, glitzern, klar, weit (visuell) oder laut, leise, lachen (auditiv). Meist findet man zwei bis vier dieser Eigenschaften, die wesentlich sind, um die Schwingung, das Kribbeln, Pulsieren im Körper zu spüren.

Beispiele für Resonanzworte:

glitzern – warm – hell

klar – bunt – erdig

lachen – weit – warm – hell

Wichtig ist, dass hier keine Interpretationen wie z. B. *Liebe, Freude,* oder *Spass* gebraucht werden – diese werden erst durch die Submodalitäten lebendig. Die Frage hier lautet: Was ist in der Landschaft, dass du Liebe spürst? Dann kommen die Resonanzworte als Antwort. Ein Beispiel: Wenn du Liebe in der Landschaft spürst, schwingt oder pulsiert in deinem Körper glitzern, warm, hell, ruhig.

Das Bild kann zu Hause an einem Platz aufgehängt werden, an dem man oft vorbeikommt und man immer wieder an die eigene Schwingung erinnert wird. Ein Manager hat sein Bild in seiner Schreibtischlade und wenn ein Gespräch nicht gut läuft, dann steht er auf, zieht die Lade auf und kommt beim Betrachten des Bildes wieder zu seiner Resonanz und seiner Ausgeglichenheit.

REFLEXION DER ÜBUNG UND ANWENDUNG IM ALLTAG

Die Resonanzworte sind die Revolution. Sie sind inhaltfrei und dadurch auf alle Themen und Inhalte anzuwenden. Sie aktivieren direkt die innere persönliche Schwingung. Sie sind nicht ab- und anzuschalten, sondern sie sind gleitend, das heißt, man kann mit ihnen von ganz wenig Schwingung bis zur vollen Intensität gleiten. Man kann sie nicht bewusst wählen, sondern man findet die eigenen Resonanzworte im entspannten Zustand. Dabei besteht die Annahme, dass diese Schwingung schon unbewusst vorhanden ist und wiedergefunden und aktiviert werden kann. Wenn man seine eigenen Resonanzworte wiedergefunden hat, führt dieses Gefühl wieder zu alten Erinnerungen, in denen man schon Resonanz gelebt hat: Wo man intensiv in eine Tätigkeit involviert war, wie z. B. Tanzen, Malen, Musizieren, Musik hören, Computer verstehen wollen oder jedes andere Fachgebiet, das Freude macht. Weiters führen sie zu den inneren Träumen und Fähigkeiten, sodass diese wieder lebendig werden und gelebt werden können.

ZAUBERWORTE UND FUNKI ALS METAPHER

Die Kinder nennen die Resonanzworte Zauberworte, weil sie verzaubern. Probiere es aus: Was passiert in dir, wenn du dir deine Worte sagst? Wirst du ruhiger, entspannt sich dein Gesicht? Wird es leichter? ... Das bemerkst nicht nur du, sondern auch alle anderen um dich herum. Du wirst schöner, lebendiger ... das heißt, es ist angenehmer mit dir zu sein und du wirst dich freuen so zu sein, wie du bist.

Die Zauberworte führen zu „Funki", dem göttlichen Funken, oder wie Kinder lieber sagen: die „Macht" aus dem Film „Star Wars" . Dieser Funki führt sie, gibt Antworten auf Fragen, tröstet sie und hilft, andere so sein zu lassen, wie sie sind. In schwierigen Situationen fühlen sie sich durch den Funki geschützt, geführt und geliebt. Es ist wunderschön zu erleben, wenn Kinder mit ihrem Funki leben und selbstbewusst Entscheidungen treffen und unabhängig sind. Sie können in ihrer inneren Ruhe und Liebe bleiben, wenn andere ungerecht und verletzend sind. Sie sagen sich dann: Er oder sie hat nur einen schlechten Tag und das hat nichts mit mir zu tun. Der Funki hilft ihnen mit ihrer inneren virtuellen Welt und der äußeren Realität gut zurecht zu kommen und das zu tun und zu entwickeln, was ihnen Spaß und Freude macht.

Der Funki ist keine neue Erfindung. In vielen alten Kulturen heißt es, wenn Menschen den göttlichen Funken in sich gefunden und lebbar gemacht haben, dann gibt es Frieden in sich selbst, in Beziehungen und in größerem Rahmen.

MIT DER SEELE DEN ALLTAG VERZAUBERN UND VERSCHÖNERN

Jede Tätigkeit macht mehr Spaß und wird lebendiger, wenn die Resonanzworte dazu kommen. Die Resonanzworte können jede Tätigkeit verzaubern. Zum Üben kann man alle täglichen ungeliebten Tätigkeiten wählen. Für gestresste Businessleute heißt das, dass sie nicht die Stelle aufgeben müssen, weil sie Angst haben krank zu werden, sondern sie können lernen, wie Leistungssportler Spaß und Begeisterung zu empfinden, Ergebnisse zu erzielen und immer wieder Grenzen auszutesten.

DER KRAFTPLATZ ALS TANKSTELLE

Folgendes hilft dabei: Beim Kraftplatz befindet man sich alleine in der Natur. Dieser Ort wirkt wie eine innere Tankstelle. Für alles, was wir suchen, alle Fragen, was immer uns belastet, für alle Sorgen gibt es hier Antworten oder Energie, um Lösungen zu finden. Hat man die innere Resonanz, Stärke und Ausgeglichenheit wiedergefunden, kann man die alltäglichen Schwierigkeiten besser meistern.

Wenn Menschen ihren eigenen Ort der Ruhe und Kraft entdecken können, wo alles für sie da ist, wo sie alle Antworten finden, wo sie sich wohl fühlen, wo sie eingebettet und angenommen sind, haben sie den Platz der Seele und der Spiritualität gefunden. Der Platz, an dem man geführt, geschützt und geliebt wird. Das ist die Voraussetzung für Selbstbewusstsein und Selbstwertgefühl.

Der Kraftplatz ist ein Platz zum Ausruhen, um sich zu finden und Resonanz zu spüren. Er zeigt, wie alles in der Natur miteinander in Resonanz ist. Eine Blume, ein Baum, ein Stein, Tiere usw. wollen nur das sein, was sie sind, und sie sind gleichzeitig mit ihrem Umfeld verbunden – in Resonanz. Das ist die Basis für ein gleichwertiges Miteinander von Menschen. Jeder blüht in der eigenen Pracht und alle sind miteinander verbunden. Hier, an diesem Platz, können Menschen ihre inneren Bilder dafür finden, wie sie ihre Beziehungen gestalten wollen, sodass es allen gut geht.

Der Baum und die Wurzeln lehren Stabilität und helfen dir, dich zu erden und „nach Hause" zu finden. Am Ort der Ruhe und Kraft findest du deinen Baum, der als Metapher für vieles steht: Er steht für die Balance von Geben und Nehmen: Der Baum nimmt ganz selbstverständlich von den Elementen Sonne, Luft, Wasser und Erde und gibt Sauerstoff ab. So erleben Menschen, dass sie permanent versorgt sind, auch wenn gerade niemand für sie Zeit hat. Der Baum gibt Mut und Zuversicht: Er hat viele Stürme überlebt und ist mit den Wurzeln fest verankert. Der Baum gibt Stabilität, Konzentration, Selbstbewusstsein, Sicherheit und Schutz. Er gibt Ruhe, die genauso lebendig ist, wie der Baum. Die Krone lehrt, dass jede Person etwas Besonderes ist, dass jeder oder jede König oder Königin ist, und dass alle gleich viel wert sind. Dass wir alle, wie Könige, in göttlicher Führung weise agieren, handeln und menschlich miteinander umgehen können.

Als Psychotherapeutin und Gesundheitspsychologin weiß ich, dass die Unterstützung von Kraftplatz, Baum und Wurzeln bei Psychosen hilfreich ist. Menschen, die sich häufig in virtuelle Welten flüchten und sich in diesen anderen Welten wohler als hier auf der Erde fühlen, haben buchstäblich ihre Wurzeln verloren, sie sind nicht mehr auf der Erde. Es heißt, dass Trancen für psychotische Diagnosen nicht geeignet sind. Das stimmt – wenn man Personen weiter in ihre Traumwelten führt, kann es gefährlich werden. Wenn man sie aber zurück auf die Erde holt, zu Bäumen, Blumen, Steinen ... und ihnen hilft ihre Wurzeln zu spüren, zu riechen, zu lauschen, zu schauen, was alles in der Natur lebt, können sie sich wieder langsam an schöne Erfahrungen in ihrem Leben erinnern. So gelingt es ihnen mehr und mehr die Kraft der Natur anzunehmen und sich auf der Erde wohl zu fühlen. Das kann allerdings ein längerer Prozess sein. Wenn aber ein Ziel gefunden wird, das reizvoll ist, dann beginnen sie mit offenen Augen ihr Leben mit all den Schönheiten darin zu sehen. Sie richten ihre Aufmerksamkeit immer öfter nach außen und leben nicht mehr nur in ihrer Innenwelt.

FRIEDEN, RESONANZ UND SINN IM LEBEN FINDEN

Regelmäßig zum eigenen Kraftplatz gehen, ihn sich mit allen Sinnen vorzustellen, ist wie das Üben von Tonleitern. So kann man sein Talente entfalten: Je öfter man gedanklich zum Kraftplatz geht und sich dort mehr und mehr an dieses spezielle Gefühl gewöhnt, bis es zu einem vertrauten Freund wird, desto eher wird es möglich sein, all die Erinnerungen zu finden, wo man diese Intensität, dieses vertraute Gefühl schon erlebt hat: bei Aktivitäten, im Sport u. Ä. Die Atmosphäre und die Schwingung dieses Platzes werden wie ein vertrauter Freund. Die Erinnerungen, in denen dieses Gefühl schon gelebt wurde, werden mehr und mehr.

Ziel und Sinn im Leben finden

Menschen machen Therapien und Aus- und Weiterbildungen, weil sie ihr Privat- und Berufsleben verbessern wollen. Dazu kommen existenzielle Wünsche, wie Gesundheit und die Frage nach dem Sinn im Leben. Hier unterscheiden wir zwischen bewussten und unbewussten Zielen. Am Ende des folgenden Prozesses steht ein ganzheitlicher Zielsatz, der alle Aspekte enthält, also bewusste und unbewusste Ziele. Für das Formulieren bewusster Ziele braucht man Zeit: In einer Liste sammelt man all die schönen Dinge, die bereits vorhanden sind und die verbessert werden sollen und ebenso all die Schwierigkeiten, Probleme, Verletzungen und Schmerzen, die gelöst werden sollen. Für viele Menschen ist es ungewohnt Zeit nur für sich selbst aufzuwenden und zu überlegen, wie sie leben wollen und ihr Leben gestalten können, damit es allen Beteiligten gut geht.

Kennt man die eigenen bewussten Ziele, ist es spannend in einem zweiten Schritt herauszufinden, was man wirklich will. Was sind die tiefen unbewussten Intentionen, wo liegen die inneren Sehnsüchte? Man wird auch herausfinden wollen, wie weit die bewussten Ziele mit den unbewussten übereinstimmen oder wie weit die unbewussten Ziele weitere Türen öffnen. Dazu gibt es folgende Übung, in der man Schritt für Schritt sich selbst erkennen und finden kann.

ÜBUNG: SYMBOLSUCHE UND DREITEILIGER ZIELSATZ

In alten Kulturen gab es unterschiedliche Ansätze, mit sogenannten Problemen umzugehen. Wenn es einer Person schlecht ging, setzen sich ihre Freunde nicht zu ihr, um zu erklären: „Komm, ich helfe dir. Was kann ich tun? Ich weiß, was du brauchst." Sondern sie sagten: „Gehe hinaus in die Natur und finde deine Antworten." Wenn diese Person zurückkam und die anderen noch nicht zufrieden waren, wurde sie nochmals auf die Suche geschickt. Schwierigkeiten wurden nicht als Schwäche gesehen, sondern als ein Lernschritt. Wenn man Antworten findet, kann man diese zu seinen Mitmenschen zurückbringen und diese Antworten können sowohl das eigene als auch das Leben der anderen bereichern.

1. Schritt: Frage formulieren

Man kann diese Übung auf jede Frage anwenden. Hier wird wieder die Frage gestellt: „Wie kann ich Resonanz in mir und mit anderen leben?" Oder: „Wie kann ich gesund, glücklich und erfolgreich leben?"

2. Schritt: Einen Gegenstand finden

Diese Frage wiederholst du immer wieder, während du hinausgehst, alles wahrnimmst, was du am Weg siehst, hörst und spürst, bis dir ein Gegenstand ins Auge fällt, der deine Aufmerksamkeit anzieht. Diesen Gegenstand bringst du mit zurück.

3. Schritt: Den Gegenstand hinlegen und liegen lassen

Jetzt braucht es eine zweite Person. Diese schreibt alles mit, ist nur Sekretär und darf nichts sagen, während du deinen mitgebrachten Gegenstand hinlegst. Du kannst dir dafür Zeit nehmen und wenn du zufrieden bist, dann bleibt der Gegenstand für die restliche Zeit der Übung genauso liegen. Er darf nicht mehr bewegt werden.

4. Schritt: Symbole finden

Du betrachtest den Gegenstand und lässt gedanklich alle Assoziationen, alle Bilder kommen. Willkommen ist alles, was man anfassen kann, wie z. B.: „Es schaut aus wie ein Schiff, wie ein Baum, eine Richtungstafel usw." Interpretationen wie „Klarheit", „Schönheit" usw. sind hier nicht erlaubt. Von allen Assoziationen wählst du drei Symbole aus, die dann weiter betrachtet werden.

5. Schritt: Antworten finden

Du nimmst das erste Symbol, z. B. „Schiff", und fragst: Inwieweit ist ein Schiff eine Antwort auf meine Frage: „Wie kann ich Resonanz in mir und mit anderen leben?"

Hier kann alles als Antwort verwendet werden: „Es bringt Bewegung in mein Leben", oder „ist wie ein Kirchenschiff, das mich zwischen den Welten hin und her bringt", oder „ist stark und stabil" ...

Diese Antworten schreibt der „Sekretär" wörtlich mit.

6. Schritt: Formulieren des dreiteiligen Zielsatzes

Aus den Antworten der vorher beschriebenen Symbolsuche und dem Kraftplatz ergibt sich ein dreiteiliger, ganzheitlicher Zielsatz. Er besteht aus Antworten der Seele, des Körpers und des Feedbacks anderer, das heißt wie man selbst auf andere reagiert und wie andere auf die eigenen Handlungen reagieren. Um immer wieder Sinn im Leben und ganzheitliche Antworten auf Fragen zu finden, ist es wichtig, die drei Bereiche immer weiter zu entdecken und zu verbessern.

Dreitteiliger Zielsatz

Die Formulierung des Zielsatzes folgt einer definierten Struktur:

A. SEELE

Eingebettet in ...

(zum Beispiel „schönes, buntes Glitzern“ oder „klare, warme Weite“ ... – hier werden die Qualitäten aus der vorherigen Kraftplatzübung genommen, wobei eines der Eigenschaftswörter zu einem Hauptwort umformuliert wird.)

B. KÖRPER

... genieße ich ...

(zum Beispiel „meine Stärke“, „meine Stabilität“, „meine Bewegungen im Leben“, „mein Hin- und Hergehen zwischen den Welten“ – hier wird die Liste der Worte angeführt, die vorher als Antworten auf die Zielfrage aufgeschrieben wurden. Neu hinzu kommt das Wort „mein“.

Oft ergeben sich hier Antworten, die sehr ungewohnt und neu sind und erst entdeckt werden müssen.)

C. ANDERE

... manchmal genieße ich all das allein und manchmal, wenn ich Lust habe, genieße ich all das mit anderen.

(Hier ist die Entscheidung wichtig – „wenn ich Lust habe", es liegt also in meiner Verantwortung und in meiner Entscheidung, ob ich allein oder mit anderen genießen will. Beides ist wichtig und schön. Das Feedback, die Reaktionen meiner Mitmenschen können helfen, mich selbst zu entdecken und mich selbst zu verstehen.)

KOMMUNIKATION MIT DER SEELE

In meinen langjährigen Arbeiten und Erfahrungen gab es immer wieder Stillstand und es kamen Fragen um Fragen auf, auf die keine Antworten gefunden werden konnten.

Antworten zur Seele wurden gefunden, weil Menschen immer wieder folgende Frage stellten: „Niemand ist da, wenn ich dringend jemanden brauche – wie kann ich mir helfen?" Und es ist richtig: Die Menschen, die man liebt, können nicht immer zur Verfügung stehen. Es gab keinen Ausweg: Übungen und Zielsätze halfen nichts, die Trauer und die Verzweiflung kam immer wieder. Ich wollte aufhören, wenn es keinen Ausweg aus diesem Dilemma gab und ging mit diesen Fragen schwanger: Wie können Menschen glücklich sein, auch wenn jene Personen, die sie lieben, nicht immer Zeit für sie haben.

Antworten tauchen oft dort auf, wo man sie nicht vermutet. Zu dieser Zeit bekam Mutter Teresa den Friedensnobelpreis und weilte in Deutschland. In einem Interview wurde sie gefragt, wie sie es schaffen kann, ganz gesund zu sein und rund um die Uhr zu arbeiten. Sie antwortete, das könne sie nur, weil sie mit Jesus verheiratet sei und erklärte weiter: Wenn um 11 Uhr nachts noch jemand etwas braucht und sie sehr müde ist, dann ist Jesus bei ihr und das Licht von Jesus hüllt sie ein, macht sie stark, sodass sie diesem Menschen noch mit Liebe helfen kann. Dann kann sie gut schlafen.

Ich wollte herausfinden, ob andere erfolgreiche Menschen ähnliche innere Kraftquellen haben. Dies erfuhr ich nach vielen Interviews mit Menschen, die ebenfalls sehr beschäftigt sind, gesund bleiben und sogar, wie Mutter Teresa, immer begeistert und respektvoll mit anderen sind. Alle haben sehr ähnliche Strategien, aber alle eine andere Metapher für diese innere Kraftquelle.

Ein Manager, der sehr viele Dinge gleichzeitig machte und viel Spaß an seiner Arbeit hatte, gab folgende Antwort: Wenn es ihm zu viel wurde und er nicht mehr respektvoll sein konnte, zog er sich in sein Zimmer zurück und gab Anweisungen, dass er fünf Minuten nicht gestört werden wollte. Dann legte er seine Füße auf den Schreibtisch, was zu Hause verboten war, und stellte sich vor, er sei auf einem Berggipfel und das Licht und die Wärme der Sonne erfüllten ihn. Er genoss, wie das Licht in den Körper floss und er, wie bei einer Tankstelle, auftanken konnte. Vom Sonnenlicht innerlich gestärkt konnte er wieder respektvoll weiterarbeiten.

Was haben beide gemeinsam? Es ist das Licht, das sie anfüllt und stärkt. Allerdings hatten beide eine andere Metapher: Mutter Teresa hatte Jesus und der Manager hatte den Berggipfel. Hier wird deutlich, wie Menschen ihre Metapher und ihren Kontakt mit der Seele finden können und jederzeit eine innere Kraftquelle haben, die ihnen hilft in Resonanz zu kommen und Antworten zu finden, auch wenn niemand Zeit für sie hat.

Das 20. Jahrhundert war das Jahrhundert des Wissens. Gefühle, Beziehungen, Gesprächsführung waren suspekt und wurden im Vergleich zum Fachwissen fast nicht gelehrt. Ja, sie wurden meist belächelt und als dumm angesehen. Heute wissen wir, dass Kommunikation und menschliches Verhalten von den Gefühlen und der inneren Haltung entscheidend beeinflusst werden. Die Gehirnforscher meinen, dass in unseren Bildungseinrichtungen nur sehr wenig von der Kapazität des Gehirns bewusst geschult wird und sehr viel unbewusst passiert, also irgendwie genutzt wird. An guten Tagen geht das gut, an schlechten schlecht. Um diese Kapazität bewusster und menschlicher gebrauchen zu können, sind viele Faktoren wichtig. Am wichtigsten scheint zu sein, dass man lernt, mit der Seele und mit dem eigenen Körper zu kommunizieren und dass man achtsam mit anderen Menschen umgeht.

Im Folgenden wird die derzeitige Situation aufgezeigt, die die Einsamkeit von ganz vielen Menschen beschreibt und aus der nur durch die Kommunikation mit der Seele ein Ausweg gefunden werden kann. Die steigende Anzahl von Depressionen zeigt, dass Menschen sich alleingelassen fühlen und keine Zukunft vor sich erkennen können. Um mit Vertrauen in die Zukunft gehen zu können, um innere Ausgeglichenheit zu finden, um Resonanz in sich und mit anderen leben zu können, um sich frei und verbunden gleichzeitig zu fühlen, ist es wichtig, dass man mit der eigenen Seele in Kontakt ist.

Menschen haben Familie, Partner oder Freunde, und doch fühlen sie sich allein gelassen. Wenn sie dringend etwas brauchen, hat niemand Zeit. Dies ist Realität, denn jeder hat sein eigenes Leben mit Verpflichtungen und auch wenn man es gerne möchte, ist es nicht möglich, immer für geliebte Menschen da zu sein. Das Ergebnis ist Leid, Druck und Ähnliches, es ist eine Spirale, die sich immer wieder in Ängsten, Schmerz, Verletzungen, Isolation, Schuldgefühlen und Verzweiflung dreht. Man fühlt sich entweder von den anderen alleingelassen oder unter Druck gesetzt. Man fühlt sich deshalb unter Druck gesetzt, weil man gerne helfen möchte, für den anderen da sein möchte, aber die ganz normalen Alltagsverpflichtungen das nicht erlauben.

Fazit: Menschen sehnen sich nach intensiven, liebevollen Beziehungen und haben gleichzeitig Angst davor. Wie reagieren Menschen, wenn sie unsicher und verletzt sind? Sie werden traurig, wütend, ziehen sich zurück oder meckern.

Eine Chance, aus dieser Schleife heraus zu kommen, besteht darin mit der Seele in Kontakt zu treten. Es war immer so und es wird immer so sein. Menschen gehen in die Kirche, um zu beten, zu bitten, danken und fühlen sich dort geschützt und aufgehoben. Oft sind es aber gerade diese Menschen, die sich nicht trauen über Gott zu reden. Die Jugend ist darüber verärgert. Sie nennen das „Verlogenheit". Im Englischen gibt es dafür einen Ausdruck: „two faced" – zwei Gesichter haben, nicht ehrlich sein. Sie gehen in die Kirche, sprechen aber nicht darüber, sondern machen sich manchmal sogar noch lustig darüber.

Das Dilemma entsteht deshalb, weil die Organisation Kirche und Religion miteinander vermischt werden. In der Organisation Kirche arbeiten Menschen mit Fehlern, so wie in allen anderen Organisationen. Die Religion dagegen ist unantastbar und über viele Jahrhunderte und Jahrtausende gleich geblieben. Es ist der Glaube an eine Kraft (Papst Johannes Paul II: „Gott ist eine transzendente Kraft"), die für alle existiert und erst wenn Menschen diese Kraft spüren und leben, können sie frei und geborgen zugleich sein. Sie brauchen sich nicht mehr alleine zu fühlen, weil sie wissen, dass sie jederzeit mit dieser inneren Weisheit Kontakt haben können und sie nicht mehr von der Anerkennung und Zuwendung anderer abhängig sind. Einsamkeit, Isolation, Hoffnungslosigkeit haben keinen Raum mehr, weil jederzeit von dieser inneren Kraft Hilfe kommen kann: Man kann bitten, danken, fragen, Antworten bekommen und sich jederzeit geschützt und aufgehoben fühlen. Erst wenn Menschen in diesem Sinne frei und unabhängig werden, können sie ihre Mitmenschen so sein lassen, wie sie sind und haben es nicht nötig dauernd an anderen herumzunörgeln. Hier geht es nicht um Kirche und Religion, sondern um diesen inneren Resonanzzustand, um diesen göttlichen Funken in uns, der immer da ist und der uns immer Hilfe geben kann. Das Schöne ist dabei, dass jeder Mensch seine eigene Metapher finden kann, sei es die Natur, die Sonne oder die Musik.

Stellen wir uns einmal vor, dass alle Kinder schon im Kindergarten wissen, dass sie diesen göttlichen „Funki" in sich haben, der immer für sie da ist. Zu Hause, wenn die Eltern gerade keine Zeit haben, wenn Freunde widerlich sind, wenn das Lernen langweilig ist oder wenn der Zahnarzt Schmerzen bereitet, in allen täglichen Angelegenheiten ist er für sie da, der „Funki". Und dieser innere „Funki" ist immer mit dem großen, alles verbindenden Feld vernetzt. Stellen wir uns weiter vor, dass auch alle Erwachsene ihren inneren göttlichen Funken haben, mit dem sie kommunizieren können, der immer da ist, der immer wieder hilft zur inneren Stärke und Ausgeglichenheit zu finden und dadurch nicht nur in allen Problemsituationen dabei unterstützt wieder Lösungen zu finden, sondern auch alle schönen Erlebnisse noch verbessern und intensivieren kann – er macht uns unabhängig von Anerkennung und Zuwendung.

All das sind keine Fantasien und Hirngespinste: Mit der Kutschera-Resonanz®-Methode wurden viele Projekte in Schulen und Unternehmen erfolgreich durchgeführt, in denen neben zahlreichen Kommunikationstools die Menschen lernen, wie sie in ihrem Alltag mit Krone, Wurzeln und „Funki" unterwegs sein können. Dadurch findet man Zugang zu seinen Fähigkeiten und Talenten und kann so mit den täglichen Schwierigkeiten und Herausforderungen auf ganz neue Art umgehen.

EINIGE BEISPIELE FÜR KOMMUNIKATION MIT DER SEELE

In einem großen Unternehmen warten die Mitarbeiter auf ihre Chefs, die offensichtlich gerade von einer Sitzung kommen, die nicht gut gelaufen ist. Die Mitarbeiter sehen das und sagen humorvoll: „Den Chefs sind die Kronen verrutscht. Kommt erst zu uns, wenn ihr sie wieder zurechtgerückt habt." Durch die Krone strömt die transzendentale Energie in den Körper, belebt ihn und die Chefs kommen wieder in gute Stimmung.

Eine Mutter sitzt traurig am Tisch, als die kleine fünfjährige Tochter aus dem Kindergarten kommt. Die Tochter sieht die Mutter am Tisch und erkennt, dass es ihr nicht gut geht. Die Kleine beginnt in der Kindergartentasche zu suchen, will den „Funki" herausholen – ihr gemaltes Bild vom göttlichen Funken – und sagt: „Mama, ich hab was für dich!" Dann stockt sie: „Mama ich bin blöd, du hast ja selber einen „Funki". Bitte Mama, finde deinen „Funki" und dann weißt du, was du machen kannst, dass es dir wieder gut geht." Ohne genau zu wissen, was der Mutter fehlt, hat sie verstanden, dass die Mutter nur einen guten inneren Zustand braucht, sozusagen wieder ihr Selbstbewusstsein finden muss, um Lösungen finden zu können.

Eine Führungskraft ist gerade auf dem Weg zu einer wichtigen Präsentation. Da erfährt sie, dass etwas in ihrer Abteilung vollkommen schief gelaufen ist. Es ist, als ob ihr der Boden unter den Füßen weggezogen wird, was für eine Präsentation ganz schlecht ist. Sie weiß, sie wird erst nach dem Vortrag etwas unternehmen können und will zuerst diesen gut hinkriegen. Sie holt tief Luft, atmet die kraftvolle Atmosphäre ihres Kraftplatzes ein, erlebt wieder ihre Resonanzworte „hell, weich, glitzern" und spürt, wie diese Worte wie Wellen durch ihren Körper fließen. Sie setzt innerlich die Krone auf und fühlt, wie klares, reines Licht durch die Krone fließt und ihr Körper mit jedem Atemzug immer lebendiger wird, die Welt ihres Vortrages sie wieder ganz erfüllt und sie mit ihrer Präsentation andere begeistern kann.

In einem Schulprojekt des Bundesministeriums, in dem ausländische Kinder Deutsch lernen sollen, wurde eine Gruppe nur mit der Kutschera-Resonanz®-Methode unterrichtet. Die Kinder lernten schneller Deutsch, obwohl sie keinen direkten Sprachunterricht bekamen, weil sie motiviert wurden und ihr Selbstbewusstsein steigern konnten. In der Gruppe schlug ein Junge ein Mädchen. Der Trainer verbot ihm das, der Junge erwiderte: „Bei uns ist das so, du hast keine Ahnung und außerdem habe ich vorher meine Krone abgesetzt." Dass das Mädchen auch eine Krone hat, wollte er nicht wissen, weil sie in seinen Augen „einfach blöd" war. Der Trainer vermittelte dem kleinen Macho, dass es schade sei, dass er noch nicht so weit sei, die Kronen bei anderen zu sehen, da ja alle eine Krone haben. Wenig später redete der Junge mit diesem Mädchen und als der Trainer hinzukam, sagte er: „Ich sehe sehr wohl die Kronen bei anderen und habe meine wieder aufgesetzt". Die Krone ist hier ein Beispiel dafür, dass alle gleich viel wert und alle Königinnen und Könige sind. Die Kinder lernten eine Konfliktlösungsstrategie, die sie nie mehr vergessen werden und auch als Erwachsene weiter verwenden können. Es ist ein Beispiel für inhaltsfreies Handeln und es ist ein wunderbares Exempel, wie die Krone einen ethischen Rahmen vermittelt, den man verbal, mit ganz viel Reden, nur schlecht vermitteln könnte. Es gibt Lösungen, ohne dass jemand schlecht gemacht werden muss und die Krone steht für gleichwertiges Miteinander.

KOMMUNIKATION MIT DEM KÖRPER

Kommunikation mit sich selbst heißt auch mit dem eigenen Körper zu kommunizieren. Das bedeutet, täglich achtsam zu sein und wahrzunehmen, welche Botschaften der Körper gibt, wo er schon in Resonanz ist und wo noch nicht. Dazu kann es notwendig sein im äußeren Leben etwas zu ändern, aber viel häufiger gilt es, die eigenen negativen Gefühle, Schuldgefühle und Meckereien zu entmachten, damit man andere in ihrer Eigenart und ihrer Individualität so sein lassen kann, wie sie sind. Erst wenn diese innere Versöhnung stattgefunden hat, wird es leicht mit anderen die vorhandenen Schönheiten zu genießen. Erst wenn Menschen mit dieser inneren Achtsamkeit leben, wird sich mehr und mehr Frieden und Gesundheit im Körper ausbreiten und es wird zunehmend leichter, die eigenen Bedürfnisse auszudrücken. Es braucht kein hartes „Nein", sondern ein freundliches „gerne mache ich das, aber dann und dann". Dann wird die Balance zwischen den eigenen Bedürfnissen und denen anderer lebbar. Man kann sich zugleich frei und dazugehörig fühlen.

BOTSCHAFTEN DES KÖRPERS ERKENNEN

> *Jede Krankheit und jedes Körpersymptom sind Botschaften vom Unbewussten zum Bewussten, die sagt: „Pass auf, du übersiehst was in deinem Leben."*

Wir gehen davon aus, dass sich der menschliche Körper aus vielen einzelnen Teilen zusammensetzt, die im Fall von Gesundheit alle zusammenarbeiten und eine Einheit bilden, sie schwingen in sich und miteinander in Resonanz. Fühlt sich ein Teil missachtet, wird er sich melden, in Form von Schmerzen, Druck oder Spannungen. So lange, bis er das bekommt, was er braucht.

Am Beispiel Sucht ist dieses Konzept leicht verständlich: Die Zahl der Süchte steigt ständig an. Suchtmittel versprechen all das, wonach Menschen sich sehnen. Hinter jeder Sucht stehen eine Botschaft oder eine positive Absicht, Gefühle und Intensität leben zu können. Egal ob Alkohol, Drogen oder

Shopping, wenn die Betroffenen lernen Gefühle und Intensität im Alltag, in Beziehungen, im Sport, bei der Arbeit, bei Hobbies zu leben, brauchen sie die Sucht nicht mehr. Wobei nicht die Entscheidung aufzuhören an erster Stelle kommt, sondern die Entscheidung, etwas Besseres finden zu wollen. Diese Entscheidung trifft der Betroffene selbst. Hat er gelernt, seine Gefühle und Intensität anders zu leben, ist die Sucht nicht mehr notwendig.

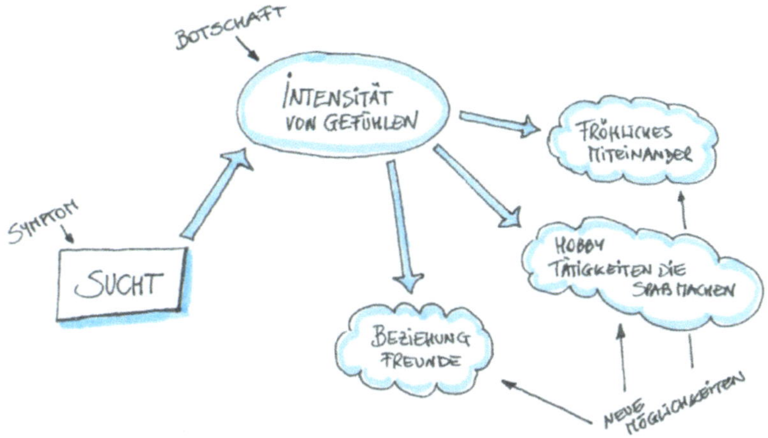

Abb. 13: Botschaften des Körpers (Sucht)

Auch an Krankheiten ist dieses Konzept leicht erklärbar. Krebskranke zum Beispiel können Listen darüber schreiben, wie lange sie viele kleinere Körpersymptome, wie Kopfweh, Schulterverspannungen, Knieschmerzen ... übersehen haben und mit Kraft dagegen gearbeitet haben. Sie haben für sich selbst und ihre Bedürfnisse keine Zeit mehr gehabt, bis der Körper heftiger angeklopft hat, sodass sie es nicht mehr übersehen konnten. Lernen diese Menschen, ihre Bedürfnisse wahrzunehmen, diese mitzuteilen, zu bitten, anzunehmen und mehr Leichtigkeit in ihr Leben zu bringen, können sie ihre Resonanz wiederfinden und den Heilungsprozess unterstützen.

Die Schulmedizin ist eine große Hilfe, sie gibt mit Operationen und medikamentösen Therapien neue Chancen. Werden diese neuen Chancen nicht gefunden und ins Leben integriert, bleibt alles beim Alten und die Wahrscheinlichkeit eines Rückfalles ist sehr groß. Viele Kranke beginnen instinktiv zu beten und um Heilung zu bitten, sie werden achtsamer mit und in ihrem Leben. Instinktiv gehen sie Schritte, die zur Heilung und zu einem neuen Lebenskonzept führen.

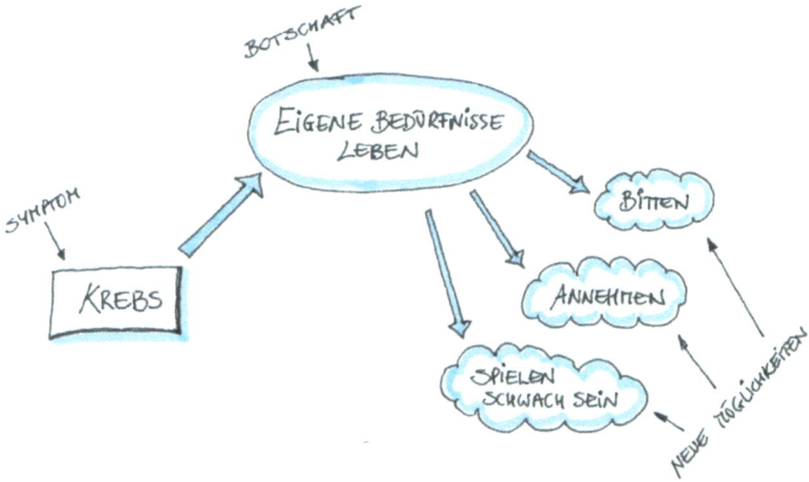

Abb. 14: Botschaften des Körpers (Krebs)

Die Zellen im Körper reinigen und schützen

Hat man die Botschaften des Körpers erfahren und sich dafür entschieden in Resonanz zu leben, dann will man mit allen Facetten der eigenen Persönlichkeit, allen Teilen und Zellen im Körper, die Eigenschaften der Kraftquelle leben. Man möchte spüren, wie sich Licht, Farben, Töne und Gerüche ausbreiten und den ganzen Körper vibrieren und pulsieren lassen. Jene Teile und Zellen, die noch nicht in Resonanz oder „im Flow" sind, zeigen sich manchmal als Körpersymptome, manchmal als Zweifel, als Widerstand oder als innere Stimme, die unangenehm ist und verhindert die eigenen Bedürfnisse wahrzunehmen, Intensität zu leben – und nicht nur auf die Bedürfnisse anderer einzugehen.

Was die Gesundheit sehr gefährdet, sind alle Umwelteinflüsse, die Ängste und Krankheiten hervorrufen. Es ist unmöglich, sich davor zu schützen oder wegzulaufen. Hier ist es möglich das Gehirn auf ganz neue Art zu gebrauchen und einen neuen inneren Teil zu aktivieren, der all die negativen Umwelteinflüsse zu Licht und Liebe transformiert.

Reinigung

In allen Kulturen existieren Reinigungsrituale. Die Taufe, das Weihwasser, das Bad im Ganges oder das Räuchern, um nur einige Beispiele zu nennen. Es geht immer darum fremde Gefühle, verursacht durch fremde Personen oder negative Umwelteinflüsse, wieder zu beseitigen.

Meiner Erfahrung nach spüren viele junge Menschen mit Essstörungen, wie Bulimie oder Anorexie, den Hunger auf der Welt. Sie verweigern alles Essen oder es ist ihnen buchstäblich „zum Kotzen", wenn sie viel gegessen haben.

Empathischen Menschen geht es schlecht, wenn sie negativen Gesprächspartnern zuhören, mitfühlen und praktisch in den Erzählungen mitleben. Dieses Gefühl muss nicht therapeutisch analysiert werden, sondern es gehört aus dem Körper hinaus. Wenn Menschen sehr empathisch und vielleicht schon schwer krank sind, weil sie viel Fremdes über Jahre in sich angesammelt haben, sollten Reinigungsrituale – ähnlich wie das Zähneputzen – zu ihrem Tagesablauf gehören. Noch besser ist es, wenn schon vorbeugend damit begonnen wird und Krankheiten dadurch verhindert werden könnten.

Schutz

Der innere und äußere Schutz ist in jeder Kommunikation die Basis, um gut, respektvoll und liebevoll im Resonanz-Zustand kommunizieren zu können.

Dieser Schutz ist besonders wichtig in kontroversen Diskussionen und in Streitgesprächen. Wenn man mit anderen intensiv zusammen ist, übernimmt man leicht deren Ärger, deren Wut oder Enttäuschung, was eine gemeinsame Lösung verhindert. Wenn sich Menschen schützen können, werden negative Gefühle an ihnen vorbeiziehen und sie erreichen trotzdem menschlich und respektvoll miteinander ihre Ziele.

Im Berufs- und Privatleben ist Schutz unabdingbar, weil man auch in Zukunft nicht verhindern können wird, dass Menschen schlechte Tage haben. Man kann aber lernen sich zu schützen, sodass die eigene Resonanz erhalten bleibt. Egal, was im Umfeld geschieht, man bleibt handlungsfähig. Hier ist die Natur unser Lehrmeister. Ein Baum bleibt immer in der eigenen Schwingung und ist gleichzeitig immer mit seinem Umfeld verbunden.

Schutz ist für konstruktives Streiten wichtig. Interviews mit Paaren haben gezeigt, dass „Streiten lernen" eine der wichtigsten Eigenschaften für Paare ist. So besteht zwischen jenen Paaren, die lange zusammen sind, gegenüber solchen Paaren, die öfter Partner wechseln, nur ein gravierender Unterschied: Jene, die lange zusammen sind, streiten mehr, aber ihre Konflikte haben meist eine konstruktive Lösung zur Folge. Dagegen drehen sich Streitgespräche bei den anderen Paaren oft in eine Teufelsspirale hinein, die in schmerzhaften Verletzungen endet. Deshalb versuchen sie ihre Meinungsverschiedenheiten zurück zu halten. Sie schlucken ihren Ärger hinunter und kehren vieles solange unter den Teppich, bis sie sich trennen.

> *Jede Person findet ihren eigenen Schutz und ihr eigenes Reinigungsritual und probiert aus, was für sie angenehmer und besser funktioniert.*

Leistungssportler haben nur Chancen zu gewinnen, wenn sie fehlerlos den Resonanzzustand im Wettkampf halten können, das heißt, dass sie immer wieder üben sich zu schützen und sich zu reinigen, damit Überraschungen und unerwartete Umwelteinflüsse sie nicht aus dem Rhythmus werfen. Egal ob es sich um schlechte Wetterbedingungen oder um Lärm o. Ä. handelt.

Das einfachste und powervollste Ritual ist der Resonanzzustand. Kann diese innere Schwingung bewusst aktiviert werden, können uns nur ähnliche Schwingungen erreichen und uns wie auf einer Schaukel antauchen – und andere ziehen vorbei.

Zum Reinigen gibt es viele Möglichkeiten und Menschen sind teilweise sehr kreativ dabei, sich Reinigungsrituale auszudenken. Zum Beispiel stellen sie sich beim täglichen Duschen vor, wie das Wasser sie nicht nur äußerlich sondern auch innerlich reinigt und alles Fremde abfließt. Oder in Japan ist es üblich einen Baum zu berühren und zu spüren, wie man leichter wird und alles Fremde abfließt.

Empathie – reinigen und schützen

Empathie heißt Einfühlungsvermögen und ist für Beziehungen und Miteinander sehr wichtig. Dann liegt in Gesprächen der Fokus der Aufmerksamkeit bei anderen Personen und nicht bei sich selbst. Das ist wunderbar, aber gleichzeitig gefährlich, wenn man nicht gelernt hat, damit umzugehen. Die Chaostheorie kann helfen Empathie etwas besser verstehen zu können.

Chaostheorie und Fraktale

Die Chaostheorie behandelt in der Physik Systeme, die einer nichtlinearen Dynamik folgen, wo Ursache und Wirkung nur angenähert beschrieben werden können z. B. beim Wetter. Innerhalb der Chaostheorie kommt dem von Benoît Mandelbrot 1975 geprägten Begriff der Fraktale große Bedeutung zu, da sie die Wiederholung einer bestimmten Struktur in sich selbst beschreiben, wie sie in der Natur oft vorkommt. So enthält z. B. der Ast eines Baumes die Struktur des ganzen Baumes. Wenn man diese Überlegungen auf das Universum ausdehnt, so enthalten wir als ein winziges Element des Universums gleichzeitig auch die Struktur des ganzen Universums in uns.

Angenommen diese Theorie stimmt, dann würde das in der praktischen Umsetzung Folgendes bedeuten: Jeder Mensch kann alles, was auf der Erde passiert, in sich spüren und es ist schwer zu unterscheiden, was eigene Gefühle und was fremde Gefühle sind. Ein einfaches Beispiel dazu: Wenn wir in den Nachrichten Kriegsbilder sehen oder Horrorfilme anschauen, geht es uns hinterher schlecht und zwar nicht nur momentan, sondern dieses unangenehme Empfinden kann andauern. Wir gehen dann mit diesem verzweifelten oder traurigen Gefühl zur Therapie und versuchen, dieses in unserem System zu analysieren, obwohl es eigentlich gar nicht von dort herrührt.

Dasselbe gilt für Partnerschaft: Ist der Partner schlecht gelaunt und man spürt nach dem Resonanzprinzip mit, wird man auf den anderen sauer. Daraus entsteht in der Regel Streit. Kennt man jedoch das eigene Resonanzgefühl, dann kann man zwischen eigenen und fremden Gefühlen unterscheiden. Fremde Gefühle gehören buchstäblich hinaus und gereinigt, damit man wieder zur eigenen Identität zurückfinden kann.

Gerade Angehörige von Pflegeberufen müssen diese Balance zwischen Empathie und Schutz der eigenen Gefühle täglich praktizieren. Damit sie ihre Patienten nicht „mit nach Hause nehmen“, brauchen sie mentale Übungen, um sich zu reinigen und zu schützen. Neben vielen Möglichkeiten ist auch hier wieder der bewusste Zugang zum Resonanzzustand ein sicheres Mittel, empathisch mit anderen zu sein und gleichzeitig bei sich bleiben zu können. Haben wir gelernt, Resonanz in uns und mit anderen zu leben, sind wir geschützt und können achtsam mit uns selbst und mit anderen sein. Dieser komplexe Zustand kann uns viel Neues bringen.

Dazu ein Beispiel, dessen Erkenntnis viel Positives in Partnerschaften beitragen kann: Manchmal ist es schwer, eigene Gefühle und Bedürfnisse und fremde Gefühle und Bedürfnisse auseinander zu halten. Eine 55-jährige Frau kam zum Coaching und wollte heiraten. Sie hatte immer allein gelebt und hatte sich ihr Leben mit Freunden und Arbeit gut eingeteilt. Nun wollte sie mit einem Mann gemeinsam den nächsten Abschnitt ihres Lebens genießen und gemeinsam Dinge unternehmen. Ich ließ sie mental in Trance erleben, wie ihr ganzes Leben durcheinander geraten wird, wenn plötzlich ein Mann mit ihr lebt. Sie fand dies super und wollte wirklich alles tun, um mit einem Partner an ihrer Seite alt zu werden. Täglich machte sie folgende Übung: Sie stellt sich vor, ein Mann lebt mit ihr. Sie kommt in der Früh ins Bad und will Zähne putzen – da steht ein Mann am Waschbecken. Nun hält sie inne und fragt sich: Ist es mir wichtiger, dass jemand mit mir ist oder dass ich genau in diesem Moment Zähne putze? Beim Frühstück stellt sie sich vor, dass er Speck und Ei isst und die ganze Küche voller Rauch ist und stinkt. Auch findet sie für sich, dass es für sie wichtiger ist, mit jemandem zu frühstücken, als dass die Küche genau so ist, wie sie sich das wünschte. So verbringt sie den ganzen Tag und findet so heraus, dass sie vieles lassen kann. Nur wollte sie zwei Schlafzimmer mit jeweils einem großen Bett, sie wollte drei Abende pro Woche mit ihren Freundinnen behalten und sie wollte jemanden, der mit ihr am Wochenende gerne in die Natur geht, da sie nicht Wochenenden und Urlaube in der Stadt verbringen wollte. Sehr schnell fanden sich Männer, die sich darüber freuten, drei Abende für sich zu haben und ein eigenes Schlafzimmer, sodass sie wählen können, manchmal allein und manchmal gemeinsam zu schlafen, und die gerne neugierig die Natur gemeinsam mit jemandem erleben wollten. Ein halbes Jahr später war die Hochzeit.

Gottfried Schatz schreibt in seinem Buch: „Jenseits der Gene, Essays über unser Wesen, unsere Welt und unsere Träume“, dass ganz viel uralter Mist, uralte Schmerzen von vielen Generationen in unseren Zellen und Genen gespeichert sind, die zuerst gereinigt und geheilt werden müssen, bevor Neues möglich wird.

Im Folgenden wird eine Übung beschrieben, die Altes heilt und die hilft Fremdes aus dem Körper fließen zu lassen. Anders ausgedrückt, sie hilft den Geist der Ahnen zu heilen und zu versöhnen, damit Neues gelernt und gelebt werden kann.

Resonanz und Matrix: Altes ganzheitlich heilen und Neues lernen

Die Gehirnforschung hat ein neues Wort für das Feld gefunden, in dem alles vorhanden ist – die Matrix. Zur Veranschaulichung ein paar Worte über das Symposium bei der UNO in New York im September 2008. Ziel war es die komplexe Beziehung zwischen Verstand, Gehirn und Bewusstsein zu ergründen und wie diese wissenschaftlichen Forschungsergebnisse zur Entwicklung neuer Paradigmen führen, die unser Selbstverständnis und unser Verständnis der physischen Welt fundamental verändern.

Die sogenannten Matrix-Übungen sind eine Revolution in der Psychotherapie. Früher geschah es oft, dass das gleiche Problem immer wieder kam. Man behandelte es, der Prozess lief wunderbar und dann kam das Problem wieder zurück. Das war oft frustrierend. Mit diesen neuen Matrix-Übungen kann ein schmerzhaftes Gefühl mit großer Wahrscheinlichkeit gelöst werden, ohne dass es wieder erneut auftaucht. Es werden in diesem Prozess nicht nur alle bewussten und unbewussten Erfahrungen versöhnt und damit geheilt, sondern auch Familien-Tabus. Es ist wie ein neues „nach Hause finden zur Familie und zu vielen Generationen".

In der Mitte ist ein schmerzhaftes Gefühl, das mit einer bestimmten Erfahrung verbunden ist. Man glaubt, dass diese Erfahrung verantwortlich für dieses starke schmerzhafte Gefühl ist. Es kann aber sein, dass dieses Gefühl mit vielen anderen Erfahrungen gekoppelt ist, die oft bis zur Geburt zurückreichen. Es kann auch sein, dass dieses Gefühl mit genetischen Veranlagungen gekoppelt ist, die man bei der Geburt mit auf die Erde gebracht hat und die viele Generationen zurückreichen können. Es kann aber auch sein, dass dieses Gefühl mit Ängsten, Verzweiflung, Wut und manchmal sogar Hoffnungslosigkeit zu tun hat, die in der Zukunft liegen. Theoretisch müsste man mit jeder dieser erlebten Erfahrung, mit jedem Punkt in der Graphik, bis zur Geburt zurück psychotherapeutisch arbeiten, damit der Schmerz gelöst wird. Das reicht aber noch nicht aus, weil die genetischen Veranlagungen parallel auch mit gelöst werden müssen und genauso alle zukünftigen Ängste etc.

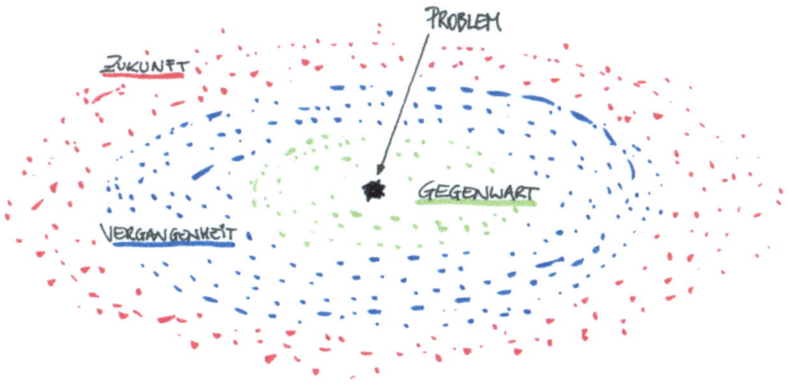

Abb. 15: Matrix

Das war für mich als Psychotherapeutin und Ausbildnerin oft sehr schwer, weil bei Klienten häufig ein Problem immer wieder kam, obwohl es korrekt mit der schmerzhaften Situation versöhnt wurde. Mit Hilfe der Matrix-Übungen, von denen eine hier beschrieben wird, werden alle bewussten und unbewussten Erfahrungen gelöst: Aus diesem Leben, den genetischen Veranlagungen von Generationen in der Vergangenheit und zukünftigen Ängsten.

Die vielen bewussten und unbewussten Erinnerungen sind durch ein bestimmtes negatives Gefühl miteinander verbunden. Dadurch müssen die verschiedenen Themen nicht einzeln behandelt werden, sondern können gemeinsam gelöst werden.

Die Matrix-Korb-Übung: Versöhnung alter Verletzungen und täglicher Sticheleien

Es scheint sehr, sehr schwer zu sein, alte Verletzungen zu heilen. Manchmal sind es Schuldgefühle, weil man sich selbst nicht verzeihen kann, manchmal sind es Schmerzen, die einem andere zugefügt haben und deren Schuld man nicht verzeihen kann. Solange diese Versöhnungsprozesse nicht stattfinden können, ist es unmöglich in Resonanz zu leben, ist es unmöglich, diese wunderbare eigene Schwingung im Körper zu spüren.

Hier wird eine Übung beschrieben, die ein schmerzhaftes Gefühl oder Schuldgefühl heilen kann. Nicht der Inhalt und das Geschehen werden verändert sondern das eigene Gefühl, das mit der schmerzhaften Erinnerung verbunden ist. Das Schöne bei dieser Übung ist, dass dieses Gefühl alle Erinnerungen in der Vergangenheit heilen kann, die damit verbunden sind, alles was diesbezüglich in den Genen verankert ist und alle zukünftigen Ängste. Es heilt durch die Zeiten, bis zur Geburt und viele Generationen zurück – und auch die zukünftigen Ängste werden geheilt.

Man kann die folgende Matrix-Übung nicht nur für ein schmerzhaftes Gefühl verwenden sondern auch, um ein Ziel zu erreichen, das unerreichbar scheint. Dazu wählt man ein erstrebenswertes Ziel und bittet, dass alles, was diesem Ziel im Wege liegt, aus dem Körper herausgezogen wird. Da werden auch viele unbewusste Schmerzen mitgeheilt, deren Existenz man gar nicht kennt und auch nicht kennen muss. Es sind oft Tabus, die über Generationen in

Familien weitergegeben werden und über die nicht nachgedacht wird. Sind sie aber gelöst, kann man ganz neu zur Familie zurückfinden und ist auf neue Art versöhnt.

Das hat nichts damit zu tun, dass man seine Familie „loslassen“ soll, denn das funktioniert ganz sicher nicht. Die Familie und vorhergehende Generationen sind sehr starke Bande, die niemand verlassen wird, denn im Ernstfall wird man immer für die Familie da sein. Werden aber alte Schuldgefühle, altes Leid, Familien-Tabus etc. versöhnt, dann kann man neu zur Familie finden, sich zu Hause fühlen und die Familienmitglieder so sein lassen, wie sie sind, auch wenn sie nicht den eigenen Werten entsprechen. Diese meist tief versteckten, uralten kodierten Familienschmerzen werden durch den Matrix-Prozess gefunden und dürfen heilen. Nicht nur im eigenen Körper, sondern es heilen damit auch die Verletzungen der Ahnen, die in den Epigenen kodiert sind. Bildlich gesprochen werden diese Ahnen quasi erlöst und die nächsten Generationen müssen diese Probleme, Schmerzen und Tabus nicht mehr tragen. Am Ende dieser Übung stehen ein neues Gefühl und ein neuer Zielsatz.

ÜBUNG: MATRIX-KORB

1. Schritt: Ziel oder Problem auswählen

Zum Erklären wird ein Ziel gewählt, das möglichst ganzheitlich und umfassend ist, sodass du, wenn du Lust hast, mitmachen kannst:

Beispiele „Ich lebe Resonanz in mir und mit anderen“ oder

„Ich lebe gesund, glücklich und erfolgreich privat und beruflich“.

Dieser Zielsatz wird bewusst gewählt und unbewusst werden die Hindernisse gelöst, versöhnt und Antworten gefunden.

Es ist wieder dieser Tanz von „Bewusst- und Unbewusstsein". Oder man kann es auch wie ein Computerprogramm betrachten: Ich drücke einen Knopf am Computer und ein bestimmtes Programm wird dadurch ausgelöst und beginnt zu arbeiten.

2. Schritt: Entspannen am Kraftplatz und Zielsatz

Du richtest deine Aufmerksamkeit auf deinen Atem und beobachtest, wie dein Atem in den Körper fließt und wie er beim Ausatmen aus dem Körper fließt.

Du sitzt angelehnt an deinen Baum am Kraftplatz und atmest tief diese besondere Atmosphäre ein, schaust dich um, was alles zu sehen ist und hörst alles von nah und fern, bis langsam alle Spannung abfließen kann und du spürst, wie nach und nach dieses bekannte Gefühl deinen ganzen Körper erfasst und es kribbelt, fließt oder strömt. ... Nun sagst du dir deinen Zielsatz. Hier wird zur Demonstration „Resonanz in mir und mit anderen" genommen.

3. Schritt: Korb schenken lassen

Dann stellst du dir einen Korb vor. Was immer dir zuerst einfällt, ist richtig. Es kann ein einfacher Weidenkorb sein, ein kitschiger bunter oder ein eleganter.

Nun bittest du, dass alles, was diesem Ziel im Weg liegt, aus deinem Körper hinaus in den Korb zieht. Du kannst dir auch vorstellen, dass im Korb ein besonderer Magnet ist, der deinen Körper scannt und alles findet, was dem Ziel im Weg liegt. Manche Menschen spüren, wie alles aus dem Körper zieht, manche sehen Bilder. Es wird alles gefunden, alles

Schmerzliche, das du erlebt hast in deiner Vergangenheit, weiter und weiter zurück, immer wieder Ähnliches, bis zur Geburt. ... Dann auch alles, was du in deinen Genen bei der Geburt mitgebracht hast und was diesem Ziel im Weg liegt: Alles, was vielen Generationen immer wieder passiert ist, wo Männer und Frauen sich gegenseitig verletzt haben und hilflos waren dabei, sich zu lieben und gegenseitig Mut zuzusprechen, wo Menschen immer wieder bestraft worden sind, weil sie ihr Talente gelebt haben. ...

Alle zukünftigen Ängste, alle Verzweiflung, alle Hoffnungslosigkeit, alles was Familie, Gesellschaft und Kirche vorschreiben und diesem Ziel „Resonanz in dir und mit andern leben können", zieht in den Korb vor dir ... auch alles, was vergessen wurde. ...

Das Unbewusste hat dazu zwei Minuten, das ist die Zeit, die es braucht, um wirklich alles zu finden.

4. Schritt: Die universelle Kraft heilt

Dann bittest du die universelle Kraft, diese Energie, dieses göttliche Licht und diese Liebe als gebündelter Energiestrahl den Korb ganz einzuhüllen und du bittest, dass alles im Korb gemäß deinem eigenen Plan heilen darf.

Gleichzeitig kommt ein Strahl aus Licht, Liebe und Energie zu dir und füllt dich ganz an, überall dort, wo vorher etwas hinaus in den Korb ging, wird jetzt mit dieser Kraft aufgefüllt und diese Kraft und Liebe hilft, dass sich die Zellen im Körper wieder daran erinnern, wozu sie da sind, sodass ihre Lebensenergie, ihre Mitochondrien, wieder lebendig werden können. Du brauchst nichts zu tun und darfst nur erleben, wie es ist, wenn alles für dich gemacht wird, wenn alles für dich heilt und zwar nicht irgendwie, sondern gemäß deinem eigenen Plan. Du musst auch nicht an alle Hindernisse und Probleme denken oder sie alle kennen, denn es wird alles gemäß deinem eigenen Plan geheilt.

5. Schritt: Geschenk annehmen und codieren

Wenn sich der Lichtstrahl wieder hebt, findest du im Korb ein Geschenk. Dieses Geschenk ist manchmal ein Symbol, wie Obst, ein Sonnenuntergang, ein Berggipfel oder manchmal nur Licht oder Farben. Es ist immer etwas im Korb, was alle neuen Qualitäten zusammenfasst und was für dich Sinn macht. Es spielt keine Rolle, ob es für andere Sinn macht.

Dieses Geschenk wird nun eingeatmet oder mit den Händen in den Körper geholt, so wie es angenehm ist. Dieses Geschenk mit all seinen Qualitäten, die dazu gehören, verteilt sich nun im ganzen Körper und wird in allen Zellen codiert, sodass alle Qualitäten ein natürlicher Teil deiner Persönlichkeit werden und du sie überall den Situationen angemessen leben kannst.

6. Schritt: Nochmals durch alle Zeiten heilen

Die Qualitäten dieses Geschenkes fließen zurück in die Vergangenheit, bis zur Geburt und viele Jahrhunderte zurück und heilen alle Erinnerungen, in denen diese Qualitäten nicht lebbar waren. Gleichzeitig fließen diese Qualitäten in die Zukunft und heilen auch dort alles, damit die Zukunft sicher, schön und lebenswert wird. Diese Zuversicht ist so wichtig, damit du vertrauensvoll in die Zukunft gehen kannst und weißt, dass du immer einen Weg für dich findest, egal was kommen wird.

7. Schritt: Zielsatz schenken lassen

Wenn du das Neue im Körper spürst, lässt du dir einen Zielsatz schenken. Dieser Satz ist ganzheitlich, meist sehr einfach und kommt direkt aus dem Unbewussten.

Zum Beispiel: „Ich verzeihe, ich lebe und liebe ..." So kann einigermaßen sichergestellt werden, dass dieses Ziel ganzheitlich ist und sich in einem anderen Kontext nicht negativ auswirkt.

Dieser Satz ist der nächste Schritt hin zum großen Ziel, Resonanz in sich und mit anderen leben zu können. Dieser Satz ist wie ein persönliches Mantra. Je öfter du dir diesen Satz vorsagst, desto lebendiger wird er in dir. In Indien heißt es, wenn du ihn dir 2000 Mal täglich vorsagst, ist er Teil deiner Persönlichkeit.

8. Schritt: Die Generalprobe – Future Pace

Schauspieler, Musiker, Sportler machen immer eine Generalprobe, nur im Bereich Kommunikation gibt es das nicht. Bei der Korbübung wird eine Generalprobe eingebaut. Das bedeutet, dass mindestens drei Lösungsmöglichkeiten für zukünftige Problemsituationen gefunden werden. Eine für dich selbst, wie du besser für dich selbst sorgst, eine Lösung für deinen Privatbereich und eine für deine Arbeit. Die Lösung ist meist ein stabiler innerer Zustand, wie Respekt, Sicherheit, Freude, der hilft in schwierigen Situationen Lösungen zu finden.

Reflexion der Übung und Anwendung im Alltag

Jede Matrix-Übung basiert auf einer klaren Struktur und ist inhaltsfrei. Jede teilnehmende Person füllt die Struktur mit eigenen Inhalten und neuen Verhaltensmöglichkeiten. Du gibst ein Ziel vor und die Antworten kommen aus der Matrix, dem Unbewussten. Am schwierigsten ist es zu vertrauen und die Kontrolle aufzugeben. Es passiert etwas, aber du hast weder eine Ahnung, was passiert, noch hast du Kontrolle über den Prozess.

Heilung geschieht nicht irgendwie, sondern gemäß dem eigenen Plan, den nur die Matrix-Kraft kennt. Es ist diese Kraft, die alle Prozesse auf der Erde steuert. So wie aus einem Samen genau das wächst, was wachsen soll, jedes Tier sich so entwickelt, wie es seine Bestimmung ist. Hierbei geht man davon aus, dass jeder Mensch auch einen Plan hat, der sich entfalten kann. Anders als bei Pflanzen und Tieren können Menschen dem eigenen Plan folgen oder ihn umgestalten. Ich gehe von der Annahme aus, dass Menschen glücklicher sind und ihren Sinn im Leben finden, wenn sie den Mut haben, ihren Plan wachsen und entstehen zu lassen, statt etwas anderes erreichen zu wollen oder jemand anderer sein zu wollen. So ist es möglich Neues zu gestalten und neue Visionen zu entdecken, die Antworten auf viele offene Fragen für die Zukunft geben können.

Manchmal fällt es schwer, die Geschenke anzunehmen, die während der Übung auftauchen. Schwer deshalb, weil diese oft ganz anders sind als erwartet. Erfahrungsgemäß lehnen Menschen oft die Geschenke ab, die für sie ungewohnt sind, wie „das Leben ist leicht und alles liegt am Weg".

In der Generalprobe wird der Person ein neuer innerer Zustand geschenkt, mit dessen Hilfe achtsam gemeinsam mit allen Beteiligten neue Inhalte und neues Verhalten geschenkt werden. Es ist immer der gleiche Prozess: Zuerst vom Inhalt weg auf die Werte- oder Seelenebene, dort heilen und dann wieder zurück zum neuen Verhalten. All das geht, ohne dass vom Inhalt geredet werden muss.

Das schmerzhafte Gefühl übernimmt die Rolle eines „Navis". Es führt durch die Zeiten und findet alle alten dazugehörigen Verletzungen. Es kann mit Hilfe klarer Strukturen und Schritte geführt werden.

Fazit:

Versöhnung heißt, andere sein zu lassen, wie sie sind – sowohl andere Personen als auch das Umfeld:

- Schmerzhafte Situationen bleiben – aber die Bedeutung die wir diesen geben, kann geändert werden.
- Wir können nicht die äußeren Gegebenheiten ändern und auch nicht andere Personen – nur unsere Gefühle ihnen gegenüber.
- Wir können andere in ihrem Anderssein achten und respektieren.

Haus der Persönlichkeit – Zusammenfassung Kommunikation mit sich selbst

Alles, was im vorigen Kapitel über Kommunikation mit sich selbst angeführt wurde, wird im Haus der Persönlichkeit zusammengefasst und kann als Ganzheit erfasst und täglich geübt werden. Es können immer wieder neue, eigene Facetten gefunden werden und die eigene Persönlichkeit wird „runder" und kann sich immer weiterentwickeln.

Im Haus der Persönlichkeit werden die Systeme und Elemente innerhalb einer Person erfasst und bewusstgemacht und ganzheitliche Gesundheit und eigenverantwortliches Handeln definiert. Hier wird die Frage beantwortet: Wie kann ich meine innere Ordnung täglich definieren und Balance finden zwischen virtueller und realer Wirklichkeit, Balance zwischen Bewusstsein und Unbewusstsein? All das ist die Basis für die Balance zwischen den eigenen Bedürfnissen und denen von anderen.

Die fünf Räume werden individuell gestaltet und sind die Lösung für innere Ausgeglichenheit und inneren Frieden. So können Menschen selbst bestimmen, was sie denken und fühlen wollen. Es ist weit weg von Menschlichkeit, wenn man auf bestimmte Worte oder bestimmte Signale ohne Kontrolle unbewusst reagiert und „Ich habe es nicht so gemeint", immer noch als Entschuldigung durchgeht.

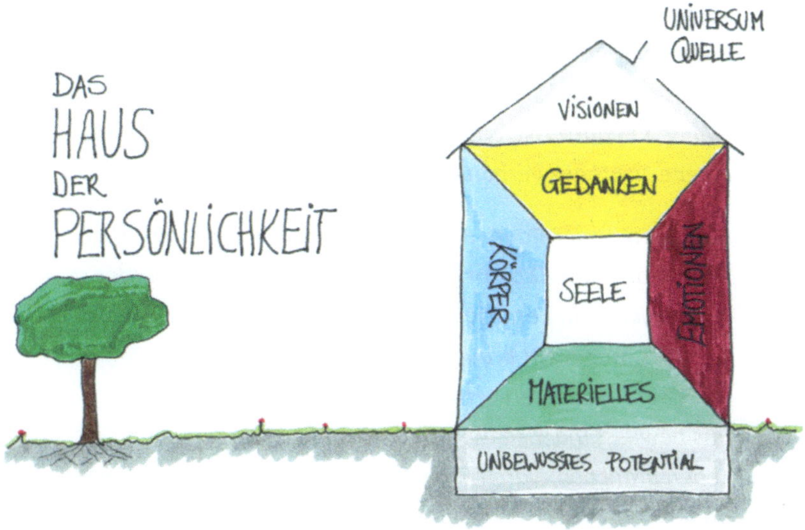

Abb. 16: Das Haus der Persönlichkeit

Jeder ist verantwortlich, die eigenen Räume aufzuräumen und wenn notwendig neu zu gestalten. Das Haus der Persönlichkeit ist ein Persönlichkeitsmodell, das hilft jeden Tag neu zu entscheiden und Verantwortung für das eigene Leben zu übernehmen.

ÜBUNG: HAUS DER PERSÖNLICHKEIT

Im Westen *des Hauses ist der Raum des Körpers. Hier erfährt man, was man tun kann, um sich noch wohler im eigenen Körper zu fühlen: Welches Essen gut tut, mit welchen Freunden man zusammen leben will, welche Bewegung Spaß macht, welche Hobbies gut tun etc. Hier kann man die eigenen Bedürfnisse entdecken, wahrnehmen und über das eigene sichtbare Verhalten nachdenken.*

Im Süden *ist der Raum des Materiellen, des Umfeldes. Hier kann man jeden Tag überprüfen, was ausgemistet werden kann. Hier kann herausgefunden werden, was man braucht und was man nicht braucht. Da 20 % der Erdbevölkerung 80 % der Ressourcen verbrauchen, ist es wichtig, dass wir uns bewusst machen, was und wieviel wir wirklich zum Leben brauchen, damit wir uns wohlfühlen und unser Umfeld danach gestalten. Wie viel ist hier angesammelt, was unnötig ist? Dieses Bewusstsein ist für die Zukunft sehr wichtig, weil Menschen lernen müssen, mit der Fülle zu leben, denn Kulturen sind immer in Zeiten von Fülle untergegangen und nie, wenn Mangel herrschte.*

Im Osten *ist der Raum der Gefühle/Emotionen/Werte. Wie sieht dieser Raum aus? Ist er voll negativer Gefühlen wie Druck, Spannung, Wut, Trauer, Angst und Ähnlichem oder Freude, Liebe, Vertrauen, Intensität etc. Hier kann entschieden werden, welche Gefühle man leben will und welche nicht. Gefühle, nach denen man sich sehnt wie Glück, Zufriedenheit, Miteinander etc., sind nicht zu kaufen. Diese kann man nur in sich finden und täglich den Raum demgemäß gestalten.*

Im Norden *ist der Raum der Gedanken. Hier kann man entscheiden, welche Gedanken man denken will – über sich selbst, über Familie, Schule, Arbeit usw., welche förderlich sind und welche hinderlich. In vielen Kulturen heißt es, dass wir erst dann ganzheitliche Menschen sein können, wenn jeder selbst entscheidet, welche Gedanken und Gefühle er leben will und nicht von den Gedanken und Gefühlen anderer gesteuert wird. Die Gedanken bestimmen, wohin man die Aufmerksamkeit richtet, das heißt, was man wahrnimmt und was nicht. Glaubt man, dass das Universum freundlich ist, dann wird man alles Freundliche wahrnehmen; glaubt man, dass es unfreundlich ist, wird man alle Katastrophen, Verzweiflung und Depression im Umfeld finden. Hier können Menschen sich täglich bewusst machen, welche Gedanken sie denken wollen und welche Konsequenzen daraus resultieren. Gedanken besitzen Macht und bestimmen die Kommunikation mit sich selbst und mit anderen. Sie legen fest, wofür man seine Fähigkeiten einsetzt oder nicht.*

Im Keller *befinden sich alle jemals gedachten Gedanken. Hier gibt es verschiedene Metaphern: Sheldrake nennt es das morphogenetische Feld; die Kirche spricht von göttlicher Liebe und Weisheit; die Biologie schreibt die Steuerung den Genen zu. Mit Hilfe unserer Gedanken werden automatisch Türen zum Keller geöffnet und alles, was Menschen jemals dazu gedacht haben, strömt in alle Räume und macht diese hell und schön oder dreckig und dunkel. Denken wir z. B. „Alles ist schwer und furchtbar", dann öffnen sich nämliche Türen. Denken wir dagegen positive Gedanken wie z. B. „Das Leben ist schön", dann öffnen sich all jene Türen, die alles Schöne, was jemals gedacht wurde, in unsere Räume strömen lässt* *und alles aufhellt. Täglich darf hier Eigenverantwortung und Leadership geübt werden und das Leben selbst in die Hand genommen werden. Nicht länger kann anderen die Schuld für die Entwicklung des eigenen Lebens in die Schuhe geschoben werden.*

Im Keller finden wir nur das, was bisher gedacht worden ist, aber nichts Neues. Wollen wir neue Bilder, neue Visionen entdecken, dann müssen wir auf den Dachboden gehen. Einstein sagte, wenn er Fragen hatte, setzte er sich auf seinen Lichtstrahl, ließ sich ins Universum mitnehmen, fand dort Antworten, brachte sie zurück und übersetzte sie in eine für seine Mitmenschen verständliche Sprache. Dies ist die kürzeste Fassung für die notwendigen Schritte von kreativen Vorgehensweisen, für das Finden von Visionen und für neues Denken und Handeln.

***In der Mitte** ist der Raum der Seele oder der Spiritualität, der alle anderen Räume durchflutet. Im Raum der Seele lebt man die eigene Resonanz. Ist der Raum der Seele verkümmert, hat das Leben wenig Sinn und alles geschieht nur mit Mühe. Der Raum ist dunkel, modrig etc. Damit dieser Raum Power hat und die Seele lebendig sein kann, müssen die Qualitäten des Kraftplatzes, wie z. B. hell, bunt, glitzern, warm, hier beinhaltet sein.*

Reflexion und Anwendung im Alltag

Diese Räume sollten zumindest täglich gelüftet werden.

- Eigenverantwortung und das Haus der Persönlichkeit:
  Wenn Menschen selbst entscheiden können, wie ihre Räume sind und sie nicht die Verantwortung anderen übergeben, dann wird Eigenverantwortung gelebt und sie lassen sich nicht manipulieren.

- Süchte und das Haus der Persönlichkeit:
  Können Menschen ihre Resonanz in den verschiedenen Räumen spüren, brauchen sie keine Ersatzmittel.

- Salutogenese (das Streben nach Gesundheit) und das Haus der Persönlichkeit:
  Spüren Menschen im eigenen Körper den Resonanzfluss, sind sie gesund und Blockaden, Symptome und Krankheiten haben wenig Chance.

- Miteinander und das Haus der Persönlichkeit:
  Sind Menschen in ihrem Resonanzzustand, freuen sie sich die persönliche Bestleistung zu leben und freuen sich auch anderen helfen zu können ihre Resonanz zu finden und zu leben. So können sich alle gegenseitig bereichern.

RESONANZ UND KOMMUNIKATION MIT ANDEREN – IM EINKLANG UND GLEICHKLANG SEIN

WIDERKLANG

Wenn wir jetzt die Zeichen des Bewusstwerdens ernst nehmen und Lösungswege aufzeigen, dann werden sich immer mehr Menschen anschließen.

Wenn wir erkennen, dass wir von unserer weltweiten Ego-Denke abgehen müssen, weil wir nur zusammen etwas zum Positiven verändern können …

Wenn wir erkennen, dass wir „alte Glaubenssätze" und damit verbundene Verhaltensweisen auflösen müssen, damit etwas Neues entstehen kann …

Wenn wir erkennen, dass nicht Exklusion die Lösung für ein gedeihliches Miteinander auf der Welt ist, sondern dass Vielfalt Reichtum bedeutet …

Wenn jeder Einzelne dieses positive Mindset lebt, mit sich in seiner Resonanz lebt, dann kommt das Geheimnis Resonanz ganz von selbst in Gang. Denn Re-sonanz bedeutet Widerklang. Und ähnlich einem Orchester setzt sich die Schwingung fort. Dann wird es auch möglich sein, dass diese Energie

– ähnlich konzentrischen Kreisen – in Schulen, Unternehmen, Gemeinden, Ländern und Kontinenten weitergetragen wird.

Diese komplexe Einheit kann wieder mit einem Orchester verglichen werden (siehe Abb.1). Der Unterschied zum Orchester ist, dass Instrumente vorgegebene Noten spielen. In der Kommunikation ist es schwieriger, weil Menschen eigenständig reagieren und man lernen muss, mit diesem Andersdenken umzugehen. Das Publikum und das Umfeld in Kommunikation sind wiederum vergleichbar. Darauf muss man sich immer wieder neu einstellen und mit Veränderungen schnell zurechtkommen.

Nach dem Resonanzprinzip kann Gleichklang erreicht werden, indem alle Beteiligten ihre eigene Schwingung leben und einbringen und so beginnen gemeinsam mit dem Umfeld zu schwingen.

Wenn das eigene Instrument perfekt gespielt wird, ergibt es noch keine Symphonie. Dazu ist das Wahrnehmen der anderen Musiker wichtig, und erst das gemeinsame Spielen, die gemeinsame Schwingung, erfüllen den Raum mit einer Atmosphäre, die die Zuschauer verzaubert. Das Ziel in Gesprächen ist das Gleiche. Da stellt sich die Frage, wie können unterschiedliche Menschen gleichwertig miteinander sein, obwohl jeder so anders ist. Im Orchester sind das Cello, die Geige und jedes andere Instrumente gleich viel wert, obwohl jedes anders klingt. In der Kommunikation gilt es zu lernen, wie das Anderssein im Miteinander die Gruppe oder die Gesellschaft bereichert.

Wenn man selbstbewusst ist und Frieden in sich gefunden hat, dann ist der nächste Schritt, wie dieser innere Frieden erhalten bleiben kann, wenn andere Menschen dazu kommen. In sich kann man Werte und Regeln, Rollenbilder und Ziele gestalten, aber was passiert, wenn andere Menschen dazu kommen, die ihre eigenen Wertsysteme und Weltanschauungen in sich tragen? Dieses ganz natürliche Phänomen kann mit den logischen

Ebenen erfasst werden, indem Gesprächspartner die Werte, die Regeln und Strategien der anderen entdecken, mit den eigenen verbinden und im Gespräch mit einbeziehen. Im folgenden Kapitel wird Schritt für Schritt aufgezeigt, wie die versteckten inneren Bilder im Miteinander wirken, wie man sie erkennen kann, auf sie eingehen oder unterbrechen kann. Hier geht es darum, wie Systeme mit verschiedenen Personen erfasst werden können, um zu erkennen, welche inneren Bedürfnisse, Wünsche und Fähigkeiten die einzelnen Personen haben, was jeder einzelne gut kann und welche Verhaltensweisen manchmal nerven und verletzen. Weiters wird gezeigt, wie in einer Gruppe und einem Team unterschiedliche Charaktere manchmal hilfreich sind und Spaß machen und manchmal sehr störend sein können. Hier geht es darum zu lernen die Schönheiten und Stärken bei anderen zu erkennen und Anderssein nicht als Hindernis zu erleben sondern als Reichtum. Immer wenn jemand nicht so ist, wie man selbst, könnte man neugierig werden und beginnen den anderen zu entdecken. Dazu braucht man natürlich Hilfsmittel, wie man diese Entdeckungsreise elegant, mit Leichtigkeit und manchmal mit Humor lebbar machen kann.

Für diesen systemischen Ansatz werden zuerst die alten, gelernten Rollen – die sogenannten Energiemuster – aufgezeigt und anschließend fünf neue Rollen dargestellt, die die Basis für gleichwertiges Miteinander bilden.

Das Talentemodell – die Energiemuster

Erkennen von Fähigkeiten und Schwächen der eigenen Persönlichkeit

Lange forschten wir am Institut, warum manche Probleme stabil und konsequent immer wieder kommen und exakt durchgeführte Interventionen zwar momentan Linderung brachten, aber die Probleme immer wieder zurückkehrten. Ich zweifelte an den Methoden und Vorgehensweisen und fand keine Erklärungen, warum bestimmte Schwierigkeiten nicht und nicht gelöst werden konnten und die tiefsitzenden Schmerzen, Verzweiflung, Trauer und Wut immer wieder auftauchten. Wir konnten nicht helfen. Es war ein jahrelanges Suchen. Und plötzlich fügte sich alles zusammen und die jahrelangen Beobachtungen und Erfahrung fügten sich zu folgenden Erkenntnissen:

Jede Familie hat alteingesessene Verhaltensweisen und Regeln, wie man miteinander leben soll. Diese Regeln sind manchmal angenehm und manchmal unangenehm – was nicht wichtig zu sein scheint – sie werden eingehalten und weiter gelebt. Die Familie steht an erster Stelle und der Familie bleibt man treu. Man wird quasi immer „da sein", wenn ein Familienmitglied in Not ist. Auch hier stellt sich nicht die Frage, ob man es gerne macht oder nicht – es wird einfach getan. Natürlich kenne ich alle theoretischen Überlegungen, wie z. B. man müsse sich von der Familie befreien oder die Familie loslassen. Auch wenn die Bereitschaft von allen

Seiten dazu besteht, funktioniert dieses „Loslassen“ meiner Meinung nach gar nicht.

In der Trainerausbildung, in der nur fortgeschrittene Teilnehmer sind, die ihr Leben bereits in vielen Bereichen verbessert haben, waren einige belastende Verhaltensmuster immer noch stabil vorhanden. Meist wurde es mit Humor genommen und die Teilnehmer witzelten gegenseitig, z. B.: „Hast dir wieder den falschen Partner ausgesucht? Bist du immer noch brav und lässt dich ausnützen? Fühlst du dich immer noch alleine und arm? Verdienst du immer noch nicht genug?“

Meist handelt es sich dabei um alte Familientabus, die sich über Generationen ziehen. Der „Geist der Ahnen“ scheint immer wieder das gegenwärtige Verhalten zu beeinflussen. Meiner Erfahrung nach wollen Menschen oft ihre alten Familientabus nicht ändern, weil sie befürchten, sie würden sonst ihre Familie verraten. Die Familienbande sind so stark, dass keine noch so gute Theorie helfen kann, die vorschreibt sich von der Familie loszulösen. Niemand wird seine Familie verraten oder im Stich lassen. Im Ernstfall wird man für die Familie „da sein“, auch wenn man zerstritten ist und anschließend wieder weiter streitet. Offenbar bestehen riesige Blockaden, wenn es darum geht bestehende Familientraditionen zu ändern – sie sind scheinbar ein absolutes Tabu.

Andere so sein lassen, wie sie sind,
auch wenn sie ganz anders sind.

In dem Wissen, dass jede Person immer das Beste macht, das sie kann, auch wenn dieses Beste manchmal nicht gut genug war und ist. Seit vielen Generationen haben sich die Ahnen bemüht und mussten oft mit wenig angenehmen Bedingungen zurechtkommen. Sie haben entsprechend ihren Möglichkeiten das Beste gegeben und waren oft überfordert. Was tun Menschen, wenn sie überfordert sind? Sie reagieren mit Sturheit, werden wütend, rennen weg oder fühlen sich total traurig. Genau diese Verhaltensweisen werden in Familien immer wiederholt und zeigen die

Hilflosigkeit, den Wunsch nach Liebe, nach Miteinander und Vertrauen, um gemeinsam mit anderen leben zu können.

In Chicago, wo ich 16 Jahre lebte, durfte ich schwierigste Jugendliche begleiten. Ich liebte sie und bewunderte sie, wie sie mit ihren wirklich katastrophalen Verhältnissen zurechtkamen. Sie waren meine großen Lehrmeister. Nur zweimal war ich wirklich in Gefahr: Einmal schimpfte ein Jugendlicher furchtbar über seine Mutter und gebrauchte viele hässliche Wörter. Ich hörte ihm zu und ließ ihm Zeit, seinen Dampf abzulassen. Dann nahm ich eines der schwächsten Schimpfwörter, das er benutzt hatte und fragte: „Was tun wir jetzt mit dieser Nutte?“ Er rastete so aus, dass ich die Verbindung zu ihm verlor und wirklich Angst hatte. Als es mir gelungen war, ihn wieder zu beruhigen, fragte ich ihn, warum er so wütend geworden war, als ich nur ein Wort von den vielen unmöglichen Worten gebrauchte, die er für seine Mutter benutzte. Seine Antwort war: „Niemand darf meine Mutter eine Nutte nennen! Wenn ich selbst es tue, heißt das nichts, weil ich es ja nicht so meine“.

Ähnliche Situationen erlebte ich immer wieder in vielen Facetten. Das zeigt mir, wie wichtig für uns Menschen das Dazugehören zur Familie ist. Aufgrund meiner so langen Erfahrung weiß ich: Alle Eltern lieben ihre Kinder und alle Kinder lieben ihre Eltern. Das heißt nicht, dass ihr Verhalten immer wohlwollend ist. Sie können wütend und unmöglich miteinander sein, aber die oft tief innen versteckte Liebe und Sehnsucht nach fröhlichem Miteinander ist immer vorhanden. Hier ist wieder diese Hilflosigkeit sichtbar: Sie beschimpfen sich, weil sie nicht wissen, wie sie diese Liebe und Sehnsucht leben können. Was ich daraus gelernt habe, ist Folgendes:

> *Wir müssen uns nicht von unserer Familie loslösen, sondern wir finden zurück zu ihr, indem wir alte Tabus und Schmerzen heilen und versöhnen, die in uns von vielen Generationen gespeichert sind – dann können sich Resonanz und Talente entfalten.*

Dann kann man die Vorfahren und Familienmitglieder in ihrer Eigenart sein lassen und erlebt das Gefühl, zu Hause zu sein.

Aus meiner Erfahrung gibt es in diesem Versöhnungsprozess noch weitere Schritte: Immer wieder erleben Klienten, wie die zuerst so beschimpften Ahnen erlöst und zu Freunden werden und manchmal später als innere Helfer zur Verfügung stehen. Manche erleben sogar, wie ganz viele Ahnen als Beschützer da sind.

Eines scheint sicher zu sein: Erst wenn dieser Versöhnungsprozess abgeschlossen ist, kann Neues gelernt werden und haben Menschen den Mut ihre Träume zu verwirklichen. Dazu sinngemäß der Biochemiker **Gottfried Schatz** in seinem Buch **„Der Feuermacher“:**

> *In unseren Genen ist ganz viel Müll von vielen Generationen gespeichert. Solange der Müll nicht weggeräumt wird, ist Neues nicht möglich.*

DIE DEFINITION DER ENERGIEMUSTER

Die Energiemuster sind ein Talente-Modell: Menschen entwickeln schon ganz früh besondere Fähigkeiten, die sie immer weiter ausbauen und verfeinern. Das Problem ist aber, dass diese Fähigkeiten nicht als Talent wahrgenommen werden, weil jede Fähigkeit in manchen Situationen ziemlich nerven kann. Ein Beispiel: Wenn jemand lustig und verspielt ist und immer wieder andere mit viel Charme dazu bringt, dass sie gerne etwas für ihn tun, dann kann diese Fähigkeit auch sehr nervig sein. Dann nämlich, wenn dieser Mensch immer wieder vergisst, dass er Verantwortung übernehmen sollte. Dann wird oft die Fähigkeit Leichtigkeit, Humor und Spaß in Beziehungen zu bringen vergessen und es bleibt das Meckern: „Kannst du nicht einmal ernst sein und das erledigen, was du übernommen hast?“ Ziel ist es, dass die Fähigkeit mehr gelebt und akzeptiert wird und Nichtgelerntes, in diesem Fall Verantwortung zu übernehmen, gelernt werden kann.

Existenzangst und Angst vor Liebesentzug

Neues Verhalten und neue Talente können erst dann frei gelebt werden, wenn der Angstgürtel gelöst und geöffnet ist.

Wenn Kinder nicht die Aufmerksamkeit der Eltern erlangen, wenn sie nicht ihr Energiemuster leben, dann haben sie Angst, dass die Eltern sie verlassen oder dass sie nicht mehr geliebt werden.

Oft sind Energiemuster Verhaltensmuster, die sich durch viele Generationen durchziehen und man hat deshalb Angst nicht mehr dazu zu gehören, wenn man nicht mehr mitspielt. Ziel ist es, schmerzhafte Familienmuster zu versöhnen und so neu in die Familie nach Hause zu finden – und nicht sich von der Familie zu lösen.

Die vier Energiemuster, die im Anschluss dargestellt sind, **typisieren nicht** und stempeln Menschen nicht ab, sondern zeigen Fähigkeiten auf – und Mängel, die weiterentwickelt werden können. Sie geben Informationen und zeigen Schritte, wie die **Komfortzone verlassen** und Neues dazugelernt werden kann. Das bringt das Gefühl der Freiheit selbst entscheiden zu können – und es hilft zu finden. Es steigert das Selbstbewusstsein und die Eigenverantwortung.

Trotz der Stärken der vier Energiemuster fehlen bei jedem die Rollen „Individuum“ und „Mann/Frau“:

- Wir lernen als Kinder nicht die eigenen Bedürfnisse wahrzunehmen, weil die Aufmerksamkeit immer bei den Eltern ist. Eigenverantwortung und die Rolle „Individuum“ kann so kaum gelernt werden.
- Kinder lernen nicht ihre Intensität als Mann oder Frau zu leben, weil in den meisten Familien die positive Intensität von Erotik und Schönheit tabuisiert wird. Hier müssen neue Definitionen

der Rollenbilder gefunden werden, die im nächsten Kapitel mit Hilfe des 5-Rollen-Modells aufgezeigt werden.

Um Neues entwickeln zu können, muss die **Komfortzone verlassen** werden. Dazu ist es notwendig, das **Feedback anderer** ernst zu nehmen und es nicht als „nörgeln“ abzutun. Das jeweilige Energiemuster ist ein Talente-Modell, das Fähigkeiten und Schwächen aufzeigt.

Was am meisten nervt, ist meist die größte Fähigkeit und nicht das Problem. Beispielsweise nervt es, wenn Besserwisser permanent für andere etwas tun wollen, auch wenn diese nichts brauchen und nichts haben wollen. Die Fähigkeit, für andere gerne fürsorglich zu sein, geht dann unter und wird nicht mehr gesehen.

Bevor ich weiter auf die Energiemuster eingehe, erzähle ich die Geschichte der Familie Gruber von Stefan Rosenauer, die sehr gut alle vier Modelle beschreibt und zeigt, wie sie im täglichen Leben ganzheitlich gelebt werden. So kann man für sich herausfinden, was man selbst am besten kann und man wird verstehen, warum die Menschen, die man liebt und die einen oft so nerven, sich so verhalten. Und dass man dieses nervige Verhalten nicht persönlich nehmen muss.

Geschichte über die Energiemuster:
Die Grubers und der sommerliche Zwischenfall

„Ach, sei doch kein Spielverderber“, sagte der kleine Pit. „Ist doch nur ein Spiel!“ „So sei doch nicht so und komm zurück und lass uns den Steindamm fertig bauen! Bitte, bitte, biiiiittte!“ Und er blickte von ganz tief unten aus seinen wunderschönen haselnussbraunen Augen zu seiner großen Schwester hinauf, die sich gerade auf den Heimweg machen wollte, um Oma beim Kochen zu helfen. „Also gut, aber nur noch fünf Minuten! Sonst komm ich doch zu spät und Oma muss alle Arbeit alleine

machen!" antwortete Sabine, die weder ihrer Oma noch ihrem kleinen Bruder einen Wunsch abschlagen konnte.

Pit und Sabine waren der Jüngste und die Älteste der vier Kinder von Familie Gruber. Die beiden Mittleren hießen Franziska und Georg und waren Zwillinge. Natürlich waren sie zweieiige Zwillinge und sie waren so verschieden, dass sie auch als zwei gute Freunde durchgegangen wären.

Georg war sehr impulsiv und er konnte es gar nicht leiden, wenn irgendwo dicke Luft war. Ganz besonders schlimm war es für Georg auch, wenn die Eltern mal Krach hatten und nicht miteinander sprachen. Dann stemmte er seine Fäuste in die Hüften und schrie laut: „Aufhören – Schluss – Ende", um die Eltern wieder zur Vernunft zu bringen. So nannte er das zumindest. Einmal warf er auch einen Teller gegen die Wand, um Papa darauf hinzuweisen, dass Eduard, das war der Dackel der Grubers, im Freien fror und auf der Stelle ins Wohnzimmer geholt werden müsste. Georg liebte Gerechtigkeit, und wenn irgendwer ungerecht behandelt wurde, dann setzte er sich für ihn oder sie ein.

Franziska war da ganz anders. In ihrer Schulklasse nannte man sie auch die „ruhige Gruber" im Gegensatz zu ihrem Bruder, dem „wilden Gruber". Franziska oder Franzi, wie ihre Freundinnen sie nannten, war meistens still und wenn ihr irgendwas ein Graus war, dann war es im Mittelpunkt zu stehen. Da schob sie immer Georg vor. Dafür konnte sie wunderbar basteln und stundenlang alleine mit ihren Plastilin-Figuren spielen. Außerdem wusste sie ganz genau, wer was, wann und wo gesagt oder getan hatte. Franziska war eine ausgezeichnete Beobachterin. Sie überlegte auch immer ganz genau, bevor sie etwas sagte. So etwas wie eine Eintragung ins Elternbuch war ihr daher so fremd wie einem Kugelfisch die Wüste. Wenn die Lehrerin Freiwillige in der Schule suchte und Franzi wollte nicht mitmachen, konnte sie sich auch richtig unsichtbar machen. Sonst liebte sie Pferde und im Sommer paddelte sie gerne auf Papas altem Surfboard auf den See hinaus und ließ sich treiben, während sie den Wolken nachblickte.

Es war schon interessant, denn Pit, Franziska, Georg und Sabine hatten schließlich die gleichen Eltern, wohnten im gleichen Haus, im gleichen Ort, hatten die gleichen Omas und Opas und waren doch alle wirklich verschieden. Mama betonte immer, dass es ihr besonders wichtig sei, dass alle vier immer gleich behandelt wurden. Wenn Franzi neue Schuhe brauchte, dann bekamen die anderen auch etwas. Wenn Sabine Gitarre lernen wollte, dann durften die anderen auch ein Instrument lernen. Obwohl das mit dem Geld bei den Grubers schon ein wenig knapp war.

Pit war in jeder Hinsicht der Kleinste. Auf seine charmante Art bekam er immer, was er wollte. Er war auch relativ oft krank. Meistens hatte er Halsweh oder Ohrenschmerzen. Dann kam die Mama und kümmerte sich um ihn. Er wusste, dass er dann ein „Fix und Foxi"-Hefterl bekam und sie blieb auch länger bei ihm am Bett sitzen und er genoss das sehr, auch wenn Papa immer schimpfte, dass Pit nicht so verwöhnt werden sollte. Pit war sehr beliebt in seiner Klasse und war sehr talentiert beim Spielen und Sporteln. Er konnte es auch so geschickt einrichten, dass andere gerne für ihn Sachen erledigten. So konnten ihm weder Oma, noch Opa oder Sabine oder sonst jemand einen Wunsch abschlagen. Manchmal wenn Pit zum Beispiel am Bach einen Damm baute und müde wurde, dann lief er die paar Schritte zu Oma und erklärte ihr, wie sehr ihn die Schule doch schaffen würde und Oma strich ihm übers Haar und deckte ihn zu und erzählte von den Blaubeerkindern und dem Riesen Wuck. Wie Pit diese Geschichten liebte. Und wie Oma ihren kleinen Pit liebte …

Sabine war die Größte und konnte Mama schon wunderbar im Haushalt helfen. Obwohl sie erst elf Jahre alt war, schupfte sie den ganzen Haushalt, wenn Mama einen ihrer komischen Kurse besuchte, um „ihre Mitte zu finden", wie sie zu sagen pflegte. Pit wecken und Papa sagen, wo er den Autoschlüssel am Vorabend liegen gelassen hatte. Dann die Zwillinge daran erinnern, dass sie am Donnerstag das Elternheft mitnehmen sollen, selber in die Schule gehen und Tante Lina anrufen wegen des Mittagessens. In der Schule war sie Klassensprecherin und selbst Tanzen, Bibliotheksdienst und bei Tante Lina im Stall hin und wieder mitzuhelfen war ihr nicht zu viel. In der Schule war sie recht passabel und Papa und Mama waren sehr stolz, was sie nicht alles wie gut machen konnte.

Eines Tages, es war ein heißer Montag im August, da standen alle vier am Bahnhof, um zur Gruber-Oma an den Attersee zu fahren. Das erste Mal seit Jahren wollten Mama und Papa alleine ein paar Tage in die Berge nach Südtirol zum Wandern fahren und die Kinder wollten ohnehin lieber zur Oma an den See. Mama und Papa hatten die Kinder – mit Essen und Fahrkarten ausgestattet – bis zum Bahnsteig gebracht, warteten, bis der Zug angefahren war, und Oma und Opa Gruber würden sie direkt am Bahnsteig in Attersee abholen.

Dann allerdings passierte etwas Merkwürdiges …

Gerade als Mama und Papa nach dem Winken gegangen waren, blieb der Zug ruckartig wieder stehen. So, als ob jemand die Notbremse gezogen hätte. Es hatte nämlich auch jemand die Notbremse gezogen, denn aus der Lokomotive quoll dicker Rauch und eine Stimme brummte und krachte über die Lautsprecher. Man konnte nicht genau verstehen, was die Stimme sagte, nur so viel war klar: Die vier mussten aus dem Zug aussteigen, denn an ein Weiterfahren war überhaupt nicht zu denken: Die große Hitze hatte nicht nur ein Kabel in der Lok zum Verbrutzeln gebracht, sondern auch die Gleise waren so weit verbogen, dass ein Waggon glatt in der Mitte hängen bleiben würde. „Das gibt's manchmal", hatte Onkel Fritz, der bei der Bahn arbeitet, einmal Georg erzählt.

Jedenfalls standen jetzt alle vier da und wussten erst einmal nicht so recht ein und aus, denn als sie – die einzigen Fahrgäste übrigens – aus dem Zug heraußen waren, krächzte eine weitere Stimme über den Bahnsteiglautsprecher: „... Und jeglicher Fahrbetrieb ... bis auf Weiteres eingestellt. Wir bitten um ihr Verständnis und wünschen einen schönen Abend!"

„Wir werden verdursten!", sagte Pit mit sehr betrübter Stimme. „Außerdem werden wir nie wieder die guten Himbeernockerln von der Oma essen!" Wenn man genau hinhörte, konnte man ihn sogar ein wenig wimmern hören. Sabine nahm ihn in den Arm, was Pit eigentlich ganz recht war, denn schließlich war er ja der Jüngste und all das war nicht sein Fehler.

Georg stampfte auf den Boden und presste zwischen den Lippen heraus: „So eine Uuuungerechtigkeit! Die können was erleben! Was glauben die denn, uns einfach da so sitzen zu lassen! Die werden sich wundern, wenn sie mich mal kennenlernen. Der Bahn wird noch bereuen, dass er Georg Gruber hat sitzen lassen", und er knallte eine Cola-Dose, die am Bahnsteig lag, mit einem Fußtritt in hohem Bogen über den nächsten Bahnsteig drüber und versenkte sie dort in einem Busch.

„Erstens heißt es ‚die Bahn' und nicht ‚der Bahn' und zweitens ist das wieder so typisch!", sagte nun Sabine. „Während wir wirklich in der Klemme stecken, hat mein Herr Bruder nichts Besseres zu tun, als das ganze Schlamassel noch schlimmer zu machen. Sollen wir wegen deiner Dose noch wegen Umweltverschmutzung auch gleich eine Anzeige kassieren?" Sabines Herz schlug nämlich für Pflanzen und es war ihr wichtig, dass jeder immer seinen Mist auf den Wandertagen wieder mit nach Hause nahm.

Franziska hingegen schwieg und dachte nach. Georg boxte sie in die Seite und knurrte: „He, bessere Hälfte, sag halt auch mal was!", und das war schon was, wenn er seine Zwillingsschwester „bessere Hälfte" nannte. Daran erkannten die anderen Geschwister, dass er wirklich nicht mehr weiter wusste. Franziska schwieg jedoch weiter.

Sabine nahm sich ein Herz und sagte: „Komme, was wolle, wir halten zusammen. Soviel steht mal fest und ich bin für euch da, solang die Welt sich dreht!" Dann packte sie die anderen drei und schob sie vor sich hin zu dem kleinen Häuschen, wo Papa die Fahrkarten gekauft hatte. „Ich hab einen Plan!" Ein bisschen kam sie sich dabei wie eine berühmte Filmheldin vor, denn genau genommen hatte sie überhaupt keinen Plan, sie wusste nur, dass sie sich für ihre Geschwister einsetzen würde. „Mama sagt immer, dass wir so unterschiedlich sind und jeder was anderes so gut kann. Dann werden wir wohl gemeinsam aus der Klemme wieder rauskommen. Ich weiß jedenfalls, dass es auf jedem Bahnhof einen Stationsvorsteher gibt und da gehen wir jetzt hin."

„Sehr richtig!", meldete sich endlich Franzi zu Wort. „Ich weiß auch, wo der ist! Wie wir hierhergekommen sind, hab ich ein Schild gesehen, dass er wegen der Hitze vorläufig im Gasthof

zur Linde anzutreffen ist." Wie immer war Franziska auch das wirklich kleine Schild, das bei der Zufahrt gestanden war, nicht entgangen. „Zuerst sollte Georg aber mit dem Handy den Opa anrufen, damit er sich keine Sorgen macht, wenn er uns abholen will und wir nicht daherkommen!"

Die anderen nickten, nun ja die anderen zwei, denn Georg, der als einziger ein Handy hatte, hatte am Morgen noch mit dem Nachbarbuben „Zusammenstoßen" gespielt und dabei das Handy in der Hosentasche ein wenig zermantschkert und schließlich … nun ja, vor dem Urlaub der Eltern wollte er ihnen den Spaß nicht verderben und ob er nun ein Handy hätte oder nicht, war ja nun wirklich wurscht, oder? „Ähhm, das Handy, das äääähhhh, ja das Handy funktioniert derzeit nicht …" Die anderen wussten sofort, was los war. Pit sah ihn ungläubig an: Zuerst wollte er schon fast losjammern, dann überlegte er es sich noch anders und sagte: „Mir ist fad! Gehen wir endlich zu dem Dingsvorsteher und fragen ihn." Und schon machte er sich in Richtung Stationsvorsteher auf den Weg und die anderen gingen mit. Genau genommen hüpfte Pit von einem Schatten, den der grobe Bretterzaun warf, zum nächsten.

Georg und Sabine unterhielten sich über mögliche Strategien und Franziska ließ weitere Ideen in ihrem Kopf reifen. Im Gastgarten bei der Linde angekommen hüpfte Georg noch zwei große Sprünge über den Fahrradständer und eine Wasserschüssel für Hunde, was ihn kurz an Eduard, ihren Dackel, erinnerte. Dann auf einmal war seine Fröhlichkeit wie weggeblasen und er setzte in bester Schauspielermanier sein Dackelgesicht auf, blickte einem Herrn in blauer Uniform, den er für den Stationsvorsteher hielt, von tief unten in die Augen und japste: „Biiiitte, helfen sie uns doch! Bitte helfen sie uns doch! Womöglich müssen wir verdursten, wenn wir nicht zu

Oma und Opa kommen!" Verständnisvoll beugte sich der Mann in der blauen Uniform, der wirklich der Stationsvorsteher war, nach vorne. „Wie kann ich euch denn helfen?"

Da begann nun ausnahmsweise Franziska mit messerscharfem Verstand die ganze Geschichte in allen Einzelheiten zu erzählen. Und doch sagte sie kein Wort zu viel. Manchmal machte sie solange Pausen beim Erzählen – und zwar immer genau an den richtigen Stellen, dass der Vorsteher einmal sogar sagte: „Versprochen, ich helfe euch, und jetzt bitte erzähle doch weiter!" Manchmal machte Pit auch witzige Bemerkungen zwischendurch, sodass alle lachen mussten und die Stimmung wieder besser wurde. Als Franziska am Ende der Geschichte angelangt war, war der Stationsvorsteher wirklich im Bilde über die missliche Situation der vier Gruber-Kinder und überlegte mehrere Varianten: So meinte er zum Beispiel, dass die vier ja in zwei Gruppen per Autostopp die paar Kilometer an den Attersee fahren könnten! „Kommt nicht in Frage", sagte darauf Sabine: „Erstens ist das viel zu gefährlich und zweitens bleiben wir zusammen!" So ging es mit einigen Ideen hin und her bis Georg sagte: „Die Bahn fährt nicht, müsste sie aber, drum fahren wir mit dem Bus!" ... „Und damit Schluss!", reimte Pit noch dazu. Und ob man's glaubt oder nicht: Die Argumente von Georg, das Zusammenhalten von Sabine, die gute Laune, die Pit ausstrahlte, sowie die messerscharfen Überlegungen und Ausführungen der kleinen Franziska überzeugten und begeisterten den Stationsvorsteher so sehr, dass er es mit nur ein paar Telefonaten schaffte, einen Extra-Bus mit der Aufschrift „Sonderfahrt" für die Vier zu organisieren.

Dann suchte er noch Oma und Opa Gruber im Telefonbuch und verständigte sie. Eine Stunde später waren sie schon wohlbehalten alle direkt vor dem Haus der Großeltern aus dem Bus gekraxelt, denn da der Bus ja eine Sonderfahrt war, konnte er die Kinder bis vor die Haustüre bringen! Was für ein Erlebnis! Mit stolzgeschwellter Brust erzählten die Vier in einem wilden Durcheinander Oma und Opa von ihrem cleveren Vorgehen und wie sie gemeinsam so viel erreichen konnten.

Als sie dann spät am Abend endlich in ihren Betten lagen, sinnierte jeder für sich noch einmal, was genau jedes der vier Geschwister so einzigartig macht und was jeder von ihnen wohl von den anderen noch lernen könnte ...

Nun überleg auch du, was du selbst von Pit, Franzi, Georg und Sabine noch lernen könntest und vor allem auch, wem du selbst am ähnlichsten bist.

Wie entstehen Energiemuster?

Bereits als ganz junge Kinder eignen wir uns bestimmte Verhaltensmuster an, die hier als Energiemuster beschrieben werden. Sie helfen die Aufmerksamkeit der Eltern zu bekommen. Speziell für kleine Kinder sind diese Muster überlebensnotwendig, da Kinder ohne die Aufmerksamkeit Erwachsener nicht überleben können. Dazu lernen sie verschiedene Verhaltensweisen und Fähigkeiten, die ihnen helfen die Energie der Eltern zu erreichen. Gibt es mehrere Geschwister, kann es vorkommen, dass alle unterschiedliche Strategien lernen und es scheint auch wichtig zu sein, welche innere Kodierung Kinder bei der Geburt mitbringen.

Als Erwachsener hat man natürlich andere Rollen- bzw. Energiemuster dazugelernt. Das ursprüngliche Energiemuster bleibt aber als Notprogramm erhalten. Wenn wir in Notsituationen sind, greifen wir auf das alte Muster zurück, das bei unseren Eltern am besten funktioniert hat und das wir am besten gelernt haben. Wahlmöglichkeit haben wir dann meist keine mehr.

Das Besondere an diesem Modell ist, dass es nicht um Mangel geht, sondern um Fähigkeiten, und dass Menschen nicht typisiert werden, sondern dass das Nichtgelernte jederzeit dazugelernt werden kann. Jedes Energiemuster hat viele Fähigkeiten, vieles, was wir gut gelernt haben, was in der jeweiligen Graphik als Sonne gezeigt wird und vieles, was wir noch nicht gelernt haben und was in der Graphik als Sonnenstrahlen dargestellt wird.

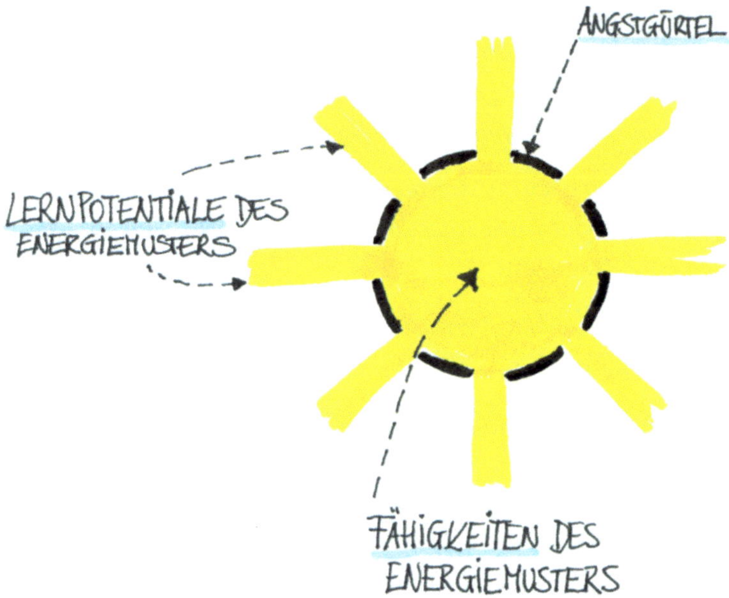

Abb. 17: Darstellung der Energiemuster

Jeder kann für sich herausfinden, womit er am meisten Erfolg hatte, um die Aufmerksamkeit der Eltern zu erreichen. Da jedes Energiemuster eine Fähigkeit ist und ein Problem zugleich, gibt es für alle zwei Bezeichnungen.

> *Die Energiemuster sind keine statischen Diagnosen, sie stempeln Menschen nicht ab. Sie zeigen Fähigkeiten, die man gelernt hat, und andere Fähigkeiten, die noch dazu gelernt werden können.*

Hier ist wieder die Problemdefinition vom vorigen Kapitel wichtig: Ein Problem ist eine Fähigkeit, die am falschen Platz zur falschen Zeit mit der falschen Person gelebt wird. Meist ist aber das Problem so unangenehm, dass man die Fähigkeit absolut nicht erkennen kann und das Problem weghaben will. Das Ungewohnte hierbei ist, dass das, was als Problem empfunden wird, als nützlich erkannt wird und angenommen wird. Erst dann wird für neues Lernen Platz gemacht und der Angstgürtel kann geöffnet werden.

Ein Beispiel:

Eine Mutter war verzweifelt, weil niemand ihr half und sie alles alleine machen musste. Sie fühlte sich total als Opfer. Sie sah ihr Problem darin, dass sie zu viel selbst machte und wollte in der Therapie lernen, weniger für andere zu tun. Das klappte nicht. Mit Hilfe des Energiemusters erkannte sie, dass anderen helfen und fürsorglich für andere sein ihre größte Fähigkeit ist. Sie erkannte, dass ihr „Problem“ wirklich ein ganz anderes war. Sie konnte nicht schwach sein, nicht bitten, nicht annehmen, und vor allem fehlten ihr Humor und Leichtigkeit. **Lösungen fand sie erst, als sie ihr anfänglich genanntes Problem, „zu sehr für andere da zu sein“, als Fähigkeit annahm. Dann konnte sie beginnen, alle anderen, noch fehlenden Fähigkeiten zu lernen.**

Den Angstgürtel lösen und Talente freilegen

Mit Hilfe von Matrix-Übungen können alte Familienstrukturen und Tabus viel leichter gelöst werden. Eine davon, der Matrix-Korb, wurde im vorigen Kapitel beschrieben; mit ihm können weit über Generationen zurück kodierte Verhaltensweisen versöhnt werden. Durch diese Versöhnung wird der Angstgürtel (siehe Abbildungen zu den Energiemustern) geöffnet und neue Verhaltensweisen und neue Rollen können gelernt werden.

In meinem Buch: „Tanz zwischen Bewusst-sein und Unbewusst-sein“ sind noch viele Übungen beschrieben, die alle inhaltsfrei im Prozess stattfinden und mit einem neuen Zielsatz enden. Diese Übungen helfen bei massiv negativen Gefühlen wie Angst, Wut oder Trauer. Auch die Dynamik der alltäglichen kleinen Quälereien wie Ungeduld, Sarkasmus oder Spott, die Liebe und Frieden immer wieder gefährden, kann gelöst werden.

Die Energiemuster helfen Talente und Fähigkeiten zu erkennen und zu nützen.

Ist der Angstgürtel gelöst, können die Sonnenstrahlen nach außen leuchten und es kann Spaß machen die eigenen Fähigkeiten zu erkunden und die Talente im eigenen Fachwissen anzuwenden.

Wir unterscheiden vier Energiemuster: Die Fürsorglichen oder Besserwisser, die Charmeure und Kleinen Kinder, die Mutigen und Aggressiven, die Beobachter und Rückzieher. Jedes Energiemuster wird mit zwei Begriffen beschrieben, in der positiven und in der negativen Auslegung, denn das zeigt einerseits die Fähigkeit und andrerseits auch, wie diese Fähigkeit andere nerven kann.

ENERGIEMUSTER: DIE FÜRSORGLICHEN ODER BESSERWISSER

Menschen mit diesem Muster haben als Kind gelernt ihren Eltern zu helfen und sind dafür immer wieder belohnt worden. Sie müssen nicht dazu gezwungen werden, sie machen es gerne, sie sorgen gerne für andere. Das ist eine wunderbare Fähigkeit, da diese Menschen als Erwachsene leicht und gerne Verantwortung übernehmen und Aufgaben auch beenden. Sie planen gerne, haben immer den Überblick und sind immer da, wenn Not am Mann ist. Sie sind liebevoll und umsichtig.

Diese besondere Fähigkeit kann sich aber auch zu einer Zwangsbeglückung auswachsen, wenn andere gar keine Hilfe wollen.

Dieses Energiemuster hat die Fähigkeit „Fürsorge“ sowie noch nicht erlernte Verhaltensmerkmale und Strategien. Fürsorgliche/Besserwisser müssen immer alles überprüfen, können Kontrolle nicht aufgeben und es fällt ihnen schwer, andere so sein zu lassen, wie sie sind. Wichtigste Lernprozesse für Menschen mit diesem fürsorglichen Muster sind: Bitten, Annehmen, Genießen, Delegieren, Leichtigkeit und Humor.

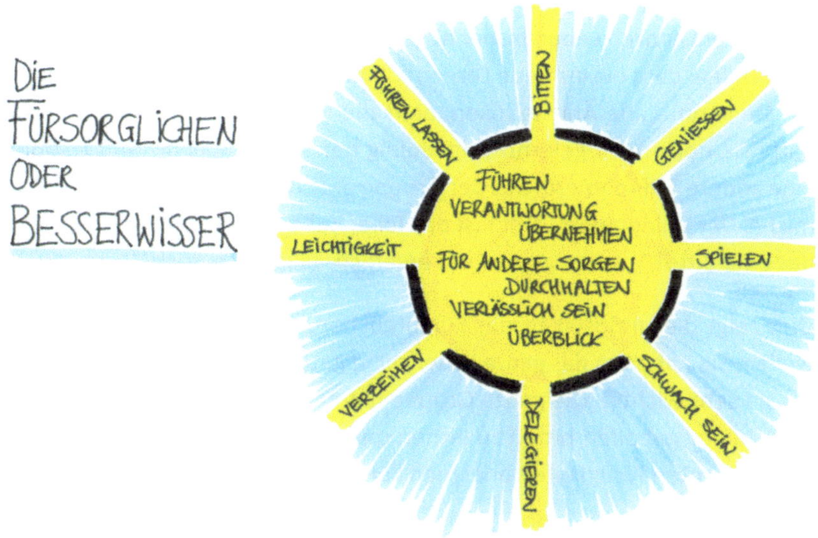

Abb. 18: Fürsorgliche oder Besserwisser

Obwohl sie sich danach sehnen, fällt es diesen Menschen schwer, Neues zu lernen. Dahinter steckt ihre **alte Angst vor Liebesentzug**: Sie fürchten, dass ihre Eltern sie nicht mehr liebhaben, wenn sie nicht immer für sie da sind. Gleichzeitig schwingen **Existenzängste** aus der Kindheit mit, als sie fürchteten von ihren Eltern verlassen zu werden. Diese alten Ängste müssen zuerst gelöst werden, damit all die neuen Dinge gelernt werden können. Hier wird deutlich, dass das Lösen einer Angst oft nicht ausreicht. Es braucht auch Strategien und Fähigkeiten, um neues Verhalten zu lernen. Hier hilft das großartige Konzept der logischen Ebenen von Gregory Bateson und seine Stufen des Lernens, die weiter vorne beschrieben wurden. **Erst wenn tief liegende Ängste gelöst werden, ist neues Lernen möglich.**

Beispiele:

Eine ältere Frau mit fortgeschrittenem Brustkrebs will unbedingt leben, um ihr neugeborenes Enkelkind aufwachsen zu sehen. Schwach zu sein, zu genießen und alle anderen nichtgelernten Fähigkeiten wie Humor und Leichtigkeit hat sie in ihrem ganzen Leben bisher abgelehnt. Im Zuge der Ausbildung hat sie verstanden, dass dieses neue Lernen für ihren Heilungsprozess sehr wichtig ist. Sie konnte alle Ängste lösen, aber die Fähigkeit, um etwas zu bitten, hatte sie noch nicht gelernt. Ungeduldig herrschte sie beim Mittagsbuffet eine andere Teilnehmerin aus der Gruppe an: „Um halb drei hast du Zeit für mich!" Der Teilnehmerin fällt fast der Teller aus der Hand und sie fragt: „War das eine Bitte?" „Ja", sagt die Frau ärgerlich, „sagte ich doch!"

Dies zeigt die Hilflosigkeit der Fürsorglichen, wenn sie das Bitten lernen wollen. Sie haben es das ganze Leben nicht getan; eine Lerngruppe ist daher für sie sehr wichtig. Die ganze Gruppe hat der Frau später mit viel Geduld und Humor geholfen bitten zu lernen und auch, dass sie sich die anderen nichtgelernten Fähigkeiten aneignen konnte.

Führungskräfte mit diesem Muster sorgen sich um ihre Mitarbeiter, schauen, dass sich diese weiterentwickeln und sind für sie da. Teamleader müssen aber aufpassen, dass sie nicht ausgenutzt werden – sie können schlecht delegieren und andere nur schwer sein lassen, wie sie sind. Sie wollen für alles Verantwortung übernehmen und alle Arbeitsabläufe kontrollieren.

Als Liebende nehmen sie ebenfalls eine gebende Rolle ein, aber sie können sich schwer fallen- und mitnehmen lassen. Im schlimmsten Fall können sie erst Leidenschaft entwickeln, wenn das Bett frisch bezogen und alles aufgeräumt ist.

ENERGIEMUSTER: DIE CHARMEURE ODER KLEINE KINDER

Menschen mit diesen Fähigkeiten hatten Eltern, die alles für das Kind getan haben. Mit ein bisschen „Schmäh", wie die Wiener sagen, mit Charme und ein bisschen „Schöntun" konnten sie immer alles erreichen. Da dieses Verhalten für viele Menschen sehr angenehm ist, wird für die Charmeure alles getan.

Sie lernen Bitten, Annehmen, Leichtigkeit, Spaß, Freude, sie können sehr gut delegieren und geben bei jeder Arbeit anderen alle Möglichkeiten sich selbst zu entfalten. Was sie nicht können ist Verantwortung zu übernehmen, Aufgaben und Projekte zu planen und zu beenden. Sie verlieren leicht den Überblick und schieben oft einen Berg von Arbeit vor sich her.

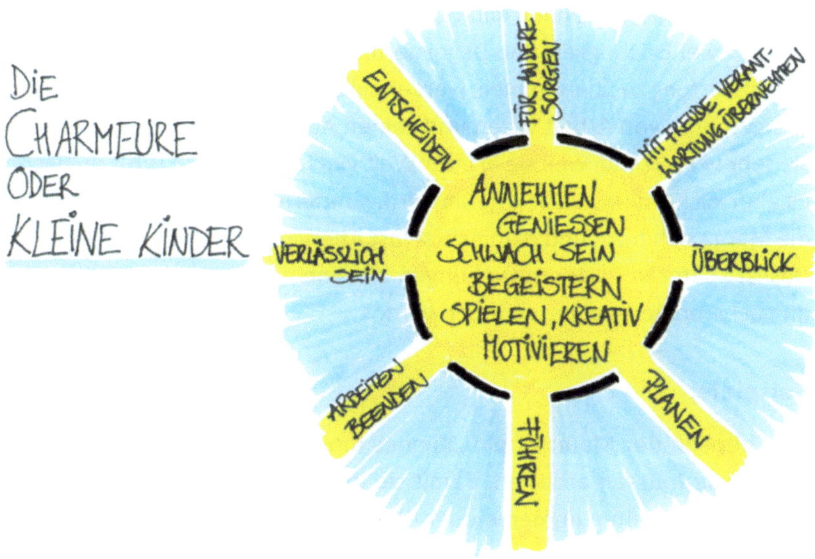

Abb. 19: Charmeure oder Kleine Kinder

Sie sind verzweifelt, weil sie sich ständig überfordert fühlen und immer wollen, dass ihnen jemand hilft. Irgendwann ziehen der Charme und der Schmäh jedoch nicht mehr und das Umfeld ist genervt, weil Geben und Nehmen nicht in Balance sind. In ihrer Welt kennen sie sich dann nicht mehr aus und sind total verzweifelt. Sie sind überzeugt, dass niemand sie liebt und niemand sie in ihrer Not ernst nimmt. Sie werden depressiv oder können sogar im Burn-out landen.

Sie versuchen mit aller Kraft, dass andere ihnen helfen. Genau das klappt nicht und es würde sogar ihr „Problem" verstärken, weil sie dann noch mehr wollen, dass andere Menschen Dinge für sie tun sollen. Wenn sie das erreichen, bemerken sie allerdings, dass sie damit andere mehr und mehr nerven.

Ihre wichtigsten Lernprozesse sind, Verantwortung mit Spaß und Freude zu übernehmen. Lernen sie das, dann sind sie die besten Führungskräfte, die sehr gut delegieren können und viel Vertrauen in ihre Mitarbeiter haben. Sie bringen viel Leichtigkeit und Begeisterung in jedes Team. Lernen sie nicht Verantwortung zu übernehmen, werden sie regelmäßig verzweifelt vor einem riesigen Berg von Arbeit sitzen und keinen Ausweg sehen. Dies alles ist für sie sehr verwirrend, weil sie in ihrer Welt viel für die Eltern tun. Sie machen es aber nicht, damit Arbeit getan wird, sondern sie machen es nur, damit die Mama sich freut und damit sie selbst Anerkennung und Lob bekommen. Das ist später in Partnerbeziehungen oft eine große Schwierigkeit, wie es im nächsten Beispiel beschrieben wird.

Beispiele:

Ein Ehepaar, der Mann ist ein „Kleines Kind", hat zwei Kinder und beide Elternteile müssen arbeiten, damit sie ihren Lebensunterhalt bestreiten können. Sie streiten immer wieder über das Gleiche: Der Mann verspricht im Haushalt mitzuhelfen und soll unter anderem jeden Morgen die Küche aufräumen. Die Frau sagt, dass er sich nicht an diese Abmachung hält, er behauptet dagegen, dass er es sehr wohl tun würde. Meist haben beide Recht. Es ist in so einem Fall wichtig ganz genau nachzufragen. So meint er die Tassen in den Geschirrspüler geräumt zu haben, sie behauptet das Gegenteil. Beim Nachfragen ergibt sich, dass er von fünf Tassen drei wegräumt, was für ihn „aufräumen" bedeutet – und damit die Frau ihre Nerven verlieren lässt. Seine Mutter hat ihn früher immer sehr gelobt und ihm viel Anerkennung gegeben, wenn er das gemacht hat und nebenbei schnell die beiden restlichen Tassen in den Geschirrspüler gegeben. Durch das Nachfragen erfährt die Frau, dass dieses Verhalten nicht gegen sie persönlich gerichtet ist, sondern dass er das zu Hause so gelernt hat. Lernt der Mann hingegen gerne Verantwortung im Haushalt zu übernehmen und den Druck, den er von Seiten der Frau empfindet zu heilen, dann kann er seine Leichtigkeit, seine Freude und seinen Spaß in die Beziehung einbringen. Sehr oft fahren sich Paare in ähnlichen negativen Schleifen fest und all das Schöne, all das Gemeinsame verliert mehr und mehr an Kraft.

Am Arbeitsplatz jammern die „Kleinen Kinder" oft, weil sie sooo einen riesigen Berg Arbeit vor sich haben und keine Hilfe bekommen. Hier brauchen sie eine neue Strategie: Sie müssen lernen, diesen Berg in Schritte zu zerlegen, die sie täglich leicht in einem definierten Zeitraum abarbeiten können, um am Ende der Woche fertig zu sein. Dann können sie den Berg bewältigen und fühlen sich wieder frei und leicht.

Eine Führungskraft mit diesem Energiemuster schlägt vor, dass am Beginn jeder Wochensitzung eine Person aus dem Team ein Spiel mit allen machen kann, das nicht länger als zehn Minuten dauern darf. Die anschließenden Besprechungen verlaufen schneller und die Aufgaben werden mit mehr Begeisterung übernommen. Diese spielerische Leichtigkeit haben nur Charmeure, sie kann nur schwer auf andere Energiemuster übertragen werden.

Charmeure als Führungskräfte geben ihren Mitarbeitern große Freiheit und können durch die eigene Begeisterung andere sehr gut motivieren, sodass diese ihre Aufgaben und Projekte gerne machen, zeitgerecht beenden und für ihren Boss durchs Feuer gehen. Haben Charmeure gelernt, mit Freude Verantwortung zu übernehmen, kommen sie in die Top-Etagen, weil sie gut delegieren können.

Als Lover spielen sie gerne, sind charmant, aber manchmal wünschen sich ihre Partner das Verhalten einer erwachsenen Frau oder eines erwachsenen Mannes und nicht immer das eines verspielten Kindes.

ENERGIEMUSTER: DIE MUTIGEN ODER AGGRESSIVEN

Mutige zeigen Missstände auf und wissen genau, was gerecht ist. Sie sind die Revolutionäre, die permanent Fehler aufzeigen, aber sich schwer tun etwas Neues aufzubauen. Sie haben nicht gelernt Verantwortung mit Freude zu übernehmen, zu genießen, zu verweilen und geduldig mit Andersdenkenden zu sein.

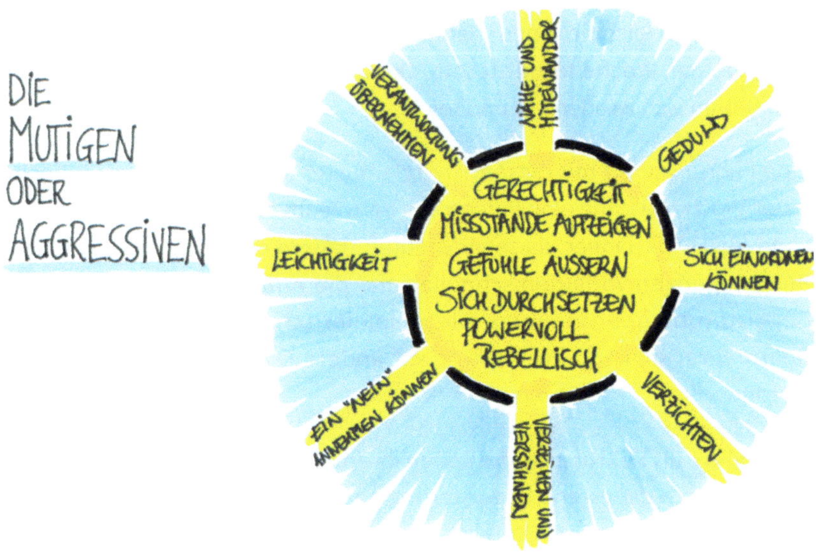

Abb. 20: Mutige oder Aggressive

Sie präsentieren sich gerne in der Öffentlichkeit und sind gute Unterhalter. Oft „mussten" sie als Kind im Haushalt viel mithelfen, weil es nötig war und nicht, weil sie wollten. Sie tun, so wie die Fürsorglichen, sehr viel für die Eltern, aber sie tun es nicht gerne, sie fühlen sich unter Druck gesetzt und haben oft das Gefühl gezwungen zu werden. Deshalb sind sie immer auf der Suche nach der Freiheit, die sie nicht finden. Manche zeigen ihren Ärger und ihre Wut nach außen und manche richten diese Wut nach innen und können so schwere Krankheiten bekommen – die so genannten Autoimmun- oder Autoaggressions-Krankheiten. Hier werden die Gefühle so stark zurückgehalten, dass es zum buchstäblichen Erstarren kommen kann und Reaktionen wie Multiple Sklerose, Parkinson und alle Arten von Arthritis auftreten.

Ihre Lernaufgabe ist es mit Freude Verantwortung zu übernehmen und andere Meinungen zu akzeptieren, also andere so sein zu lassen wie sie sind, Geduld mit anderen zu haben und ihnen etwas zuzutrauen. Sie dürfen lernen, dass sie nicht die Einzigen sind, die wissen, was richtig und falsch ist. Ganz wichtig ist für diese Menschen, dass sie ihr inneres „Müssen" zu „Wollen" umwandeln. Dies kann einfach gehen, aber die Entscheidung zur Veränderung ist meist schwierig, da sie zugleich ihren Gerechtigkeitsanspruch aufgeben müssen. Genießen von Nähe und Geduld sind für sie sehr schwierig. Lernen sie diese Eigenschaften dazu, finden sie „nach Hause" und haben nicht mehr den ständigen Drang herumrasen zu müssen.

Beispiele:

Sie sind die Machos und Machas. Wenn sie kommen, „rennt der Schmäh", wie die Wiener sagen. Sie sind Unterhalter, sie können witzig sein, aber leider oft auf Kosten anderer. Im Beruf sind sie die Troubleshooter. Sie räumen Missstände auf, verbessern dauernd, weil sie immer sehen, was noch fehlt. Sie können sich ganz schwer mit dem zufriedengeben, was schon alles erreicht ist. So sind sie gute Kreativitätsstrategen angetrieben von dem Drang alles optimieren zu wollen. Meist wechseln sie den Job, wenn alles läuft und suchen sich eine nächste Schwierigkeit.

In Partnerbeziehungen hingegen kann es ein K.-o.-Kriterium sein, wenn sie immer nur auf Fehler und Verbesserungen schauen, nicht verweilen können und sich nicht über das freuen, was sie schon erreicht haben.

Das alles scheint für sie unmöglich zu sein, aber es kann gelernt werden. Kinder leiden unter diesen „mutigen und aggressiven“ Eltern, weil sie ihnen nie zugestehen den eigenen Spielraum zu finden, außer sie haben dazugelernt. Es nervt sie sehr leicht, wenn ihr Gerechtigkeitssinn nicht gewürdigt und – noch schlimmer – nicht beachtet wird.

Als Lover sind sie, wie schon gesagt Macho oder Macha und haben Angst vor zu großer Nähe, deshalb verstecken sie sich gerne hinter ihren flotten Sprüchen.

Als **Führungskraft** schauen die Mutigen nur auf Fehler, die verbessert werden müssen. Lob oder Anerkennung gibt es kaum, weil sie es lieben dauernd zu verbessern. Dadurch sind sie nicht sehr beliebt, was für sie schwer verständlich ist, weil sie in ihrer Welt doch alles für die anderen tun.

ENERGIEMUSTER: DIE BEOBACHTER ODER RÜCKZIEHER

Menschen mit diesem Energiemuster hatten Eltern, die sie nur bemerkt haben, wenn sie lange weg waren, entweder vor dem Computer, Fernseher oder allein im Zimmer mit einem Buch oder einer anderen Beschäftigung. Dann erinnerten sich die Eltern an sie und kamen zu ihrem Kind. Manchmal freuten sie sich über die Kreativität, aber häufiger schimpften sie über zu langes Fernsehen oder Computerspielen.

Rückzieher denken sehr analytisch, beobachten viele Kleinigkeiten, können sich fast unsichtbar machen, wenn sie nicht bemerkt werden wollen und sind oft sehr belesen. Sie können lange und bis ins kleinste Detail Dinge erklären und erzählen. Sie geben anderen viel Raum, weil sie selbst auch viel Zeit für sich brauchen. Eine Fähigkeit, die oft nicht geschätzt wird.

Was sie nicht gelernt haben, ist Nähe, sich zeigen und auf andere zugehen. Sie können sich schlecht auf andere einstellen, weil sie eher auf sich fokussiert sind. Sie sehnen sich nach Nähe und Miteinander und wünschen sich so sehr, dass sie dazugehören, aber sie wissen nicht, wie sie auf andere zugehen können. So vermehrt sich der innere Druck und es wird auch für andere schwieriger und schwieriger sie zu erreichen. In Partnerbeziehungen melden sich die Partner mit der Bitte um Hilfe, weil sie absolut verzweifeln und keinen Zugang mehr zu ihnen finden.

Abb. 21: Beobachter oder Rückzieher

Beispiele:

Meinungsverschiedenheiten oder Konflikten gehen sie gerne aus dem Weg, manchmal auch lautstark mit knallenden Türen. Im „stillen Kämmerlein" finden sie Lösungen aus ihrer Perspektive, kommen dann wieder zurück und verkünden: „Wir haben jetzt eine Lösung!" Da die anderen nicht in diesen Prozess einbezogen werden, ist das meist sehr ärgerlich. Weil sie nicht gerne kommunizieren, sondern alleine Lösungen suchen, leidet die Teamfähigkeit.

Als Führungskraft setzen sie einen klaren Rahmen, halten ihren Mitarbeitern den Rücken frei, sind aber oft nicht sichtbar. Sie geben ihren Mitarbeitern viel Freiheit und Vertrauen. Sie besprechen Ziele, Probleme und die angestrebten

Ergebnisse im Detail, lassen das Team dann aber alleine Lösungen finden. Sie vertrauen ihren Mitarbeitern und freuen sich über ihr Team und dessen Zusammenarbeit – vor allem dann, wenn sie nicht immer gefragt werden.

Als Liebende leben sie Intensität und Leidenschaft, wenn sie präsent sind. Jedoch ist es nicht immer leicht sie aus dem Versteck zu locken oder sie überhaupt zu finden.

Lernaufgaben der Rückzieher: In Beziehungen können sie lernen die Erwartung ihrer Partner nicht als Druck zu empfinden und ihre Bedürfnisse nach Freiheit, nach Nähe und Miteinander klar zu artikulieren. Nur so gelingt es ihnen die Qualität der gemeinsamen Zeit zu genießen.

Im Beruf können sie lernen sich zu präsentieren und ihre Arbeit selbst vorzustellen. Sonst werden sie weiterhin in zweiter Reihe bleiben und andere werden sich freuen ihre korrekte Arbeit zu präsentieren.

Fazit zu den vier Energiemustern

Alle Energiemuster machen in ihrer Welt alles für die Eltern. Kinder brauchen die Eltern, weil sie allein nicht zurechtkommen.

- **Fürsorgliche** geben gerne, weil sie den Eltern helfen wollen.
- **Mutige** zeigen Fehler auf, sie wollen verbessern und „müssen“ helfen.
- **Chameure** tun für die Eltern viel, damit sie Anerkennung bekommen – und nicht, damit die Arbeit getan ist.
- **Beobachter** analysieren alles und zeigen ihre Ängste und Gefühle nicht. Sie wollen den Eltern nicht im Weg sein und bekommen die Aufmerksamkeit der Eltern, indem sie buchstäblich verschwinden – zum Computer, zum Lesen oder zum Sport – und hoffen, dass die Eltern sie irgendwann finden und bemerken.

Durch dieses existenzwichtige Verhalten lernt niemand die eigenen Bedürfnisse wahrzunehmen und natürlich auch nicht zu artikulieren. Dies kann gelernt werden und wird im nächsten Kapitel als die Rolle „Individuum" beschrieben.

Wie schon vorher gesagt, lernt kein Energiemuster sich adäquat als Frau oder Mann zu zeigen und zu leben, weil alle Themen zu Erotik und Sex in den meisten Familien als Tabu gelten und nicht offen gleichwertig gelebt werden.

Im nächsten Kapitel wird mit Hilfe des 5-Rollen-Modells ausgeführt, wie neue Rollenbilder gelernt werden können und dadurch gleichwertiges Miteinander möglich wird. Auch hier gilt wieder: Es gibt klare Strukturen und Vorgehensweisen, aber jeder füllt diese anders aus.

Das 5-Rollen-Modell für neue Rollenbilder

Seit es Menschen in sozialen Verbänden gibt, hat es kaum gleichwertige Beziehungen gegeben – über Jahrhunderte haben Männer in den Familien die Werte und Regeln vorgegeben. Diese alten Rollenbilder zerfallen, aber neue sind noch nicht entwickelt. In Familien wird immer noch die Schaukel vom Patriachat, von „oben" und „unten" gelebt. Hier herrscht dieses „Nicht-Wissen" besonders; Männer und Frauen wollen das ändern, wollen etwas Neues, bemühen sich, finden aber nur schwer aus diesem als Enge und oft als Gefängnis empfundenen Druck. Visionen von gleichwertigem Miteinander und von neuen Rollenbildern gibt es kaum. Wir wissen nicht, wie die neuen Väter und Mütter, die neuen Frauen und Männer sein können. Wie sie zu Hause einen Rahmen setzen können, in dem jeder sich frei entfalten kann. Wir haben auch wenig Vorstellungen davon, wie die neuen Kinder sein sollen und wie Eltern und Lehrer sie in der Flut von Informationen unterstützen können ihren Weg zu finden und ihr Talent zu entfalten. Für Jugendliche ist es meist ein schwieriger Prozess Antworten und Vorstellungen zu finden, wie sie als Erwachsene leben wollen. Die Ehe scheint für sie langweilig und sie kennen kaum Menschen, die so leben, wie sie zukünftig leben wollen.

Die Schwierigkeit ergibt sich schon aus den Worten, die wir für Beziehungen gebrauchen: feste Beziehungen, dauerhafte Beziehungen oder gar „lebenslange" Beziehungen. Letzteres wird unbewusst mit lebenslangem

Gefängnis gleichgesetzt. Es ist dringend nötig, neue Definitionen, Visionen und Worte für ein fröhliches Zusammenleben in Familien zu finden. Denn unsere Familien sind die kleinste Sozialisationseinheit im Staat und sie beeinflussen sich gegenseitig. Geht es der Familie schlecht, geht es dem Staat schlecht. Es ist ein längerer aber wunderschöner Prozess gemeinsam Visionen von Familien zu entwickeln in die jeder gerne heimkommt.

Mithilfe des 5-Rollen-Modells können neue Visionen für Familien und neue Rollenbilder gefunden und definiert werden.

Neue Bilder für die Rollen „Individuum“, „Mann/Frau“, „Mutter/Vater“, „Spielen“ und „Umfeld“. Werden diese fünf Rollen sowohl in privaten als auch in beruflichen Beziehungen gelebt, dann ist gleichwertiges, menschliches Miteinander möglich und die Betroffenen fühlen sich frei und geborgen. Fehlt eine Rolle, spüren sie, dass etwas fehlt, aber sie können es nicht benennen und begreifen. Personen oder Paare können die fünf Rollen mit Leben füllen und sie für sich so gestalten, dass alle sich wohlfühlen. So kann jede Person und jedes Paar die eigenen Definitionen finden – und doch benützen alle dazu die gleiche Struktur. Ich habe dazu bereits viele Artikel und zwei Bücher geschrieben: „Sich wieder neu begehren“ (2003) und „Resonanz in Partnerbeziehungen“ (1995). Und es gibt bereits wunderbare, gelebte Beispiele von Familien, wo sich alle Beteiligten wohlfühlen und gerne nach Hause kommen.

Hier werden Strukturen und Vorgehensweisen aufgezeigt, wie jeder für sich herausfinden kann, was glückliches Miteinander in Beziehungen und Familien sein kann:

Jede Rolle wird von jeder Person mit den logischen Ebenen gefüllt und gestaltet. Will man beispielsweise neue Rollenbilder für Männer oder Frauen finden, dann gilt es zuerst herauszufinden, wie Männer und Frauen in Zukunft miteinander leben können: Welche Werte wollen sie leben, nach welchen inneren Glaubenssätzen und Regeln leben sie und wie gestalten sie gemeinsam ihr Umfeld. Zuerst beantwortet jeder für sich selbst diese

Fragen, dann tauschen sie sich gegenseitig aus und finden für jede Rolle ein gemeinsames Zielbild mit Werten, Regeln und Verhalten. So findet jedes Paar eigene Definitionen für die Rollen, wie sie als Mutter, Vater, als Mann und Frau miteinander leben wollen. Wie ihre Rolle aussieht, wenn sie gemeinsam Spaß haben, spielen und kreativ sein wollen. Oder welche Rolle sie in ihrem Umfeld einnehmen wollen, wie sie sich da zeigen und einbringen wollen. Wie jeder für sich genug Platz als Individuum finden kann. Und wie sie gemeinsam herausfinden können, dass sie sich in ihrer Partnerschaft und Familie frei und geborgen fühlen können.

In diesem Prozess finden Paare immer wieder die Unterschiede heraus, die sie in ihren Ursprungsfamilien gelernt und gelebt haben. Sie finden heraus, wie die alten übernommenen Rollenbilder heilen können und gleichwertiges Miteinander möglich wird. (Eine Übung zum Heilen und Versöhnen ist die „Matrix-Korb"-Übung. Weitere Übungen finden sich im Buch „Tanz zwischen Bewusst-sein und Unbewusst-sein".)

Dazu ein Beispiel:

Ein Ehepaar hatte sich von Anfang an darauf geeinigt respektvoll miteinander umzugehen. Im Alltag kamen sie aber aus dem Streiten und Diskutieren nicht mehr heraus. Sie waren traurig, fühlten sich respektlos behandelt und konnten keinen gemeinsamen Weg vor sich sehen. Der gemeinsame Wert „Respekt" war bei beiden völlig unterschiedlich mit Regeln und Strategien besetzt: In der Familie des Mannes bedeutete „Respekt", dass jeder seine Meinung frei äußern sollte, alle Beteiligten hörten zu und mussten im Raum bleiben. Auch wenn der Ton manchmal laut und aggressiv wurde. Weglaufen galt als größte Respektlosigkeit. In der Familie der Frau herrschte die Regel: „Wenn du nichts Nettes mehr sagen kannst, verlasse den Raum und beruhige dich wieder. Dann komm zurück und wir diskutieren weiter. Die größte Respektlosigkeit für den Mann, das „Weglaufen", bedeutete den größten Respekt für die Frau. Er reagierte mit Verlustängsten, wenn sie weglief und sie hatte Panik, wenn er zu schreien anfing. Jeder hatte ein anderes Set von Regeln im Kopf, die aus den alten Familientraditionen stammten und nichts mit dem Paar zu tun hatten. Als beide das erkannten, konnten neue Lösungen gefunden werden. Sie konnten Altes heilen, gemeinsam neue Regeln für den Wert „Respekt" finden und diese in ihr gemeinsames Leben integrieren.

Das gemeinsam gefundene Zielbild für die fünf Rollen ist die Voraussetzung für alle weiteren gemeinsamen Schritte. Wird kein gemeinsames Zielbild erreicht, besteht die Gefahr, dass jeder mit seinem alten Set von Regeln weiterlebt und alles noch festgefahrener wird.

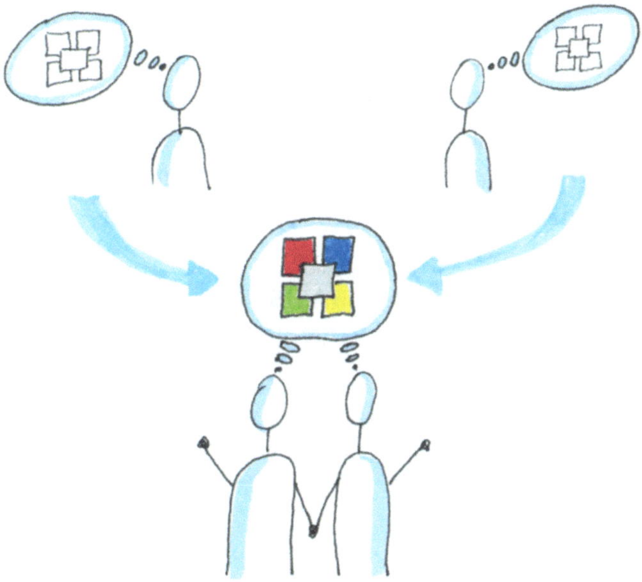

Abb. 22: Die fünf Rollen gemeinsam definieren

Im Laufe eines Lebens verändern sich die fünf Rollen ständig und dürfen bei jeder großen Veränderung neu definiert werden.

Wenn Kinder auf die Welt kommen und wenn Kinder in die verschiedenen Schulen weitergehen, wenn Kinder das Haus verlassen, bei Trennungen, Job- oder Ortswechsel oder wenn die Pension ansteht: Die neu definierten fünf Rollen bringen immer wieder neue Schönheiten und neue Gemeinsamkeiten. Dies bedeutet, dass keine Beziehung einen einmal gefassten statischen Inhalt hat. Die Menschen leben in einem dauernden Entwicklungsprozess, in dem es nie langweilig wird und in dem immer wieder ein gemütliches, lebendiges Zuhause gestaltet werden kann, in das jeder gerne heimkommt und wo jede gerne lebt.

Wie im privaten Bereich findet auch im beruflichen Umfeld der Prozess zum Definieren neuer Rollen statt. Für alle Berufe, ob Lehrer, Ärzte, Führungskräfte, Manager, Studenten oder Schüler, können neue Rollenbilder gefunden werden. Sie werden nicht im Labor oder im Ministerium oder in der Universität festgelegt, sondern von den Betroffenen selbst entwickelt, permanent verfeinert und den Gegebenheiten angepasst.

DAS 5-ROLLEN-MODELL ALS BASIS FÜR GLEICHWERTIGE BEZIEHUNGEN

> *Leben wir die fünf Rollen sowohl beruflich als auch privat, fällt es uns leicht, die Rollen der anderen zu respektieren.*

Das Paradoxon besteht darin, dass wir uns nach Intensität im Miteinander sehnen und gleichzeitig Angst davor haben. Das hat Nelson Mandela in seiner Antrittsrede als Präsident Südafrikas im Mai 1994 auf eindrucksvolle Weise beschrieben:

> *Unsere größte Angst ist nicht, dass wir nicht genügen. Unsere größte Angst ist, dass wir über alle Maßen mächtig sind. Am meisten ängstigt uns unser Licht, nicht unsere Dunkelheit. Wir fragen uns, wer bin ich, dass ich es wage, glänzend, prachtvoll*

und fabelhaft zu sein? Eigentlich, wer bist du, um es nicht zu sein?

Du bist ein Kind Gottes, dein Licht unter den Scheffel zu stellen nützt der Welt nicht.

Es ist nichts Erleuchtetes daran, wenn du dich klein machst, damit andere sich nicht unsicher fühlen neben dir. Wir sind da, um zu strahlen, wie es Kinder tun. Wir wurden geboren, um die Herrlichkeit Gottes in uns zum Leuchten zu bringen. Sie ist nicht nur in einigen von uns, sie ist in jedem.

Wenn wir nun unser eigenes Licht erstrahlen lassen, erlauben wir unbewusst anderen, es uns gleich zu tun.

So wie wir von unserer eigenen Angst befreit sind, befreit unsere Gegenwart alle anderen Menschen.

Aus meiner langjährigen Erfahrung kann ich bestätigen, dass fast jedes Problem auf die Angst vor uns selbst zurückzuführen ist und auf die Angst, wenn ich wirklich ich bin und meine Kraft und Resonanz lebe, könnte ich andere verletzen. Das 5-Rollen-Modell entstand aus dieser Not heraus. Menschen kamen mit einem großen Wirrwarr von Ängsten zur Ausbildung in mein Institut. Zugleich sehnten sie sich nach dem „eigenen Licht", sie wollten ihre Bedürfnisse leben, die Aufmerksamkeit und Liebe anderer erlangen und freudvoll in Gemeinschaft leben. All das wollte aber nicht zusammenpassen. Die Erwartungen wurden enttäuscht. Trotz materiellen Wohlstandes spürten Paare und Familien, dass in ihren Beziehungen etwas fehlte. Sie hatten einen guten Job, einen Partner oder eine Partnerin, Kinder, die ganz in Ordnung waren, Haus und Auto. Trotzdem waren sie unzufrieden und hatten deshalb ein schlechtes Gewissen. Mit Hilfe des 5-Rollen-Modells konnten sie herausfinden, was sie verloren hatten. Oft war es die „Mann und Frau"-Rolle, die nicht mehr so erotisch war wie zu Beginn der Beziehung. Oft hatten sie das Gefühl „nicht genug Platz" in der Beziehung oder Familie zu haben und sie fühlten sich fast wie in einem Gefängnis. Da fehlte die Rolle „Individuum". Generell kann gesagt werden, dass Qualitäten wie Liebe, Nähe,

Vertrauen und Miteinander in keinem Geschäft gekauft werden können. Man kann sie nur finden und lernen.

In diesem 5-Rollen-Modell sind die unterschiedlichen Gefühle und Sehnsüchte klar in Rollen, Aufgaben und Bereiche getrennt. Das heißt beispielsweise, hoffentlich flirtet jemand privat anders als im Arbeitsbereich. Die Verwirrung von Gefühlen und Sehnsüchten ist die Ursache für viele Probleme in unserer Zeit: Menschen können die Balance von eigenen und fremden Bedürfnissen schwer herstellen und fühlen sich sehr einsam und alleingelassen, wenn geliebte Personen keine Zeit für sie haben. Hier eröffnen sich mit Hilfe der Kutschera-Resonanz®-Methode Möglichkeiten, wie jeder Mensch jederzeit, ob gedanklich oder wirklich, alles haben kann und sich stark, geschützt, geführt und geliebt fühlen kann. Menschen werden sich erst dann frei fühlen können, wenn sie nicht mehr abhängig von anderen sind und nicht mehr auf deren Anerkennung warten.

Abb. 23: Die fünf Rollen

Ein großes Problem ergibt sich, wenn die Rollen und Gefühle von Mann und Vater oder von Frau und Mutter vermischt werden. Viele Inzestprobleme könnten verhindert und gelöst werden, wenn diese Rollen klar getrennt bleiben. Ein Vater, der in seine Tochter verliebt ist, kennt dieses intensive Gefühl nur in seiner Rolle als „Mann“ und schaut seine Tochter als „Mann“ mit begehrenden Blicken an. Die Tochter spürt das, aber sie weiß nicht, warum sie dem Vater gegenüber nur Wut und Ekel empfindet und versucht ihm aus dem Weg zu gehen. Dasselbe passiert auch, wenn eine Mutter ihren Sohn in der Rolle als „Frau“ betrachtet und nicht als Mutter; dann hat der Sohn ähnliche Gefühle von Wut und Ekel. Würde der Vater die Tochter mit der gleichen Intensität in der Rolle des Vaters betrachten, müsste sie keinen Ekel empfinden und Tochter und Vater könnten gemeinsam leben, wonach sich beide sehnen. Der Vater kann endlich wirklich Vater sein und seine Tochter in den Arm nehmen. Die Tochter kann endlich ihren Papa spüren und seine Liebe annehmen. Das kann nur passieren, wenn die „Mann-/Frau-Rolle“ und die „Mutter-/Vater-Rolle“ klar getrennt und definiert sind.

Wenn ein Kind geboren wird, wird die Rolle der Eltern sehr viel Platz im Leben des Paares einnehmen und für eine gewisse Zeit ist diese Rolle dann auch wichtig. Werden die anderen Rollen Mann/Frau, Spielen, Individuum etc. nicht nach den ersten Monaten wieder gelebt, besteht eine große Gefahr für die Beziehung. Die Statistik zeigt, dass drei Jahre nach dem ersten Kind die meisten Scheidungen stattfinden. Nach dem 5-Rollen-Modell heißt das, dass die „Mann-/Frau-Rolle“ nach der Geburt des Kindes nicht mehr neu definiert und lebbar geworden ist. Die Schmetterlinge im Bauch haben sich offenbar verflüchtigt und die Beziehung hat ihren spritzigen Reiz verloren.

DIE ROLLE „INDIVIDUUM“

Definition: *Hier hat man das Gefühl, genug Platz für sich in der Beziehung oder Familie zu haben und kann sich frei und geborgen fühlen.*

Wenn wir die Rolle „Individuum“ als selbstbewusster, eigenverantwortlicher Mensch leben, sind wir in Resonanz mit uns selbst, spüren den eigenen Körper, wissen, was wir brauchen und können es anderen mitteilen. Wir leben die Vielfalt unserer Gefühle, wählen unsere Gedanken frei und nehmen uns die Zeit für uns, die wir brauchen. Wir freuen uns, wenn unser Partner, unsere Partnerin ihre eigene innere Sonne lebt. In der Partnerbeziehung fühlen wir uns frei und geborgen. In betrieblichen Aufgaben haben wir Freude unsere Fähigkeiten zu leben und zu präsentieren.

Hier tanken wir auf und leben unsere Talente und fühlen uns frei in Beziehungen. Wir haben die Aufmerksamkeit auf uns selbst gerichtet und sind unabhängig von anderen. Das heißt, wenn wir uns etwas von anderen wünschen, diese aber gerade keine Zeit oder Lust haben, sind wir nicht enttäuscht. Da wir jederzeit den göttlichen Funken in uns spüren, können wir in unserer inneren Kraftquelle auftanken und finden, was wir im Moment brauchen.

Ergebnisse der ersten Resonanzgruppen 1986:

Im Jahr 1986 leiteten wir die ersten Resonanzgruppen für Familien. Die Ergebnisse überraschten uns und konfrontierten uns mit vielen Fragen. 30 % der Teilnehmer hatten in Fragebögen angegeben sich mehr Zeit für sich selbst zu wünschen. Nach zwei Jahren hatten sie das erreicht, es ging ihnen aber schlechter. Wir dachten, dass es sich um einen Fehler handeln würde, doch bei Rückfragen wurde das Ergebnis bestätigt: Sie hatten jetzt zwar mehr Zeit für sich, aber zugleich das Gefühl von Einsamkeit und Ausgeschlossensein. Das Leben ginge ohne sie weiter und sie gehörten nicht dazu. Hier half uns die Physik, die komplexe Situation mit Resonanz zu erklären: „Wir wünschen uns in eigener Resonanz und gleichzeitig mit anderen verbunden zu sein, denn dann können wir uns frei und geborgen fühlen – frei und miteinander zugleich. Dieser komplexe Zustand, in dem wir Resonanz in uns behalten können, auch wenn wir mit anderen sind, ist das Ziel. Wir brauchen uns dann nicht mehr zurückzunehmen, wenn wir mit anderen sind und brauchen nicht so viel Auszeit, um wieder zu uns zurückzufinden."

In Resonanz-Rollen-Gruppen lernen Paare voneinander, indem sie sich gegenseitig Feedback geben, wann jemand nur dem anderen zuliebe mitmacht und die eigenen Bedürfnisse übersieht. Gleichzeitig wird auch Feedback gegeben, wenn nur die eigenen Wünsche wichtig sind und die der anderen übersehen werden. Noch komplexer wird die Sache, wenn man bemerkt, dass man manchmal die eigenen Wünsche aufgibt, weil das Zusammensein mit anderen viel wichtiger ist. Diese Achtsamkeit sich selbst und anderen gegenüber bringt ganz neue Atmosphäre und Schwingungen in Beziehungen.

Fragen dazu:

- Hast du das Gefühl genug Platz in der Beziehung oder Familie zu haben?
- Kannst du dich zurückziehen, wenn du Zeit für dich brauchst?
- Was machst du gerne allein?
- Kannst du ganz bei dir bleiben, wenn du mit anderen bist?
- Oder bist du mit anderen empathisch und musst dich immer wieder zurückziehen, um zu dir zurück zu finden?
- Welches sind deine Fähigkeiten?
- Wie sehen deine Bedürfnisse und Wünsche aus?
- Wie siehst du dich selbst, dein Selbstwertgefühl?
- Magst du dich? Was magst du besonders an dir?
- Wie merkst du, dass du dich in deinem Körper wohl fühlst?
- Wie redest du mit dir selbst?
- Wie leicht und wodurch lässt du dich verunsichern?
- In welcher Weise äußerst du deine Bedürfnisse? Fällt dir das leicht oder schwer?
- Wieviel Zeit pro Tag nimmst du dir für dich?
- Wie gut kannst du in Situationen einfach da sein, verweilen?
- Was wünscht du dir für die Zukunft im Zusammenhang mit der Rolle „Individuum“?

DIE ROLLE „FRAU/MANN“

Definition: *Hier findet man immer wieder Zugang zum ersten intensiven Verliebtsein und kann dieses auch in langjährigen Beziehungen immer wieder neu entdecken und leben.*

In dieser Rolle leben wir als Frau in Resonanz mit unserer Weiblichkeit, als Mann in Resonanz mit unserer Männlichkeit. Wir genießen unsere Schönheit und Attraktivität. In unseren privaten Beziehungen bewahren und verfeinern wir das lebendige Glücksgefühl des ersten Verliebtseins. Dann brauchen Kinder nicht mehr, wie vorher beschrieben, die nicht gelebte Rolle zu übernehmen und können ihre Sexualität frei entfalten. Im beruflichen Umfeld bereichern sich Frauen und Männern gegenseitig mit ihren speziellen Fähigkeiten – statt das Anderssein zu bekämpfen.

In allen guten Gesprächen ist Flirten und Begeistertsein ein wesentliches Kriterium und wird in unseren Ausbildungen geschult und geübt. Dazu ein Beispiel:

Bei einem Firmentraining empörte sich der Firmeninhaber: „Mein Unternehmen ist ein anständiges Unternehmen und Flirten ist sicherlich nicht erlaubt!“ Die Mitarbeiter erklärten ihm den Nutzen: Im Team und mit Kunden wird mehr Begeisterung gelebt und Kunden kommen gerne wieder. Nachdem er überlegt hatte, fragte er, ob er wirklich so trocken und langweilig sei. Die Köpfe der Mitarbeiter gingen nach unten ... und er meinte, er hätte verstanden. Dann fragte er, ob er dann auch flirten dürfte. Und berichtete von einem Vorfall: Vor einigen Tagen war seine Sekretärin (die bei diesem Firmentraining anwesend war) sehr gut drauf, weil sie neu verliebt war und von ihrem neuen Freund nach der Arbeit abgeholt wurde. Der Chef wollte gerne mit ihr auf gut wienerisch „Schmäh führen“, also mit ihr scherzen. Er hat es aber damals nicht gemacht, weil er dachte, seine Frau wäre dann unglücklich. Als er nach Hause kam, war er den ganzen Abend grantig, weil seine Frau ihm „verboten“ hatte, mit der Sekretärin zu scherzen. Der Chef fragte weiter, ob er das richtig verstanden habe, dass er das nächste Mal auch flirten dürfe und sich über die Großzügigkeit seiner Frau freuen dürfe, die ihm ja nur in seiner Vorstellung verbiete mit anderen lustig zu sein. Kommt er dann nach Hause kann er sich über seine großzügige Frau freuen und mit ihr flirten und Spaß haben.

An diesem Beispiel sieht man:

> *Unser wirklicher Feind sind unsere Gedanken, unsere inneren Regeln und Vorstellungen.*

In festen Beziehungen können wir auch mit anderen lustig und fröhlich sein, wenn wir wissen, wo wir „zu Hause“ sind. Durch diese Klarheit ist Eifersucht nicht mehr nötig und wir müssen uns nicht mehr dabei einschränken, können auch dann mit anderen lustig sein, wenn wir in dauerhaften Beziehungen leben. Wir wünschen uns attraktive Partner und können dann oft schlecht damit umgehen, wenn sie auch anderen gefallen. Hier kann jedes Paar für sich Klarheit finden. Es ist für jede Beziehung sehr wichtig, dass die Erotik, die Schmetterlinge im Bauch und die Intensität nicht nur erhalten bleiben, sondern immer weiter verbessert werden.

In Resonanz-Rollen-Gruppen lernen Paare und Single, wie sie fröhlich miteinander sein können und wie sie sich in einem klaren Rahmen sicher fühlen können, wenn sie Intensität, Vertrauen und Nähe mit andern leben. Keines der vorher beschriebenen vier Energiemuster lebt die „Mann-/Frau-Rolle“ adäquat, weil Eltern diese Qualitäten nicht vorgelebt haben und Visionen dazu erst gemeinsam gefunden werden müssen. Meist wird hier nur an Sex gedacht und all die wundervollen intensiven Momente im Miteinander werden dadurch unterdrückt und nicht gelebt. Fazit: Auch in festen Beziehungen dürfen wir mit anderen lustig sein und können uns in unseren festen Beziehungen immer wieder neu begehren.

Fragen dazu:

- Wie wohl fühlst du dich als Mann bzw. Frau?
- Wann hast du dich als Frau bzw. Mann lebendig und erotisch gefühlt?
- Was heißt für dich Frau sein"/„Mann sein?
- Welche Erwartungen hast du als Mann/Frau?
- Was ist für dich in einer Beziehung wichtig?
- Wie erlebst du deine Sexualität?
- Wie sprichst du mit deinem Partner über Sexualität?
- Wie kannst du deine Wünsche mitteilen?
- Wie gehst du mit Nähe/Distanz um?
- Was wünscht du dir für die Zukunft als Mann/Frau?

DIE ROLLE „HIERARCHIE"

***Definition:** Hier lebt man Geben und Nehmen in Balance und entdeckt, wie echtes Geben immer auch Nehmen ist.*

Wenn wir gerne von Herzen geben, merken wir die Reaktion der anderen sofort – ein Lächeln, strahlende Augen und wir spüren die Verbindung. Diese Reaktion der anderen ist gleichzeitig ein Geben und ein Beschenken. Nur wenn Geben und Nehmen in Balance sind, fühlen wir uns in Beziehungen frei und geborgen zugleich. Wirkliches Geben ist immer auch Nehmen. Wenn wir selbstlos geben, bekommen wir immer etwas zurück – und sei es nur ein Lächeln. Ist allerdings die innere Erwartungshaltung ein Hoffen auf Anerkennung oder Lob, dann wird das Geben als unangenehm empfunden, weil es nicht bedingungslos „von Herzen" kommt.

In der Rolle „Hierarchie“ leben wir die Balance zwischen Geben und Nehmen. Wir leben als Führende oder Sorgende Resonanz und können uns auch führen und umsorgen lassen. Wir bekennen uns einerseits zur Verantwortung, lassen uns auf der anderen Seite auch gerne verwöhnen. In unseren privaten Beziehungen bekennen wir uns zueinander, sorgen füreinander und nehmen gegenseitige Unterstützung gerne an. Die Aufgabenverteilung ist fair und niemand fühlt sich unter Druck. Im beruflichen Umfeld nehmen wir Führungsqualitäten an, übernehmen gerne und mit Leichtigkeit Verantwortung und können zugleich auch Hilfe und Unterstützung von anderen annehmen.

In dieser Rolle gibt es eine klare Hierarchie und klare Aufgabenverteilung: Einer gibt und der andere nimmt. Einer übernimmt Verantwortung und der andere lässt sich führen. Das Besondere besteht darin, dass die beiden Rollen einander bedingen. So beinhaltet richtiges Geben immer auch gleichzeitig Nehmen und wirkliches Nehmen ist auch immer ein Geben. Wenn wir achtsam sind, können wir ein Lächeln, einen liebevollen Blick oder eine sanfte Berührung als Feedback für unser Tun wahrnehmen. Häufig wird das übersehen und Menschen sind traurig, wenn sie „nur“ geben. Wieviel geht uns hier im täglichen Miteinander verloren?

Meist ist eine Rolle besser gelernt worden und dadurch ist die Balance gestört. So kann z. B. jemand mit dem fürsorglichen Energiemuster sehr gut geben, aber ganz schlecht annehmen. Hier ist die Chance für gleichwertige Beziehungen dann gegeben, wenn diese Person Annehmen, Bitten und Leichtigkeit lernt.

In dieser Rolle ist die klare Aufgabenverteilung wichtig. Dazu ein Beispiel: Ein Ehepaar hat kleine Kinder und die Frau bereitet ein größeres Fest vor. Eine halbe Stunde bevor die Gäste kommen, kommt der Ehemann nach Hause und will helfen. Die Frau bittet ihn, einen Tisch an einen bestimmten Platz zu stellen. Er kommt zu ihr in die Küche und will mit ihr diskutieren, warum der Tisch dort und nicht besser woanders stehen sollte. Sie rastet aus und die gute Stimmung ist vorbei.

Dieses Beispiel zeigt, wie wichtig eine klare Aufgabenverteilung ist. Wenn jemand eine Aufgabe übernommen hat, ist diese Person dafür verantwortlich und andere helfen. In unserem Beispiel übernimmt die Frau die Verantwortung für die Festgestaltung, und wenn der Mann heimkommt und helfen will, ist er „nur" Handlanger. Er diskutiert nicht, sondern übernimmt die kleinen Hilfeleistungen, die die Frau bereits für das Fest im Kopf hat. Der Mann freut sich über diese Klarheit und findet die Rolle als Handlanger super.

Hier können Paare in Resonanz-Gruppen viel voneinander lernen und mit viel Spaß über ihre alten, eingefahrenen Verhaltensweisen lachen. Wie z. B. ein „Kleines Kind" mit viel Charme immer wieder erreicht, dass andere alles für es tun oder „Besserwisser" immer wieder andere mit ihrem Geben zwangsbeglücken wollen, kann man beginnen über sich selbst zu lachen und bemerkt dann, wann und wie eine Fähigkeit nervig und zum Problem wird. So ist das Dazulernen neuer Fähigkeiten meist leicht. Die Bereitschaft Ängste zu lösen steigt, und Wege in neue Freiheiten öffnen sich.

Fragen dazu:

A) Verantwortung übernehmen

- Wie und wann übernimmst du Verantwortung für andere?
- Wann war es für dich sehr schön für andere etwas tun zu dürfen?
- Wie fühlst du dich dabei?
- Was verbindest du mit deiner Rolle als Mutter bzw. Vater? (auch ohne Kinder bist du manchmal Vater bzw. Mutter für andere)

B) Annehmen: Verantwortung anderen überlassen

- Wie signalisierst du dem anderen, dass du dich verwöhnen lassen willst?
- Wann hast du es genossen etwas zu nehmen?
- Wie gut kannst du deine Bedürfnisse äußern?

- Wie gut kannst du annehmen?
- Ist es leichter/gewohnter für dich zu führen oder dich führen zu lassen?
- Was wünschst du dir für die Zukunft in Zusammenhang mit der Rolle „Hierarchie“?

C) Balance zwischen Geben und Nehmen:

- Wann hast du diese Balance gespürt? Mit wem, wann und wo?
- Wie lange ist es her?
- Wie groß ist die Sehnsucht, dieses Gefühl öfter und mehr zu leben?
- Mit welchen Menschen geht es und mit welchen geht es nicht?

DIE ROLLE „SPIELEN“

***Definition:** Hier entdeckt man immer wieder die Leichtigkeit des Lebens. Man ist gemeinsam neugierig, entdeckt immer wieder Neues und findet heraus, was es heißt gleichwertig im Miteinander Spaß zu haben.*

In dieser Rolle leben wir wie Kinder die Neugierde und den spielerischen Entdeckungsdrang. In privaten Beziehungen können wir fröhlich und ausgelassen sein. Wenn wir verliebt sind, wird diese Rolle meist sehr gut gelebt. Gemeinsam entdecken wir alles Mögliche und neugierig bewundern wir uns nicht nur gegenseitig sondern auch unser Umfeld. Wir gehen gerne auf Entdeckungstouren und auf gemeinsame Reisen.

Es scheint, dass gesunde, fröhliche 100-Jährige diese Qualitäten und diese spielerischen Eigenschaften bewahrt haben. Bei Befragungen kamen immer wieder die gleichen Antworten:

- Sie lernen immer und sind neugierig.
- Sie finden immer etwas zu tun.
- Sie lachen viel.

Dagegen äußern Jugendliche häufig, dass sie nicht erwachsen werden wollen, weil Erwachsene so langweilig sind und das gemeinsame Spielen und der Spaß verschwindet. Deshalb kommt der Rolle „Spielen'" immer mehr Bedeutung zu und sie ist ein wesentlicher Bestandteil für fröhliche, menschliche Beziehungen. Auch im betrieblichen Umfeld stärkt die Rolle „Spielen" die Resonanz im Team und bringt die individuellen Stärken, die Begeisterung und die Talente aller Teamplayer ein.

Erinnern wir uns, was weiter vorne der Gehirnforscher Spitzer gesagt hat: Glück und Lernen ist im Gehirn an der gleichen Stelle codiert und das besagt, dass Lernen gleich Glück ist. Gehen wir davon aus, dass Lernen spielen, entdecken und neugierig sein heißt, dann ist diese Rolle für glückliche und langjährige Beziehungen ein wesentlicher Faktor.

In Resonanz-Rollen-Gruppen macht das Lernen dieser Rolle viel Spaß, weil über die Ungeschicklichkeit vom Erwachsensein viel gelacht wird und es ist immer wieder schön zu beobachten ist, wie Freude und Leichtigkeit Beziehungen aufheitern. Viele glauben, wenn sie Erwachsene sind, Kinder haben und Verantwortung übernehmen, dass „kindisches" Spielen nicht mehr sein dürfe. Wenn diese Verbote und Gebote geheilt werden, öffnen sich Türen zu gleichwertigem Miteinander mit viel Kreativität und Neugierde am Anderssein. Jeder hat dann die Chance die eigenen Talente zu leben und Freude an der persönlichen Bestleistung zu finden.

Fragen dazu:

- Auf welche Weise und wo nützt du deine Kreativität?
- Wann hast du das letzte Mal gespielt? Was und mit wem?

- Wie viel Zeit nimmst du dir, um einfach mit anderen etwas zu genießen?
- Mit welchen Menschen kannst du diese Rolle besonders gut leben? Mit wem lachst du viel und mit wem kannst du häufig Spaß haben?
- Mit wem erlebst du gleichberechtigtes Miteinander häufig?
- Was wünscht du dir für die Zukunft im Bereich der „Spiel-Ebene"?

DIE ROLLE „UMFELD"

Definition: *Hier finden wir neu nach Hause in die Großfamilie und lernen die Generationen vor uns wertzuschätzen.*

In dieser Rolle leben wir in Resonanz mit unserem sozialen Umfeld und mit der Natur. Wir wählen selbst unsere Freunde, unsere sportlichen und kulturellen Aktivitäten und unser soziales Engagement. Wir sind in privaten Beziehungen in das soziale Netz unseres Umfeldes eingebunden, dazu gehören Freunde, Bekannte, Verwandte, Natur, Sport, Kultur und Politik. Im beruflichen Umfeld sind wir uns der ganzheitlichen Wechselwirkung zwischen Gesellschaft, Natur und Wirtschaft bewusst und handeln verantwortungsvoll.

Frage: Wie wollen wir uns in unser Umfeld einbringen? Wie können wir Verbindung zu allem, was uns umgibt, herstellen?

Afrikanisches Sprichwort: Es braucht ein ganzes Dorf, um ein Kind zu erziehen...

Hier entscheiden wir, mit welchen Freunden wir sein wollen und wie wir mit unseren Verwandten leben wollen. Hier lernen wir, neu nach Hause zu finden in die Großfamilie und lernen Wertschätzung und Achtsamkeit für die vielen Generationen vor uns. Wir können unsere Ursprungsfamilie nicht loslassen, weil das innerlich einem Verrat gleichkäme. Das heißt, dass wir aus diesem Grund an alten traditionellen Familienmustern festhalten, auch wenn wir vom Kopf her schon lange wissen, dass sie nicht gut für uns sind. Lösen wir uns von alten Familienmustern, befreien und versöhnen wir zugleich unsere Ahnen und unsere Nachkommen. Wir finden neu nach Hause in unsere Familie und können uns hier frei und geborgen zugleich fühlen. Wir brauchen nicht mehr zu kämpfen und wollen andere nicht mehr verändern – wir können andere sein lassen, wie sie sind, und unseren Weg gehen.

Jedes Paar findet gemeinsam, mit welchen Freunden und welchen Verwandten sie leben wollen. Hier ist Folgendes wichtig: Nicht die Quantität ist entscheidend, sondern die Qualität. Die volle ungeteilte Aufmerksamkeit ist entscheidend und nicht die Zeit. Dazu ein Beispiel:

Ein 40-jähriger Mann kam empört in die Ausbildung und erzählte, dass er seine Mutter, die im selben Dorf lebt, jeden Tag zwei Stunden lang besucht. Sie erzählt im Dorf jedoch herum, dass sie einen undankbaren Sohn hat, der sich überhaupt nicht um sie kümmert. Bei genauem Nachfragen stellte sich heraus, dass er, wenn er sie besuchte, Zeitung las oder Sportsendungen anschaute, sie kaum bemerkte und nach zwei Stunden genervt wieder ging. Also war seine Aufmerksamkeit überhaupt nicht bei seiner Mutter. In ihrer Wahrnehmung bedeutete das, dass er sich nicht um sie kümmerte. Diese Erkenntnis war ihm peinlich und er versicherte, dass er natürlich seine Mutter besuchen möchte, aber wenn er ehrlich sei, höchstens für eine halbe Stunde pro Woche. Allein das auszusprechen verursachte ihm große Schuldgefühle. Künftig ging er für eine halbe Stunde zur Mutter, fragte sie, was er tun könne, ob er ihr helfen oder etwas reparieren könne, bemerkte, dass er sein Lieblingsessen bekam und erkundigte sich, wie es ihr ging und was sie den ganzen Tag so mache. Nach genau einer halben Stunde verließ er sie wieder. Die Reaktion der Mutter war prompt: Sie erzählte im ganzen Dorf, dass sich ihr Sohn wieder um sie kümmern würde.

Hier wird deutlich, dass die Qualität wichtiger ist als die Quantität der gemeinsam verbrachten Zeit. Dies gilt für alle Beziehungen: Täglich zehn Minuten Schmetterlinge im Bauch sind wichtiger als zwei Stunden Fernsehen. Das Geheimnis in dieser Rolle ist es, die Momente des Glücks immer wieder zu entdecken. Eine Mutter von vier Kindern drückte das in einem Weihnachtsrundbrief wunderbar aus. Mit Handschrift auf einem linierten Zettel versandte sie Folgendes:

Momente des Glücks:

Wenn die Kinder nach Hause kommen, den Schulranzen in die Ecke werfen und „Hallo Mutti" rufen.

Wenn ein Kind eine gute Note heimbringt und sie gemeinsam feiern.

Wenn sie ihren Kopf in die große Hand ihres Mannes legen.

Wenn sie im Frühling gemeinsam die ersten Krokusse bewundern, im Sommer die ersten Erdbeeren entdecken und im Herbst die ersten bunten Blätter finden.

Wenn sie in die strahlenden Augen ihrer Kinder schaut.

Wenn Vater und Sohn beim Vorlesen eines Buches eingeschlafen sind und vollkommen entspannt aneinander gelehnt auf dem Sofa sitzen.

Fazit: Die wunderbaren selbstverständlichen Momente des alltäglichen Glücks bemerken und genießen und nicht dem Glück hinterher rasen.

Zu diesem Thema wird in Resonanz-Gruppen besonders viel gelernt. Alt und Jung beginnen sich zu unterstützen, freuen sich über gemeinsame Aktivitäten und entdecken gegenseitig ihre Fähigkeiten. Besonders Kinder fühlen sich im Miteinander wohl und freuen sich auch, wenn sie zu Nachbarn laufen können, oder wenn alle Großeltern und Verwandte da sind und für sie Zeit haben.

Fragen dazu:

- Welche Kontakte hast du außerhalb deiner Familie?
- Wie wirst du von deinem Umfeld wahrgenommen?
- Wie sind die Beziehungen zu den Verwandten?
- Glaubst du, dass du Einfluss auf die Gestaltung deiner Umgebung hast? Wenn ja, wie?
- Bist du politisch engagiert oder in einer Interessengemeinschaft tätig?
- Was ist dir mit Freunden wichtig?

ZUSAMMENFASSUNG DER 5 ROLLEN

Resonanz mit sich und mit anderen: Jede Rolle wird dann als positiv empfunden und gelebt, wenn wir mit unserer inneren Sonne, mit unserem göttlichen Funken handeln. Resonanz bleibt in jeder Rolle und wird vom Verhalten her in jedem Lebensabschnitt anders sein.

Konfusion der Gefühle: Da wir die zu den Rollen gehörigen Gefühle nicht zu leben gelernt haben, halten wir entweder Gefühle zurück oder wir fühlen uns in einem Gefühlsdurcheinander. Deutlich wird dies besonders zwischen der „Mann-/Frau-Rolle“ und der „Vater-/Mutter-Rolle“.

Klarheit der Rollen und schneller Rollenwechsel: Für die Lebendigkeit in Beziehungen ist oft ein schneller Rollenwechsel notwendig. So kann man an vielen Plätzen in Italien beobachten, wie ein italienischer Macho sofort seine Rolle verändert, wenn er sich zu einem Kind hinunter beugt und sofort „Papa“ wird. Sobald er sich aufrichtet, kann er wieder als Mann flirten. Ähnlich verhält es sich bei italienischen Frauen, die im Kontakt mit dem Kind sofort in die „Mama-Rolle" wechseln.

Auch in festen Beziehungen Spaß mit anderen haben: Wenn wir in einer Beziehung nach Hause gefunden haben und uns dort frei und geborgen fühlen, können wir mit allen anderen lustig und begeistert sein und wissen, wohin wir am Abend nach Hause gehen.

Sich gegenseitig einladen: Es wird auch in Zukunft nicht passieren, dass zwei Menschen zur gleichen Zeit das Gleiche wollen. Wieso sollten unsere Partner Gedanken lesen können? Laden wir sie stattdessen ein zu all den Schönheiten, die uns begeistern, zu dem, was wir gerne tun. Für den einen ist es Sport, für den anderen Theater oder Kino, für andere die Natur, für wieder andere gemeinsam zu lesen.

Neudefinieren der Rollen bei jedem Lebensabschnitt: Die Strukturen der Rollen bleiben immer gleich und in Beziehungen glaubt jeder, dass die Rollen der eigenen, ursprünglichen Familien gelebt werden sollten. Meist ist es Partnern gar nicht bewusst, welche Rollenbilder in den Köpfen existieren. Beide Partner müssten die Rollen der anderen entdecken und dann gemeinsam entscheiden, wie sie die Rollen in ihrer neuen Familie leben wollen. Häufig passiert dann der Irrtum, dass die Rollen beim Kennenlernen und Verliebtsein als sehr angenehm empfunden werden und die Paare träumen von einer Wiederholung der ersten Zeit. Dies ist nicht möglich, weil sich das Umfeld im Laufe des Zusammenlebens immer wieder verändert und neue Lebensabschnitte beginnen. Dazu müssten gemäß den logischen Ebenen die Rollen neu definiert werden. Jedes Paar und jede Familie findet die eigenen Definitionen und füllt die Struktur mit Leben.

Jedes Mitglied einer Gruppe, sei es eine Familie oder ein Unternehmen oder eine Dorfgemeinschaft, hat innere Vorstellungen von den fünf Rollen und damit eigene Definitionen, was richtig und was falsch ist. Das bedeutet, alle haben gemäß den logischen Ebenen andere Werte, andere innere Einstellungen, die sogenannten Beliefs, andere Strategien und sie unterscheiden sich in ihrem Verhalten. Die Herausforderung für alle

Mitglieder der Gruppe ist es eine gemeinsame Vorstellung zu finden: „Welche Werte wollen wir gemeinsam leben, welche Regeln/Beliefs wollen wir definieren, welche Fähigkeiten bringt jeder mit und wie wollen wir das alles in unserer Familie, im Unternehmen, in der Gemeinde gemeinsam leben?

In der Praxis sind die Ebenen nicht so linear voneinander getrennt, sondern sie sind immer alle gleichzeitig in Aktion. Jedes Verhalten wird von der Seele beeinflusst, den Fähigkeiten, den Strategien, inneren Haltungen und Werten. Jedes Verhalten verändert die Atmosphäre – wie ein Stein, der ins Wasser fällt und Ringe zieht. Dadurch wird die vorhandene Matrix in bestimmter Weise aktiviert.

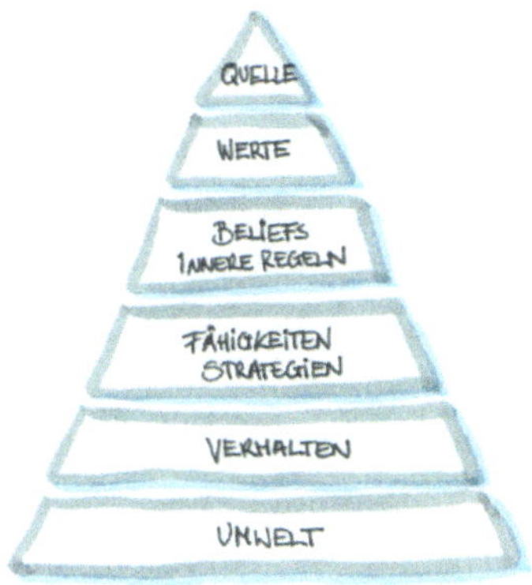

Abb. 24: Die logischen Ebenen

Dazu zwei Beispiele:

Wenn jemand depressiv ist und ganz schwer in Bewegung kommt (Verhalten), fühlt er sich innerlich grau und schwer etc. (Submodalitäten). Resonanz und Lebensenergie sind weit weg. Die Fähigkeit besteht in diesem Fall im Durch- und Festhalten. Die Strategie ist alles Negative wahrzunehmen und sich selbst und andere immer wieder runterzuziehen. Die Glaubensätze sind

„Das Leben ist schwer!" oder „Es hat alles ohnehin keinen Sinn!" etc. Die Werte sind Druck, Hoffnungslosigkeit, Einsamkeit etc. und die Atmosphäre, die sich verbreitet, ist so wie die Seele – grau, schwer, unbeweglich etc. Diese Submodalitäten wirken wie Energie und Schwingungen. Sie aktivieren die Matrix in diese Richtung.

Jemand ist voller Begeisterung und Lebensfreude, lebt und gestaltet privat und beruflich mit anderen gemeinsam sein Leben. Diese Person fühlt sich innerlich hell, weit, bunt etc. (Submodalitäten), sie ist in Resonanz und voller Lebensenergie. Ihre Fähigkeit besteht darin alles Schöne zu bemerken und zu gestalten. Die Strategie ist achtsam wahrzunehmen, anzunehmen und sich selbst und andere immer wieder zu ermuntern. Die Glaubenssätze sind: „Das Leben ist schön!" oder „Wir sind gemeinsam unterwegs!" etc. Ihre Werte sind Freude, Liebe, Miteinander, Hoffnung etc. Die Atmosphäre, die diese Person verbreitet, ist so wie ihre Seele – bunt, hell und weit etc. Diese Submodalitäten sind Energie/Schwingung und aktivieren die Matrix in diese Richtung.

Jedes Verhalten und jede Rolle sind ständig in eine Powerspirale eingebettet, die alle logischen Ebenen enthält.

Dazu eine Weisheit von Univ.-Prof. Walter Wilburg von der Universität Graz. Er war einer der Gestalter der neuen Verfassungsgesetze nach dem 2. Weltkrieg. Als Professor lehrte er uns die Bedeutung von Regeln und Gesetzen als einen Schutzrahmen zu sehen, in dem sich jeder frei entfalten kann. Um uns Studenten das im Jahr 1960 verständlich und spürbar zu machen, bat er uns in der Vorlesung die Augen zu schließen und an alles zu denken, was wir müssen, sollen, nicht dürfen und nicht können. Gleichzeitig bat er uns darauf zu achten, wie in uns alles enger, dunkler und schwerer wird und wie sich Trauer, Wut und Ärger ausbreiten. Er machte uns auf diese Weise darauf aufmerksam, wie wir selbst unser eigenes, inneres Gefängnis bauen. Nachdem er uns ziemlich lange im „Gefängnis" ließ, bat er uns, alle Spielräume zu entdecken, die zwischen den Regeln vorhanden sind. Er machte uns aufmerksam, dass es anfänglich schwer sei etwas zu finden, aber wenn wir die ersten Spielräume entdeckt hätten, ginge es leichter und leichter. So war es auch: Wir begannen uns freier zu fühlen, es wurde heller, weiter und bunter und er machte uns bewusst, dass wir selbst entscheiden könnten, ob wir auf die Grenzen schauen oder auf die Freiheit und die Spielräume, die dazwischen liegen – ob wir frei sein wollen oder im Gefängnis leben wollen. Er motivierte uns nachzudenken wofür wir unser Leben verwenden wollen: Gefängnisse zu bauen oder Türen aufzuzeigen, die in Freiheit und Weite führen.

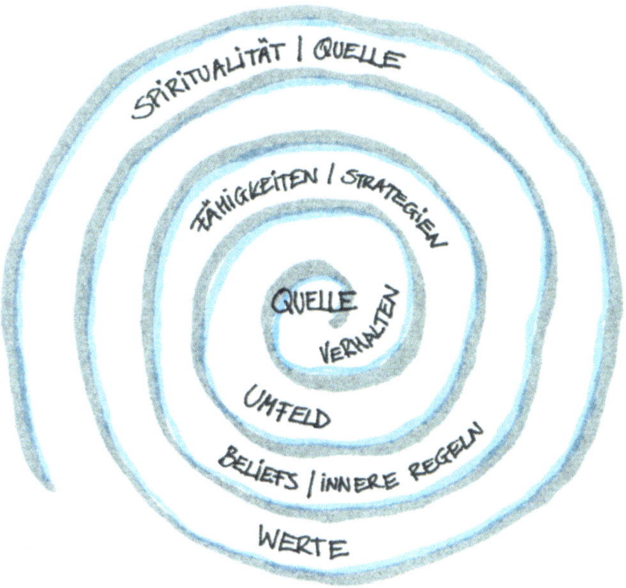

Abb. 25: Die Spirale

Ich bin Prof. Wilburg sehr dankbar. Ich fühlte mich überall auf der Welt frei. Wenn jemand mir sagte, etwas ginge nicht, dachte ich nur: „Wo ist der Spielraum?“ Es gab immer einen Spielraum!

RESONANZ UND KOMMUNIKATION MIT DER NATUR UND DEM UNIVERSUM

MOMENTUM

Alle Religionen, Künste
und Wissenschaften sind Zweige
des gleichen Baumes.

–Albert Einstein

Das Zeitalter der Aufklärung geht nun doch etwas kleinlauter zu Ende, als es begonnen hat. Wir haben mit unseren wissenschaftlichen Erkenntnissen und durch den Einsatz von Technik nicht nur Gutes geschaffen, sondern eine Vielzahl neuer globaler Probleme, die unser Leben bedrohen und die wir mit unseren bisherigen Denkmustern nicht mehr zu lösen im Stande sein werden.

Es gibt Entwicklungen in der Welt, die positiv zu sehen sind und solche die weniger positiv sind ...

- Der Zustand unseres Planeten birgt eine nicht unerhebliche Gefahr für die Zukunft der Menschheit. (Dürre, Hitze, Naturkatastrophen, CO_2, Wasserknappheit ...).
- Nationalistische und protektionistische Tendenzen gefährden den Welthandel und teilweise auch die Demokratie.
- Verteilungsungleichheit bezieht sich nicht nur auf die Verteilung von Vermögen, sondern auch auf die Verteilung von „intakter Umwelt" (Ressourcen, Gesundheit, Arbeitsmarkt...).
- Digitalisierung bedeutet Fortschritt, aber auch Vereinsamung und Verarmung sozialer Kompetenz.

Ratlos stehen wir nun vor den Problemen, die wir uns selbst geschaffen haben. Dieser beunruhigenden Entwicklung steht ein Aufwachen gegenüber. Mahnende Stimmen werden lauter und finden immer mehr Gehör. Auf gesellschaftlicher Ebene erleben wir ein beginnendes Bewusstwerden. Wir erleben momentan so etwas wie eine Zeitenwende, ein Momentum.

Das Geheimnis Resonanz – Modelle zum ganzheitlichen Erfassen von Beziehungen und menschlichem Miteinander

Hier werden einige Modelle vorgestellt, die alle bisher beschriebenen einzelnen Elemente zu einer Ganzheit zusammenfügen, sodass sie automatisch abrufbar sind. In Kommunikation kann dies genauso gelernt und erreicht werden, wie es in vielen anderen Bereichen bisher schon möglich ist. In Konzerten oder sportlichen Wettkämpfen können Musiker oder Sportler alles Gelernte und Geübte automatisch abrufen. Das ermöglicht es ihnen im Flow- und Resonanzzustand total fokussiert auf das Ziel zuzugehen. Gleichzeitig gilt es die Verbindung mit dem Publikum oder mit den äußeren Bedingungen im Wettkampf immer zu halten. Nur dann kann die persönliche Bestleistung erbracht werden, unabhängig vom Umfeld, wie es bei Ruderwettbewerben verschmutztes Wasser oder starker Wind sind oder bei Skirennen der Schnee und die Wetterbedingungen. Gewinnen werden jene, die sich den äußeren Bedingungen besser angleichen können und mit dem Umfeld in Verbindung bleiben.

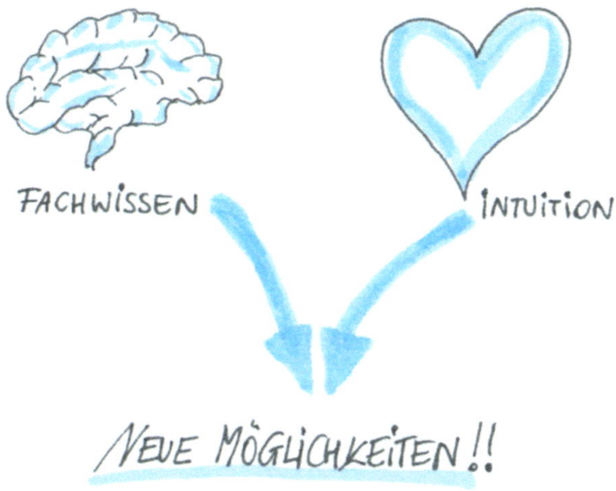

Abb. 26: Verbindung von Fachwissen und Intuition eröffnet neue Möglichkeiten

Auch in der Kommunikation sollte das die Regel sein: Sich gut auf Gespräche vorbereiten, das Umfeld und die Gesprächspartner gut kennen und im Gespräch alles Gelernte und Geübte im Resonanzzustand zur Verfügung haben. Dann wird es in der Kommunikation wie im Sport oder Konzert sein: Menschen und Umfeld sind miteinander in Resonanz und freuen sich über gute und faire Gesprächspartner, die ihre Talente leben und ihr Bestes geben. Schwingen die einzelnen Menschen in sich und mit anderen, dann können die Systeme, in denen sie leben, auch miteinander schwingen, und das kann sich, wie im Bild vom Stein, der ins Wasser fällt, weiter fortsetzen. Die Familien, Unternehmen und alle demokratischen Einrichtungen schwingen miteinander, und wenn man diese Schwingungsringe weiterverfolgt, beginnen die Organisationen mit den politischen Einrichtungen zu schwingen und letztlich können auch die Länder miteinander schwingen. Dann wäre nicht nur das Gleichgewicht in jedem einzelnen Menschen wiederhergestellt, sondern auch im sozialen, menschlichen Miteinander und letztlich auch zwischen Mensch und Natur. Dann könnten sich Menschen Konzepte und Produkte ausdenken, die dieses Gleichgewicht unterstützen und die es ermöglichen, dass für alle Menschen genug da ist: genug Essen, genug Platz, genug Geld, genug Liebe, genug Freude ...

Talente entdecken, Träume leben und Sinn stiften ist dann gegeben, wenn die Freude und Begeisterung für ein Fachgebiet mit der individuellen Intuition verbunden sind und im Gleichklang mit dem Umfeld gelebt werden.

Resonanz im sozialen Miteinander – die Doppelspirale

Das 5-Rollen-Modell hilft, im sozialen Miteinander Gleichklang zu finden, in dem jede Person das eigene Instrument zum Klingen bringt und gleichzeitig in alle demokratischen Einrichtungen eingebettet ist – sowohl im Berufs- als auch im Privatleben. Dazu gehören Familien und Arbeitsplätze, Religionen, Kulturen, Staaten und alle globalen Vernetzungen.

Eines der großen Probleme unserer Zeit ist die „Egomanie". Einerseits steigt die Zahl der Singlewohnungen extrem an, andererseits besteht eine große Sehnsucht in einer Beziehung oder Familie zu leben. Was Menschen wirklich suchen, ist die komplexe Verbindung von Freiheit und Geborgenheit, die Resonanz in uns und mit unserem Umfeld. Sie suchen Lebensqualität und wollen Sinn im Leben finden. In meinen Seminaren und Therapien erlebe ich immer wieder, dass es keine psychischen Probleme gibt, sondern nur ein „Nicht-Wissen".

Ein „Nicht-Wissen", wie wir als Eltern mit unseren Kindern umgehen sollen oder wie wir in unseren Partnerschaften immer wieder in das anfängliche Glücklichsein zurückfinden können. So höre ich oft Sätze wie: „Ich weiß ja, dass ich schuld bin, aber niemand sagt mir, was ich tun soll!" Diese Hilflosigkeit zeigt sich auch nach dem Scheitern von Partnerschaften: „Es war doch gut, warum ist es schiefgegangen?" Auch im Berufsleben bestehen große Unsicherheiten. So gibt es Führungskräfte, die autoritäres Führen ablehnen, aber nicht wissen, wie sie anders führen könnten – wie sie einen Schutzrahmen setzen können, in dem jeder frei gestalten kann.

Abb. 27: Die Doppelspirale – Balance von Beruf und Privatleben

Es kann nie statische, einmalig definierte Regeln für das Privat- und Berufsleben geben und diese können auch nicht gleich sein, sondern müssen sich individuell unterscheiden. Es ist ein ständiges Balancieren zwischen den eigenen Bedürfnissen und denen der anderen und es ist ein ständiges Balancieren zwischen dem Privat- und dem Berufsleben. Dazu kommen noch die unterschiedlichen Lebensabschnitte, die immer wieder Veränderungen bringen und fordern. Die Rollen und Aufgaben variieren daher ständig und müssen entsprechend neu definiert werden. Wenn ein Kind auf die Welt kommt oder Kinder das Elternhaus verlassen, bei Arbeitslosigkeit oder Krankheit, bei Jobwechsel oder Trennung ist es immer wieder notwendig eine neue Balance zu finden. Kurz gesagt: Beziehungen und Familie sind spannende Entdeckungsreisen, die immer wieder neue Überraschungen bringen. Es wird nie langweilig.

Atmosphäre im menschlichen Miteinander

Die Atmosphäre bestimmt, wie ein Gespräch verläuft. An schlechten Tagen verwenden wir die gleichen Worte und sie wirken nicht und an guten Tagen, in einer angenehmen Atmosphäre, geht alles leicht und die Worte stimmen. Die Atmosphäre ist wie ein Feld, das jeder spürt, wenn man beispielsweise in ein Lokal kommt und sagt: „Hier ist gute Stimmung, hier bleiben wir". Diese Atmosphäre oder dieses Feld ist nicht nur in Gesprächen wesentlich, sondern auch für die Entwicklung der Persönlichkeit. Die verschiedenen Felder, in die unsere Persönlichkeit eingebettet ist und die uns beeinflussen, sollten miteinander schwingen. Für Kinder und Jugendliche ist es wichtig, dass das Zuhause und die Schule miteinander schwingen und Eltern brauchen eine gemeinsame Schwingung von Zuhause und Arbeitsplatz, damit sie gesund bleiben und sich entfalten können. Leider sind wir momentan noch weit davon entfernt, aber es gibt immer mehr Menschen, die gelernt haben, diesen Gleichklang zu leben.

Balance zwischen den verschiedenen Rollen

Die fünf Rollen sind wie Felder, die sich gegenseitig beeinflussen. Sie können sich massiv stören, wenn sie im Privaten und Beruflichen nicht klar definiert sind. Diese fünf Rollen sind wie in einem Nest in ein weites Umfeld eingebettet. Das heißt, sie werden sowohl von einem familiären als auch einem kulturellen und gesellschaftlichen Rahmen oder Feld beeinflusst.

Alles wird von einem großen globalen Rahmen bzw. Feld umgeben: Der Glaube an eine friedliche Zukunft und ein freundliches Universum, die Hoffnung und unsere Chance für die Zukunft ist die Tatsache, dass die Gedanken und Gespräche jeder einzelnen Person die Schwingung aller Felder bestimmen. Dass also jede einzelne Person Verantwortung für die Zukunft trägt.

Bei einem Workaholic-Muster werden alle Rollen im Beruf gelebt, aber nicht im privaten Bereich. Die folgende Graphik zeigt eine Person, die im Beruf alle Rollen lebt, privat dagegen nur zwei Rollen: Sie kommt nur nach Hause, um sich von der Erschöpfung auszuruhen oder um sich in ihrem Umfeld zu zeigen. Diese Person lebt nur ihre Rolle als „Individuum“ und ihre Rolle für das „Umfeld“. Wenn eine Person mit diesen fehlenden Rollen mehr Zeit zu Hause verbringt, wird sie krank. Erst wenn sie ihre fünf Rollen auch für den Privatbereich findet und definiert, wird sie die Balance zwischen Beruf und Privatleben leben können.

Abb. 28: Ungleichgewicht von Beruf und Privatleben (Workaholic-Muster)

Dies bewusst zu tun, ist dringend notwendig, weil durch diese Unwissenheit sehr viel Leid entsteht. Ein Beispiel: Starke Frauen sind erfolgreich im Beruf, nehmen Dinge in die Hand, organisieren etc. und wissen nicht, warum es im Privatleben nicht klappt. Ihre Beziehungen gehen immer wieder auseinander, obwohl sie sich sehnsüchtig Familie und Kinder wünschen. Diese Frauen versuchen ihre erfolgreichen Rollendefinitionen, wie z. B. alles zu managen, auch zu Hause zu leben. Oft verlassen die Partner sie, weil sie keinen Platz finden, um selbst zu gestalten. Dasselbe gilt für Männer, die ihre fünf Rollen in einem autoritären Führungsstil im Beruf gut ausfüllen, sich selbstständige Frauen wünschen und sich wundern, warum diese nicht so funktionieren wie die Mitarbeiter im Büro.

Resonanz mit dem Universum – das Medizinrad

Seit es Menschen gibt, versuchen sie die Ganzheit des Universums in einem Bild zu erfassen. Alle Darstellungen haben große Ähnlichkeiten: Sie sind kreisförmig und haben in der Mitte ein Kreuz mit den Windrichtungen. Diese Grundstruktur wird in unterschiedlichen Kulturen anders ausgeführt. Einige sind sehr komplex und einige einfacher. Ich habe das Medizinrad der Indianer gewählt, weil es eine der besten Integrationsübungen ist und einfache Strukturen vorgibt, die jede Person individuell für sich füllen kann. Die Antworten, die mit Hilfe des Medizinrades gefunden werden, hängen immer von der Frage ab, die gestellt wird. Einmal kann die Antwort im Süden gefunden werden und ein anderes Mal vielleicht im Westen. Das Medizinrad enthält alles, was auf der Erde existiert, ob es eine Ameise ist, ein Stein oder ein Mensch. Alles ist gleich wichtig und alles hat seinen Platz.

In weiterer Folge werden die verschiedenen Schwerpunkte für alle Windrichtungen dargestellt. Die Darstellungen erfolgen in Form von Geschichten, die jedes Mal neue Anregungen geben. Anschließend wird eine kurze Anweisung gegeben, wie jede Person für sich Antworten in der Natur finden kann. Zusätzlich können hier die individuellen Talente entdeckt und immer wieder geübt werden: Indem sie immer wieder in Schwingung mit den verschiedenen Elementen und den vielen Naturgegebenheiten kommen, lernen Menschen immer differenzierter ihren Einklang im

Gleichklang mit der Natur zu leben. Können Menschen ihren Einklang im Gleichklang spüren, kommen sie immer bewusster mit ihren Fähigkeiten und Talenten in Kontakt und können diese mit ihrem Fachwissen verbinden. In diesem Prozess gibt es viele Fragen, deren Antworten die Natur immer wieder neu gibt (siehe dazu die Übung „Symbolsuche und dreiteiliger Zielsatz" auf Seite 121).

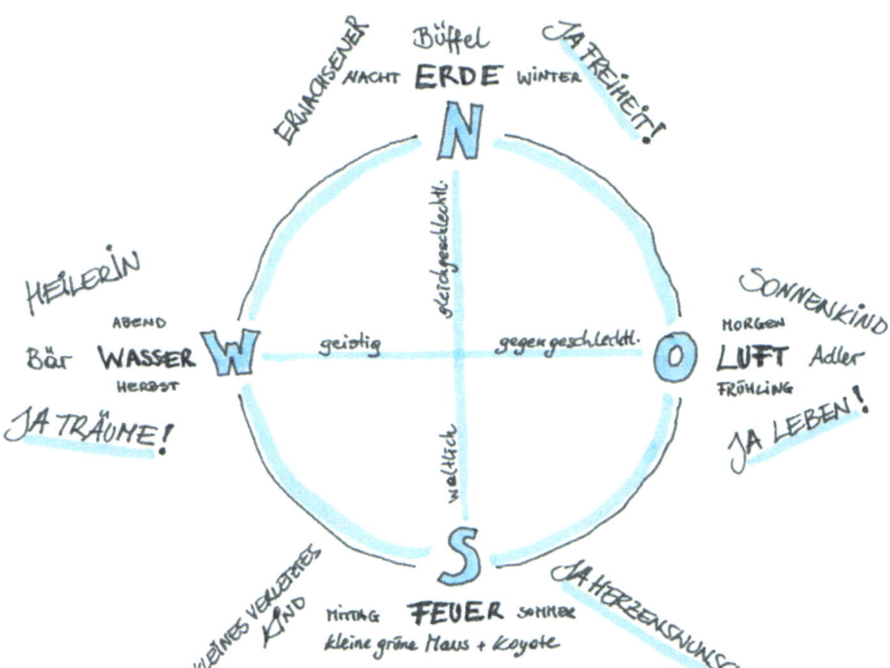

Abb. 29: Das Medizinrad

Süden

Hier ist das Element Feuer. Es wärmt, gibt Geborgenheit und hilft sich zu Hause zu fühlen.

Krafttier: Hier wohnt die kleine grüne Maus, die fleißig ihr Nest baut, kaum ihre Grenzen wahrnimmt und sich frei und geborgen in ihrem Nest fühlt. Dazu kommt ein zweites Krafttier, der Kojote. Der Kojote ist der Trickser, eine geschätzte Fähigkeit bei den Indianern. Der Kojote kennt keine Mauern. Wenn er vor einer Mauer steht, reißt er sie nicht nieder, sondern er findet einen Weg, um hinter die Mauer zu kommen. Er ist da, hat niemandem wehgetan und darf bleiben. Das wäre für viele Menschen eine achtsame Strategie – Neues zu schaffen, ohne etwas einzureißen.

Weltliche Achse: Hier lebt das kleine verletzte Kind: Bei den Männern ist es der kleine verletzte Junge und bei den Frauen das verletzte Mädchen. Dieses verletzte Kind hat immer wieder erlebt, dass Liebe mit Schmerz verbunden ist und hat deshalb Angst sich auf Liebe einzulassen.

Hier kann man „Ja“ zum Herzenswunsch sagen.

Westen

Hier ist das Element Wasser zu Hause. Wasser verbindet und nimmt einen mit in den großen Fluss des Lebens. Man kann sich fallen lassen, treiben lassen, träumen und sich als Teil der Ganzheit des Universums spüren.

Krafttier: Hier wohnt der große braune Bär. Er ist gerne alleine und wurde von den anderen Tieren als weiser Vorsitzender gewählt, weil er ein guter Beobachter und Zuhörer ist. Hier im Westen ist der Platz, an dem man alles über Beziehungen lernen kann – indem man zuerst in der Natur beobachtet, wie alles miteinander in Beziehung ist und gleichzeitig die eigene Identität behält. Ein Baum bleibt ein Baum und ist doch mit dem Umfeld verbunden. Ein Eichkätzchen bleibt ganz bei sich, während es mit den anderen spielt und springt. Erst wenn man gelernt hat ganz bei sich zu bleiben und gleichzeitig in Verbindung mit dem Umfeld zu sein, können ganzheitliche, gleichwertige Beziehungen gelebt werden.

Geistige Ebene: hier ist der gegengeschlechtliche Erwachsene. Es ist bei den Frauen der innere Heiler und bei den Männern die innere Heilerin. Hier kann man lernen mit der großen Kraftquelle in Verbindung zu sein und das eigene Talent, die eigene Heilfähigkeit zu erleben und zu lernen. Es geht nicht nur um die Heilung von Menschen. Auch die Erde braucht Heilung auf so vielen Gebieten. Hier lernt man der eigenen Intuition zu vertrauen, sie zu entwickeln und danach zu handeln.

Im Westen wird die Trennung von Mann und Frau überwunden und Gegensätze werden vereint. Wenn Frauen ihre innere Männlichkeit annehmen und Männer ihre innere Weiblichkeit, dann müssen sie diese Eigenschaften nicht beim Partner und bei der Partnerin suchen oder denen sagen, was richtig und falsch ist. Solange sie selbst nicht das Männliche und Weibliche in sich leben, wollen sie, dass der Partner oder die Partnerin diesen Teil übernimmt und zwar genau nach den eigenen, nicht gelebten unbewussten Vorstellungen.

Dieses Zusammenführen der männlichen und weiblichen Fähigkeiten in sich selbst ist eine Voraussetzung dafür, dass Menschen andere sein lassen können, wie sie sind und nicht dauernd an anderen herumnörgeln müssen.

Im Westen können Menschen ihre Träume und Visionen finden. Alles, was sie in ihren Träumen, in ihren virtuellen Welten entdecken, können sie auf die Erde bringen und mit anderen teilen.

Norden

Hier ist das Element Erde. Sie trägt und versorgt alles Leben. Sie gibt den Menschen alles, was sie zum Leben brauchen. Mit der Erde gemeinsam können Menschen pflanzen, ernten und dafür sorgen, dass alles gesund bleibt und die Ganzheit der Erde erhalten wird.

Krafttier: Hier wohnt der weiße Büffel. Die Indianer haben nur so viele Büffel erlegt wie notwendig, und anschließend gab es immer ein Dankesritual. Alles vom Büffel wurde verwertet, das Fleisch, das Fell, die Hörner, die Hufe etc.

Die weltliche Achse: Hier ist der gleichgeschlechtliche Erwachsene. Bei den Männern ist es der erwachsene Mann, der hier auf der Erde Aufgaben übernimmt und bei den Frauen ist es die erwachsene Frau. Hier kann man erkennen, welche Aufgaben man schon übernommen hat und welche man noch nicht in Angriff genommen hat. Das Übernehmen der Aufgaben ist schwer und ziemlich trocken, wenn nicht die geistige Achse dazukommt: vom Westen die Intuition und vom Osten die Spontanität. Dann sind die gelebten Aufgaben sinnvoll, lebendig und machen Freude.

Im Norden lernt man auch alles über Rollenklarheit. So sitzen die weisen alten Frauen immer im Hintergrund, wenn die Krieger sich zum Rat treffen. Die Frauen sagen in der Regel nichts, aber wenn sie etwas sagen, wird es sofort ohne Diskussion angenommen und durchgeführt. Es besteht die Annahme, dass man in der Beobachtersituation mehr wahrnimmt. Wenn es z. B. einem Krieger nicht gut geht, dann wird er in die Natur geschickt, damit er seine Antworten finden kann. Es wäre unmöglich, wenn andere sagten: „Komm, ich helfe dir“. Das wäre eine totale Entmündigung, weil niemand anderer wissen kann, was speziell für diese Person notwendig ist. Ein sogenanntes Problem hat bei den Indianern eine andere Bedeutung. Sie sagen, dass die Schwierigkeit hilft einen weiteren Schritt in der persönlichen Entwicklung zu gehen und alle neugierig sind, mit welchen Antworten die Person zurückkommt. Es ist auch ganz klar, dass eine einmal eingenommene Führungsposition immer erhalten bleibt.

Im Norden wird auch nicht über die gelebten Rollen diskutiert oder gar gejammert, weil es klar ist, dass jede Rolle Vor- und Nachteile hat. Im oben genannten Beispiel könnten die Frauen jammern, dass sie nicht mitdiskutieren können oder die Männer, dass sie alle Entscheidungen treffen müssen. Es ist selbstverständlich, dass alle Rollen angenehme und unangenehme Aufgaben beinhalten.

Hier im Norden sagt man „Ja“ zur Freiheit. Freiheit heißt bei den Indianern unabhängig Besitz und Eigentum zu sein. Das bedeutet sich frei zu fühlen, auch wenn man etwas nicht hat, was man gerne hätte, oder dass man nicht traurig ist, wenn man etwas verloren hat, was wichtig war.

Osten

Hier ist das Element Luft. Sie schenkt Leichtigkeit und stellt Verbindungen her. Alles fügt sich zusammen und alles hat seinen Platz.

Krafttier: Hier wohnt der Adler. Er schwebt frei in den Lüften und hat sein Nest hoch in den Bergen. Er kann alles von oben sehen und hat einen großen Überblick. Adler bleiben ein Leben lang mit dem Partner oder der Partnerin zusammen. Als Partner suchen sie sich jene, mit denen sie am besten spielen können. Adler sind geschützte Tiere und Adlerfedern dürfen nicht verkauft werden. Die Adler paaren sich im freien Flug, dabei verlieren sie manchmal Federn, die gefunden werden und Glück bringen sollen.

Geistige Achse: Hier lebt das gegengeschlechtliche kleine Kind, bei Männern das kleine Mädchen, bei Frauen der kleine Junge. Es ist das Sonnenkind, das voll Lebenslust, Begeisterung und von der Sonne inspiriert ist. Es ist voll Urvertrauen und fühlt sich frei und geborgen. Dieses freie Kind kennt die bedingungslose Liebe und es heißt, wenn dieses Kind mit dem kleinen verletzten Kind aus dem Süden spielt, kann das verletzte Kind im Osten heilen und macht den Platz im Süden frei für den Erwachsenen aus dem Norden. Dieser kann dann volle Verantwortung für sein Leben und alle damit verbundenen Aufgaben übernehmen.

Das Sonnenkind weiß, dass es nicht nur die leiblichen Eltern hat, sondern auch noch Vater Sonne und Mutter Erde. Die leiblichen Eltern sorgen für das leibliche Wohl, die „Sonneneltern" helfen, dass die innere Sonne erhalten bleibt und täglich mit anderen gelebt werden kann. Dieses Sonnenkind hat ständig Blitzideen, die man annehmen oder verwerfen kann. Dem Sonnenkind ist das egal, es findet immer wieder Neues. Die Blitzideen helfen, die eigenen Talente auf die Erde zu bringen und verlangen meist Mut sie anderen zu zeigen und im Alltag umzusetzen.

Hier im Osten sagt man „Ja" zum Leben, zur Lebensfreude und zur Spontanität. Wenn man den Herzenswunsch im Süden sowie die Träume im Westen gefunden hat und im Norden gelernt hat frei zu sein, dann kann man im Osten „Ja" zum Leben sagen und alles kann sich zu einer Einheit verbinden.

Resonanz mit Fachwissen und Intuition

Zwei Beispiele verdeutlichen, wie Fachwissen und Intuition in Gleichklang gebracht werden können, um so ganz neue Möglichkeiten auf vielen Gebieten zu eröffnen.

Star Wars – die neue Legende

Jugendliche finden ihren Einklang und Gleichklang im Film „Star Wars". Einige Beispiele sollen hier hervorgehoben werden: Die Hauptdarsteller vertrauen der großen Kraft, der „Macht" oder „Force", die sie führt und die ihnen hilft ihre Talente zu üben. Sie beschäftigen sich ganz intensiv mit den Kämpfen von Licht und Dunkel. Die Erwachsenen hören den Jugendlichen oft nicht zu. Sie realisieren nicht, mit welcher Weisheit die Jugendlichen über Licht und Dunkel diskutieren und Computerspiele über die ganze Welt verbreitet haben, um miteinander kommunizieren zu können. Das ist ihre Version, Gleichklang und Einklang zu finden. Meist werden die Jugendlichen beschimpft, dass sie nur vor dem Computer hocken. Die tun aber nichts anderes als die Erwachsenen, die selbst ständig vor dem Computer sitzen, keine Zeit für ihre Kinder haben und den Jugendlichen verbieten wollen dasselbe zu tun. Hier kommt in den Augen der Kinder die Verlogenheit zum Vorschein, diese „two-faced attitude".

In „Krieg der Sterne“ lebt die Welt der Wissenschaft und Technik in Form von Computern, Raumschiffen und Robotern gemeinsam mit der Phantasiewelt, der Welt der Seele – und beide haben ihren Stellenwert. Die jeweiligen Fähigkeiten werden unterschiedlich unterrichtet und geschult.

Ist man in beiden Welten ausgebildet, so spricht in kritischen Situationen die innere Stimme: „Die Macht sei mit dir!“

Übersetzt auf die Kutschera-Resonanz®-Methode wäre das der Zugang zum göttlichen Funken. Alles technische Wissen wird beiseitegeschoben und man lässt sich voller Vertrauen von der inneren „Macht“ führen und ist ganz in Resonanz und im Flow. Alles Wissen, alle Erfahrungen sind dann automatisch abrufbar und alle kritischen Herausforderungen werden so bewältigbar. Dieser Zustand ist derselbe, wie ihn Konzertpianisten und Leistungssportler erleben.

Die innere Weisheit wird in der Phantasiewelt mit völlig anderen Methoden vermittelt als das logische Fachwissen. Die Jedi-Ritter sind hier die Lehrer und Meister. Die Schulung ist ebenso streng, klar und konsequent wie jede andere Ausbildung. Die Jugendlichen sind neugierig auf neue Art zu lernen und Wissen abrufen zu können. Sie lernen Selbstsicherheit bei Prüfungen, bei Entscheidungen, mit Freunden und Autoritätspersonen und vor allem, dass immer „die Macht“ für sie da ist, auch wenn niemand sonst Zeit hat. So werden sie unabhängig von Zuwendung und Anerkennung, wissen aber, dass sie sich alles, was sie brauchen, holen können. Sie warten nicht mehr, bis sie von anderen bemerkt werden, sie sind nicht in der Opferrolle, sondern sind eigenverantwortliche, selbstbewusste Persönlichkeiten.

Der Kampf zwischen Hell und Dunkel zieht sich durch den ganzen Film und endet im finalen Kampf der lichtvollen mit der dunklen Macht. Die junge Hauptfigur, Luke, erfährt im Kampf, dass sein dunkler Gegner sein Vater ist. Er weiß, er muss in diesem Kampf sein Bestes geben und für das Licht kämpfen. Er weiß auch, dass er sofort verlieren und von der dunklen Macht absorbiert werden wird, sobald er nur den Bruchteil einer Sekunde aus der Liebe herausfällt und in einen Zustand von Hass und Ärger gerät. Die dunkle Macht, sein Vater, tut alles, um ihn zu provozieren und aus dem Zustand der Liebe heraus zu locken. Am Ende gewinnt Luke, obwohl er schwächer und schon fast besiegt ist, indem sein Vater der dunklen Macht entsagt und zum Licht zurückkehrt. Die neue Botschaft ist für das Licht zu kämpfen und gleichzeitig in der Liebe zu bleiben. Dies ist die Metapher für die Jugendlichen, im Einklang und Gleichklang zugleich zu sein.

Malala Yousafzai – Nobelpreisträgerin 2014

Malala Yousafzai und Kailash Satyarthi bekamen den Friedensnobelpreis 2014 für ihren Einsatz im Bereich Bildung für alle Kinder. Damit setzt Malala einen neuen Rahmen. Sie lebt all das, was vorher beschrieben wurde. In ihrer Rede vor den Vereinten Nationen bedankt sie sich bei Gott. Sie beruft sich auf die Lehren von Gandhi, Jesus, Mohamed, Martin Luther King und Mutter Teresa. Sie lebt Versöhnung und Verzeihung und redet nicht nur darüber. Sie fordert mit Leidenschaft Schulbildung für alle, auch für jene, die auf sie geschossen haben. Sie lebt all das, was wir für unsere Kinder fordern.

Ist es nicht ein Hohn, dass es in den westlichen Ländern bereits Schulen für alle Kinder gibt und Kinder nicht in die Schule gehen wollen? Es braucht eine Verbindung zwischen dem Fachwissen der bestehenden Schulen mit der Weisheit, Begeisterung und Kraft von Malala. Dann kann jeder Schüler die Qualitäten von Malala lernen und Fachwissen kann mit Weisheit und Begeisterung verbunden und gelebt werden.

HOLISTISCHES MENSCHENBILD IN DER KUTSCHERA-RESONANZ® METHODE

CHAOS & ORDNUNG

„Wir erzeugen die Welt, in der wir leben,
buchstäblich dadurch, dass wir sie leben."

–Humberto Maturana

Fraktale werden in der Chaostheorie zu Hilfe genommen, um zu verstehen, wie kleinste Teile ein Spiegelbild des ganzen Großen sein können. Wenn wir diese Idee aufgreifen, können wir uns vorstellen, dass das Universum die ursprüngliche Form ist und wir kleine Spiegelbilder dieses Ganzen sind. Das hieße, dass alle Gefühle auf dieser Erde uns prinzipiell zugänglich wären und würde erklären, warum wir mit Ereignissen, die irgendwo auf der Welt passieren, mitfühlen können, als hätten wir sie selbst erlebt. Stimmen diese Überlegungen, dann wäre es sehr wichtig unterscheiden zu lernen, wann wir unsere eigenen Gefühle spüren und wann die Gefühle der anderen.

Ein weiterer Aspekt der Chaostheorie besagt, dass in jedem dieser klar aufgebauten Systeme Ausnahmen auftreten können, die die Entwicklung in ganz neue Richtungen bringen, wenn sie wahrgenommen und weiterverfolgt werden. Liefert uns die Chaostheorie neue Denkanstöße und erste Hinweise darauf, wie wir aus unserer selbsterrichteten Sackgasse wieder herauskommen? Wie wir unsere Welt so gestalten können, dass genug für alle da ist und wir auch für die nächsten Generationen eine gesunde Erde mit gesunden Elementen hinterlassen können.

Eine unserer tiefsten Sehnsüchte ist es sich frei zu fühlen und gleichzeitig in einem sozialen Miteinander (Familie, Kultur, Gesellschaft) geborgen und aufgehoben zu sein. Die Frage wird immer wieder gestellt: „Wie finde ich meinen eigenen Rahmen?“ Die Forschungsbemühungen auf vielen Gebieten gehen in dieselbe Richtung, d.h., sie sind bei einigen wenigen Basis-Bausteinen angelangt, aus denen Ganzheiten wie ein Puzzle zusammengefügt werden. Die Verantwortung dafür, was zusammengefügt wird, wird immer größer und der eigene ethische Rahmen dafür immer wichtiger. Es scheint ein allgemeines Aufwachen stattzufinden. Wenn wir bei unserer Arbeit versuchen die Persönlichkeit in ihrem sozialen und globalen Umfeld zu verstehen, dann ist dabei eine der wichtigsten Fragen:

Wie können alle Teilpersönlichkeiten unserer Identität so geachtet und wertgeschätzt werden, dass sie gemeinsam in eine persönlich gewünschte Richtung gehen, so dass sie sich gegenseitig bereichern und nicht behindern? Wie können sie zum Wohl der Ganzheit unserer Erde und unseres Universums führen und nicht zur Zerstörung?

Wenn wir sorgfältig wie ein Gärtner vorgehen, das Balancieren lernen, das Warten, Wachsenlassen und das Gestalten, dann können wir den Prozess unseres lebendigen Werdens genießen – mit dem Gefühl viel Zeit zu haben.

Aufgrund der immer wiederkehrenden Fragen: Wer bin ich? Was ist mein Talent? Wie kann ich Sinn in mein Leben bringen, haben sich Schritt für Schritt die folgenden Elemente des Persönlichkeitsbildes der Kutschera-Resonanz®-Methode entwickelt. Diese Schritte sind eine Zusammenfassung des vorher Beschriebenen.

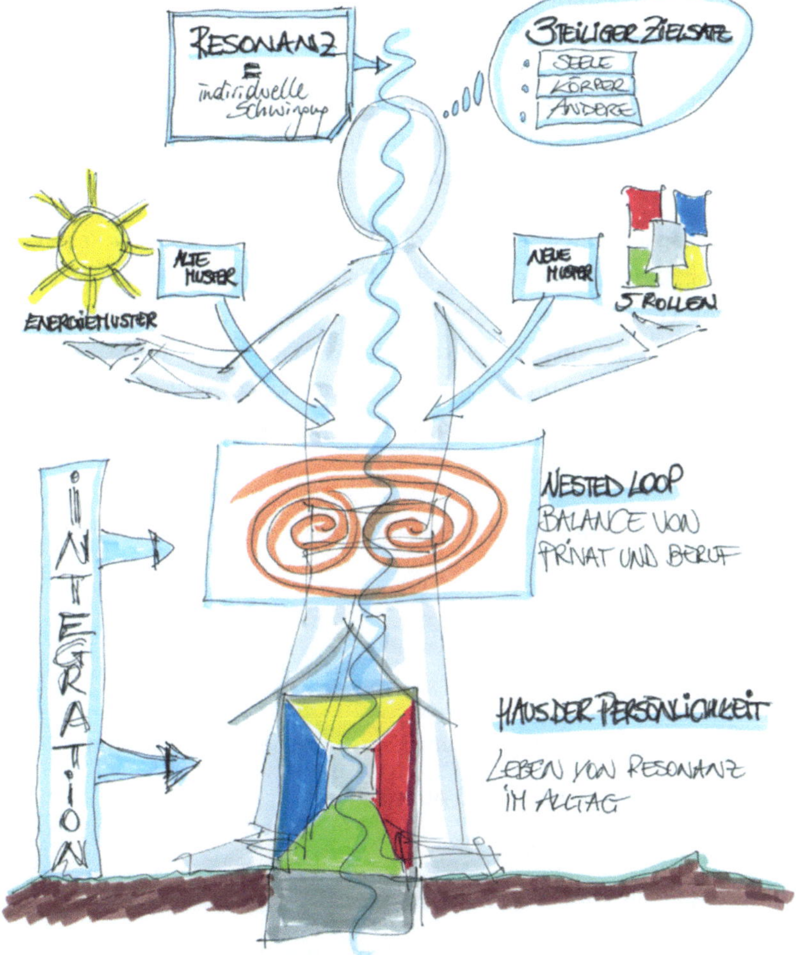

Abb. 30: Das holistische Menschenbild in der Kutschera-Resonanz®-Methode

1. DIE PERSÖNLICHKEIT IST EINE INDIVIDUELLE PERSÖNLICHE SCHWINGUNG

„Wer bin ich", ist immer wieder die Frage, zu der Menschen Antworten finden wollen.

In der Kutschera-Resonanz®-Methode ist die Basis der Persönlichkeit eine individuelle Resonanz-Schwingung, die im Laufe der Sozialisation meist verschüttet wird und wiederentdeckt und gelebt werden kann.

Die Einzigartigkeit einer Person ist die individuelle persönliche Resonanz-Schwingung. Diese Schwingung ist entscheidend dafür, ob das Leben einen Sinn macht. Leben Menschen ihr Talent und ihre persönliche Schwingung, ist es egal, was sie tun – sie werden das gut und gerne tun. Das ist die Basis für den Lebensauftrag, für Eigenverantwortung und persönliche Bestleistung, für Work-Life-Balance und für gleichwertiges Miteinander in Respekt, Achtsamkeit und Liebe.

Mit Hilfe des Kraftplatzes (siehe Seite 110) können Menschen ihre Resonanzschwingung finden.

Sind wir in Resonanz, dann

- sind wir gesund,
- können wir eigenverantwortliche Entscheidungen treffen,
- haben wir Charisma und Ausstrahlung,
- sind wir authentisch,
- leben wir Intensität und Gefühle,
- kennen wir unsere eigenen Talente und leben diese,
- leben wir Balance zwischen Privat- und Berufsleben (Work-Life-Balance),
    - zwischen eigenen und fremden Bedürfnissen,
    - zwischen eigenen und gesellschaftlichen Regeln,

- haben wir Freude an der persönlichen Bestleistung und Erfolg in der Arbeit,
- haben wir alle fünf Rollen in unser Leben integriert,
- haben wir Spaß am Miteinander,
- sind wir kreativ und haben Freude daran Grenzen zu überschreiten und Unmögliches möglich zu machen – WIR SIND IM EINKLANG UND GLEICHKLANG.

Das Besondere am Persönlichkeitsbild der Kutschera-Resonanz®-Methode ist, dass sie inhaltsfreies Arbeiten ermöglicht. Das heißt, dass diese individuelle Schwingung – diese Eigenresonanz – mit Hilfe der Submodalitäten inhaltsfrei beschrieben und erlebt wird. Dies sind Worte wie fließen, hell, warm, weich, ruhig, plätschern, Naturgeräusche, Gerüche, klar, bunt, etc. Inhalte zu diesem Gefühl findet jede Person für sich selbst und sie werden bei jeder Person anders sein. Es ist eine achtsame Entdeckungsreise, die immer Überraschungen bringt.

2. DREITEILIGER ZIELSATZ UND PERSÖNLICHKEIT

Weitere Fragen, die immer wieder gestellt werden:

> *Wie finde ich mich, mein Talent, meinen Lebensauftrag und wie finde ich Sinn im Leben?*
>
> *Wie kann ich meine unbewussten Wünsche und Fähigkeiten entdecken?*

Ich finde mich, indem ich

- Kontakt zu meiner Seele finde,
- meinen Körper spüre und seine Bedürfnisse wahrnehme,
- indem ich wahrnehme, wie andere auf mich reagieren und wie ich auf andere reagiere.

Diese drei Bereiche können nicht analysiert werden, aber jeder Mensch kann sie immer wieder für sich bewusst machen und Antworten finden.

Ich lerne mich kennen,

- wenn ich Kontakt zur **Seele** und der universellen Kraft finde, dann lebe ich meine Resonanzschwingung. Dazu gehört der Glaube, dass eine größere Kraft da ist, die die komplexen Prozesse auf der Erde steuert. Die Resonanz-Schwingung wird mit Hilfe der Submodalitäten gefunden. Es kann z. B. ein Platz in der Natur sein, ein Sport, der mit Begeisterung gelebt wird oder Ähnliches mehr.

- wenn ich meinen **Körper** und meine fünf Sinne spüre, dann entdecke ich meine versteckten Fähigkeiten und Bedürfnisse und kann diese mitteilen. Sind wir in Resonanz können wir wieder unseren Körper spüren, wissen wir, welche Nahrung, welche Freunde und welche Arbeit uns guttun. Wenn im Körper der Resonanz-Zustand längere Zeit gestört ist, besteht die Gefahr, dass sich Krankheiten bilden.

- wenn ich achtsam mit **anderen** bin. Dann lerne ich mich selbst kennen und kann achtsam wahrnehmen, wie ich auf andere reagiere und wie andere auf mich reagieren. Anderssein ist immer ein Reichtum. Wenn Menschen anders reagieren, als man es erwartet, ist immer besondere Neugier geboten und viel Potenzial vorhanden Neues zu lernen.

Eine alte Jesuitenweisheit besagt: „Entdecke wieder die Verbindung zu Gott, spüre die wirklichen Bedürfnisse deines Körpers wie Glück, Freude, Weisheit ... und genieße die Verbindung und die Reaktionen anderer Menschen.

3. SYSTEMISCHER ANSATZ UND PERSÖNLICHKEIT

Hier werden die Fragen gestellt:

Wie kann ich Resonanz in mir und gleichzeitig mit anderen leben?

Wie kann ich frei und geborgen zugleich sein?

Wie kann ich die alten, gelebten Rollen erkennen und neue finden?

Wie kann ich herausfinden, wie die eigene Resonanz im Laufe des Sozialisationsprozesses verloren geht?

Im Heranwachsen geht es um das Lernen der Balance der eigenen Bedürfnisse und der von anderen Familienmitgliedern. Kinder wollen die Aufmerksamkeit der Eltern erlangen und geben in diesem Prozess sehr oft die eigenen Bedürfnisse (eigene Resonanz) auf. Der „Sinn" geht immer mehr verloren.

Die alten Rollen, die Energiemuster, werden durch die neuen Rollen erweitert, sodass wir uns gleichzeitig frei und geborgen in Beziehungen, Kulturen und Gesellschaften fühlen können. Werden die fünf Rollen gelebt (im Detail ab Seite 186), entsteht das Gefühl, dass die Beziehung gut und vollständig ist, und das Gefühl, es fehle etwas, ist gewichen.

Eine weitere Frage stellt sich:

Wie kann ich all das bewerkstelligen, was von mir verlangt wird?

Wie kann ich mich in dem Durcheinander zurechtfinden?

Der systemische Ansatz umfasst

- die individuelle Definition von Work-Life-Balance,
- die Definition des eigenen Platzes im kulturellen und gesellschaftlichen Geschehen,
- die Verbindung zur Natur und einer allumfassenden Kraft sowie die Definition einer globalen, zukunftsorientierten Richtung.

Bildlich in der Doppelspirale dargestellt bedeutet das, dass jede Person mit ihrem Verhalten immer wie in Zwiebelringe eingebettet ist und auch von allen beeinflusst wird: den logischen Ebenen, den fünf Rollen, den familiären, kulturellen, religiösen und gesellschaftlichen Vorgaben und den persönlichen globalen Glaubenssätzen. Alle diese Bereiche beeinflussen sich gegenseitig und jede Änderung bringt Veränderungen auf allen Ebenen.

Energiemuster – Talentemodell

Hier geht es um Anerkennung. Es geht darum, dass wir als Kinder die Energie und Aufmerksamkeit der Eltern brauchen und erlangen möchten. Dazu lernen wir verschiedene Verhaltensweisen und Fähigkeiten, die wir dann immer wiederholen. Das Besondere an diesem Modell ist, dass es nicht um Mangel sondern um Fähigkeiten geht. Wir lernen manches und manches nicht. Mit Hilfe der Kutschera-Resonanz®-Methode kann jederzeit das Nichtgelernte nachgeholt werden. Das heißt, die Eltern werden in diesem Modell für das Erlernen bestimmter Fähigkeiten gewürdigt. Daraus ergibt sich auch eine neue Problemdefinition: Ein Problem ist eine Fähigkeit, die am falschen Platz zur falschen Zeit mit den falschen Personen gelebt wird.

5-Rollen-Modell für neue Rollenbilder und gleichwertiges Miteinander

Das 5-Rollen-Modell bietet Anhaltspunkte, mit denen Menschen Definitionen für ihre Beziehungen und ihr menschliches Zusammenleben finden: Regeln, für die neuen Rollenbilder, für Familien und für ihren Arbeitsbereich. Es braucht überall neue Vorstellungen. Wir wissen nicht, wie die neuen Eltern, Lehrer, Ärzte, Kinder, Führungskräfte usw. sein werden. Betroffene können aber für sich neue Definitionen finden.

Work-Life-Balance: Die fünf Rollen müssen sowohl privat als auch beruflich unterschiedlich definiert werden und sind sowohl im familiären als auch im kulturellen Rahmen eingebettet. Den globalen Zusammenhalt bildet der Glaube an eine friedliche Zukunft und ein freundliches Universum.

4. HAUS DER PERSÖNLICHKEIT – EIGENVERANTWORTUNG

Die fünf Räume werden individuell gestaltet. Die Basis für Frieden und menschliches Miteinander besteht im Bewusstsein, dass Menschen selbst bestimmen, was sie denken und fühlen wollen.

Folgende Grundannahmen bestimmen den ethischen Rahmen im Haus der Persönlichkeit:

- Jeder ist einzigartig, hat alles in sich, vieles ist aber unbewusst.
- Jeder hat einen Plan in sich, der entdeckt und gelebt werden kann.
- Das Universum ist freundlich.
- Es gibt eine große Kraft, die die komplexen Vorgänge in Menschen, Pflanzen und Tieren steuert.
- Neue Rollenbilder und gleichwertiges Miteinander können gelernt und gelebt werden.
- Jeder kann die Einheit von Körper, Geist und Seele individuell finden und leben.

Mit dem Persönlichkeitsbild der Kutschera-Resonanz®-Methode werden vom Institut Kutschera und der Resonanz-Stiftung folgende Themenschwerpunkte erforscht und definiert:

- Ganzheitliche Gesundheit
- Lebensqualität
- Eigenverantwortung
- Neue Rollenbilder und gleichwertiges Miteinander

HOLISTISCHE FORSCHUNG UND LEHRE

NEUES WELTBILD

„Wissenschaft die nicht in einer Geschichte erzählt werden kann, ist keine Wissenschaft“

–Gottfried Schatz

Max Planck (1858 – 1947) hat mit der Quantenphysik ganz neue Denkansätze formuliert. Er hat 1900 mit der Quantenphysik ein neues Weltbild beschrieben, wonach alles durch Frequenzen von Atomen und Elektronen bestimmt wird. Da stellt sich die Frage, ob auch in Beziehungen Frequenzen entscheidend sind. Umgangssprachlich sagen wir: In diesem Gespräch gab es keine Resonanz.

Max Planck spricht vom alten Weltbild, das bestehen bleiben muss und von einem neuen Weltbild, das hinzukommen wird. (CD-Reihe „Die Aufgabe der Wissenschaft“: „Max Planck – Wissenschaft und Leben“)

Dasselbe gilt für Beziehungen: Das alte Weltbild bleibt bestehen, in dem die Sinneswahrnehmung entscheidend ist. Für das neue Weltbild braucht es eine erweiterte Sinneswahrnehmung, die als Bauchgefühl, Intuition oder Talent beschrieben wird. Ziel ist es, die komplexe Ganzheit in Beziehungen mit Hilfe von Frequenzen und Schwingungen zu erfassen, sodass jeder einzelne Mensch diese mit eigenem Inhalt, mit der eigenen Kultur etc. füllen kann und jede Beziehung sozusagen maßgeschneidert ist.

Forschung, Evaluierung und ethischer Rahmen

Mein Ziel ist es auch für Beziehungen, ähnlich wie in den naturwissenschaftlichen Gebieten, vorhersagbare und wiederholbare Ergebnisse zu erzielen.

Um das erreichen zu können, benutzten mein Team und ich ein einheitliches Ausbildungskonzept, die gleichen Fragebogen und alle Trainer hatten die gleiche Aus- und Weiterbildung. Wenn wir z. B. ein bestimmtes Schul-, Gesundheits- oder Businessprojekt an verschiedenen Stellen wie Wiesbaden, Linz, Wien, Bruck, Zürich usw. durchführen, können wir die Daten vergleichen. So können wir immer wieder unsere Arbeit verbessern und immer wieder genauere Antworten auf die Fragen bekommen, die uns in unserer Forschung leiten.

Seit 1982 beschäftigt sich unsere Forschungsarbeit mit den für uns Menschen relevanten Lebensbereichen und liefert uns Ergebnisse und wertvolle Antworten auf folgende Fragen:

- Was sind Eigenverantwortung und Leadership?
- Was ist Lebensqualität?
- Was sind neue Rollenbilder in gleichwertigen Beziehungen?
- Was heißt ganzheitlich „gesund sein“?
- Was heißt menschliches Miteinander?

Um auf all diese Fragen Antworten zu finden, ist es uns wichtig, Sozialverhalten außerhalb von Labors zu untersuchen, im täglichen Leben. Unsere Forschungsstruktur mit ihren Methoden hat sich daher genau auf diese Art des Forschungsdesigns ausgerichtet. Dabei soll auch die Individualität der Personen sowie ihrer Persönlichkeit Beachtung finden. Zu allen relevanten Bereichen hat das Institut Kutschera Projektgruppen, in denen laufend die Ergebnisse unserer Arbeit evaluiert und weiterentwickelt werden.

Dazu gründete ich 1986 meine Resonanz-Stiftung in Deutschland und später die TAK® (Talente-Akademie) in Österreich, die die Aufgabe haben, Ergebnisse auf folgenden Gebieten wissenschaftlich zu evaluieren: Gesundheit, Familie/Schule, Unternehmen/Organisationen, Regionalentwicklung und interkulturelle Belange.

Mein Ziel war es, diese Erkenntnisse weiterzuentwickeln und Ausbildungen zu konzipieren, in denen die komplexe Vielfalt in menschlichen Beziehungen, dieser Tanz zwischen unbewusstem und bewusstem Verhalten, gelehrt und gelernt werden kann. Dazu habe ich 1994 mein Buch „Tanz zwischen Bewusst-sein und Unbewusst-sein“ geschrieben.

Mit meinem Team von rund 50 selbstständigen Mitarbeiterinnen und Mitarbeitern verbessern wir jedes Jahr unsere Konzepte, sodass sie noch leichter, mit noch mehr Spaß und Begeisterung unterrichtet und gelernt werden können. Es gibt z. B. beim Deutsch lernen zwei Arten von Konzepten: Jeder kann Deutsch lernen, aber um Deutschlehrer zu werden braucht es ein Studium. Genauso ist es mit dem Lernen von Resonanz und Beziehung: Jedermann kann es wie ein Schulfach lernen, um es für den Alltag anwenden zu können. Dagegen braucht es eine gründliche Ausbildung für jene, die Beziehung und „Selbst- und Sozialkompetenz“ unterrichten wollen.

Eine Zusammenfassung unserer fast 35-jährigen Tätigkeit auf diesem Gebiet in Schulen und Unternehmen kann in zwei Artikeln in der Zeitschrift SOZIOLOGIE HEUTE nachgelesen werden.

Ziel der Forschung und Lehre ist es, dass geistig und körperlich ausgeglichene Menschen mit Vertrauen erfolgreich, gesund und glücklich in die Zukunft gehen, auch wenn sie noch nicht genau wissen, wie diese aussehen wird.

Dies ist nur möglich, wenn wir lernen die Kapazitäten unseres Gehirns bewusst zu nutzen. Denn an guten Tagen nutzen wir unser Gehirn ganz anders als an schlechten Tagen.

Um diese Ziele zu erreichen, werden auch die theoretischen Erkenntnisse der Gehirnforschung und Neurobiologie berücksichtigt, und wir versuchen sie für die Praxis anwendbar zu machen.

Große globale Probleme können nur gelöst werden, wenn zuerst jede einzelne Person mit sich selbst in Resonanz kommt. Dies gilt auch für Partnerschaften, Familien, Unternehmen, für große Organisationen, für die Natur und auch für die Politik: Bevor Lösungen erreicht werden können, ist es notwendig, dass einzelne Personen ihre Resonanz finden. Wenn sich jede Person im eigenen Umfeld frei und zugleich geborgen fühlt, wenn sie gesund, glücklich und erfolgreich ist, dann gibt es auch im menschlichen Miteinander einen Wohlklang und Unmögliches kann möglich werden. Mit Freude können unbekannte Gebiete entdeckt und erforscht werden.

Balancieren lernen und ethischer Rahmen

In vielen Kulturen heißt es, wenn wir den Dualismus zusammenführen und Balance zwischen den Polen finden, dann gibt es Frieden auf Erden.

Balance zwischen den eigenen Bedürfnissen und denen von anderen, Balance zwischen Kopf und Herz, Balance zwischen Kindheit und Erwachsensein, Balance zwischen verbaler und nonverbaler Kommunikation, Balance zwischen virtueller und realer Wirklichkeit sowie bewusster und unbewusster Kommunikation usw. Dabei geht es immer auch um Balance zwischen Meditation, Mentaltraining, Verhalten und Werkzeugen. Alle brauchen Platz und Zeit und formen eine Ganzheit. Wenn man zu viel meditiert, kann man sich in die virtuelle Welt verlieben und darin verlieren. Oder man trainiert zu einseitig Fertigkeiten eines Fachwissens, ohne dabei die Fähigkeit des Spürens, der Empathie, des Einfühlens zu erhalten, welche uns „erden", wird verspannt und endet in einem gedanklichen Hamsterrad. Es gilt ständig Entscheidungen zu treffen. Es braucht das Bauchgefühl und das Herz, um beurteilen zu können, was in der jeweiligen Situation passend und richtig ist.

Das Leben ist ein ständiges Balancieren und es verändert sich mit jedem Lebensabschnitt. Für dieses Balancieren wird es nie feste Regeln geben. Es kann aber gelernt und immer weiter verfeinert werden. Dies ist die Basis für gleichwertige Beziehungen, in denen man sich frei und geborgen fühlt. Es scheint ein Widerspruch zu sein – aber nur wer nach Hause gefunden hat, kann sich frei fühlen. Und doch ist dieser Zustand nichts Statisches. Es bleibt ein ständiges Balancieren zwischen den eigenen Bedürfnissen und denen der anderen – zwischen der Freiheit und dem Geborgenfühlen.

Dabei sind wir von folgenden ethischen Grundannahmen ausgegangen:

1. Jeder Mensch hat sein eigenes Modell der Wirklichkeit, mit dessen Hilfe er sein Verhalten in ihr organisiert.

2. Durch die Trennung von Verhalten und innerem Zustand ist es möglich, die innere Ordnung und Struktur zu erkennen und zu verändern. Erst danach wird ein neues Verhalten aufgebaut, das auf der neuen, inneren Ordnung gründet. Der innere Zustand wird aus den Submodalitäten, Werten, Glaubenssätzen und Regeln definiert.

3. Der Mensch als psycho-physisches System besitzt unendlich viele Systemteile, die in bestimmter Organisation innere und äußere Prozesse und Verhalten möglich machen. Außerdem ist der Mensch in viele verschiedene Systeme eingebettet. Um gewünschte Veränderungen zu bewirken, müssen sowohl die individuellen Systemteile als auch die äußeren Systembedingungen beachtet werden.

4. Jeder Mensch hat alles zur Verfügung, was er braucht – da jeder Mensch die Fähigkeiten des Modellbildungsprozesses besitzt, basiert Problemlösung darauf, dass einzelne Systemkomponenten umorganisiert werden.

5. Menschen treffen zu jedem Zeitpunkt und in jedem Fall die besten Entscheidungen, die ihnen aufgrund ihrer Denkmodelle möglich sind – auch wenn es oftmals weder ihnen selbst noch anderen ersichtlich ist oder guttut. Die Absicht hinter jedem Verhalten ist positiv – ganz unabhängig davon, ob das Verhalten positiv oder negativ ist.

6. Jeder Mensch hat eine innere Quelle, eine individuelle Resonanz, die die Basis für die Persönlichkeit, die Talente und die Intuition ist.

Forschung im Bereich Ausbildungen

„Universitäten sollen bilden
und nicht ausbilden."

–Gottfried Schatz,
Festvortrag im Rahmen der 650-Jahr-Feier
der Universität Wien 2015

Wir unterstützen unsere Teilnehmerinnen und Teilnehmer in unseren Ausbildungen (siehe dazu www.kutschera.org) unter anderem dabei Folgendes zu erreichen:

- Lernen ist gleich Glück und kann das ganze Leben lang Spaß machen.
- Beziehungen, Kindererziehung und Lebensqualität sind lehr- und lernbar.
- Fachwissen kann mit Intuition verbunden werden.

In unseren Lehrgängen wird unter anderem gemeinsam entdeckt und gelernt die eigene Persönlichkeit zu entfalten, die eigene Seele zu versorgen, hinderliche und förderliche Glaubenssätze zu erkennen und so zu handeln, dass immer mehr gute Tage möglich werden.

„Gemeinsam entdecken Menschen ihre Talente, Träume und ihren Lebensauftrag und finden ihren Sinn im Leben.“

Neue Lehr- und Lernmethoden

Durch Mentaltraining, neue Lernstrategien, viel Bewegung und Aufenthalt in der Natur werden individuelle Talente gefördert und unbewusste Ressourcen bewusstgemacht, um sie direkt im Alltag nutzen zu können. Durch Superlearning (siehe Seite 72), viele Metaphern und Geschichten wird das Gelernte direkt im Alltag anwendbar und die komplexe Vielfalt von Beziehungen fassbar. Metaphern sind die ältesten Lehrmethoden und ermöglichen, schrittweise komplexe Ganzheiten zu erfassen. Mit Hilfe von „gehirngerechten“ Lernstrategien öffnen sich neue Dimensionen für Lehren und Lernen.

Ein Beispiel für eine Metapher: So wie Könige finden alle Teilnehmerinnen und Teilnehmer in der Ausbildung ihre „Krone“. Wenn nun in einem Team jemand schlecht drauf ist, sagen andere: „Dir ist die Krone verrutscht. Wir machen erst weiter, wenn du sie wieder gerade richtest“. So kommt Humor und Leichtigkeit ins Miteinander und vor allem wird achtsames Feedback möglich. Man muss sich nicht an Schritte und viele Einzelheiten erinnern.

Forschung im Bereich Familie und Schule – Eltern, Paare, Kinder, Jugendliche und PädagogInnen

GEHT'S DER FAMILIE GUT, GEHT'S DER GESELLSCHAFT GUT

Wir forschen und unterstützen,

- wie Schülerinnen und Schüler stark, gesund und innerlich ausgeglichen in die Zukunft gehen können.
- wie Eltern, Lehrer und Kinder gemeinsam Schulen gestalten, in denen jeder gerne lernt.
- wie Eltern und Kinder gemeinsam Familien gestalten, in die jeder gerne heimkommt.

Mit leicht verständlichen Programmen und wiederholbaren, vorhersagbaren Ergebnissen lernen Kinder und Jugendliche zusätzlich zum Fachwissen ihre Persönlichkeit zu entfalten. Dazu wäre ein eigenes Schulfach nötig, in dem die Schüler ihre Talente und Träume leben lernen und in dem sie gemeinsam entdecken, was Sinn stiften heißt. Nur dann können Kinder und Jugendliche lernen, mit den vielen täglichen Einflüssen zurechtzukommen.

Die Anforderungen an Familien und Schulen wachsen ständig. Familien und Schulen sind konfrontiert mit einer Flut von Inhalten aus Smartphones, Internet und Social Media. Dazu kommen Computerspiele, Ängste, Mobbing/Bullying, Essstörungen, Scheidungen, Patchworkfamilien und gesellschaftliche Umbrüche. Um mit all dem zurechtzukommen und dabei Lebensqualität und Gesundheit zu erhalten, braucht es Familien und Schulen mit neuen Rollenbildern und neuen, gehirngerechten Lernstrategien.

Die moderne Neurobiologie macht es deutlich: Fachwissen alleine ist nicht genug. Es bedarf Begeisterung, Weisheit und Intuition, um Fachwissen erfolgreich abrufen und anwenden zu können. Jedes Kind und jeder Mensch hat eine individuelle Begabung. Für unsere Zukunft ist es wesentlich, dass jeder Mensch diese Begabung im Alltag umsetzen kann. Nur dann sind persönliche Bestleistung sowie Freude in Schule, Beruf und Familie möglich.

Dazu müssen verborgene Fähigkeiten und Talente entdeckt und entfaltet werden.

- Wenn Kinder stark und innerlich ausgeglichen sind, sind sie gesund, erfolgreich und gehen mit Vertrauen in die Zukunft.
- Wenn Schule ein Ort ist, wo jeder gerne hingeht, dann können sich alle in einem klaren Schutzrahmen in ihrer Einzigartigkeit entfalten.
- Wenn Eltern, Lehrpersonen und Kinder zusammenarbeiten und sich gegenseitig motivieren ihre Begeisterung und ihre Talente zu leben, können sie gemeinsam Familien und Schulen gestalten, in denen alle gerne leben und lernen.

Forschungsergebnisse von unseren Projekten

Quelle: Zusammenfassung der Ergebnisse in der Zeitschrift „Soziologie Heute“ (August 2015): Selbst- und Sozialkompetenz ist lehr- und lernbar.

Schulen in Resonanz

+ 74 % hatten Alpträume und Ängste, die auf 9 % reduziert wurden
+ 91 % der Kinder/Jugendlichen gehen wieder gerne in die Schule
+ „Mein Leben ist geordnet“, steigt von 2 % auf 54 %
+ Zuversicht in die Zukunft steigt von 46 % auf 60 %
+ Zufriedenheit mit den Schulnoten steigt von 19 % auf 75 %

Das sind gleichzeitig die besten Voraussetzungen für Drogenprävention.

Werte und Nutzen für die Gesellschaft

Die Familie ist die kleinste Sozialisationseinheit im Staat.

- Geht es der Familie gut, geht es dem Staat gut.
- Zur Zeit zerfallen aber alte Familienkonzepte und alte Rollen und neue sind noch nicht gefunden.
- Es braucht daher dringend neue Konzepte für Familien und neue Rollenbilder für Mütter und Väter, für Männer und Frauen und für Kinder.

Werte und Nutzen für Schule

Wie schon mehrfach erwähnt sind unsere Kinder „Knospen von heute und Blüten von morgen".

- Stellen wir uns vor, alle Kinder haben die Möglichkeit ihr Gehirn nicht nur mit Fachwissen zu schulen, sondern können auch ihre ganz individuellen Talente und Bewegungen entdecken, sodass sie vollkommen authentisch auftreten und ihr Wissen auf ganz neue Art zur Anwendung bringen können.

- Schüler und Studenten sind unsere zukünftigen Führungskräfte – sie sind unsere Zukunft.

Forschung im Bereich Gesundheit

DIE BOTSCHAFTEN DES KÖRPERS VERSTEHEN UND ERNST NEHMEN

Das Institut Kutschera forscht und lehrt seit 1982, was ganzheitlich „gesund sein" heißt.

Wir halten uns an die Verfassung der Weltgesundheitsorganisation (WHO) von 1946: „Gesundheit ist ein Zustand des vollständigen körperlichen, geistigen und sozialen Wohlergehens und nicht nur das Fehlen von Krankheit oder Gebrechen."

Das heißt, Gesundheit ist nicht nur im physischen Körper vorhanden, sondern wird auch von anderen Faktoren beeinflusst wie von

- beruflichen und privaten Beziehungen
- tiefen seelischen Empfindungen
- eigenen Gedanken mit inneren Haltungen und Glaubenssätzen
- täglich gelebten Gefühlen
- dem gesamte Umfeld

Dabei sind ganz unterschiedlich Vorgehensweisen notwendig:

- Für Prävention, um gesund bleiben zu können
- Für akut Kranke
- Für chronisch Kranke

Für viele nicht therapierbare Krankheiten, die unsere Staaten viel Geld kosten, könnten neue Lösungen für Heilung gefunden werden, wenn komplementärmedizinische Methoden mehr Akzeptanz finden würden. Wenn z. B. Mentalcoaches mit Ärzten zusammenarbeiteten, können Kranke die Botschaften ihres Körpers verstehen lernen und ihre Selbstheilungskräfte aktivieren.

Einige Beispiele aus unserer langjährigen Erfahrung:

Herzleiden: Wenn Menschen immer gegen den eigenen Rhythmus gehen und nicht gelernt haben die Balance zwischen den eigenen und den fremden Bedürfnissen zu halten, wird das Herz sich nicht wohlfühlen und überfordert sein.

- Multiple Sklerose, Arthritis, Gicht etc.: Oft sind das sehr empathische Menschen, die Angst vor den eigenen Gefühlen haben, diese immer mehr zurückhalten und verstecken, bis sie buchstäblich erstarren.
- Depression und Burn–out: Diese Menschen sehen keinen Sinn, verzweifeln und können keine neue Richtung für eine lebenswerte Zukunft finden.

Forschungsergebnisse

Quelle: Auswertung von Resonanz-Ausbildungen von 1999 bis 2002. Forschungsbericht 901 gültige Fragebogen, Wien, 2003. (Zusammenarbeit mit Univ.-Prof. Dr. Klaus Zapotoczky, Johannes-Kepler-Universität, Linz)

Menschen in Resonanz

- + Balance zwischen Privatleben und Beruf verbessert sich um 28 %
- + Ängste reduzieren sich von 31 % auf 7 %
- + 26 % hatten zu Beginn Herzleiden, was am Ende auf 2 % gesunken ist.

Forschung im Bereich Wirtschaft: Unternehmen, Organisationen

MENSCHEN SIND ERFOLGSFAKTOREN FÜR UNTERNEHMEN

Mit unseren Programmen lernen Führungskräfte, Mitarbeiterinnen und Mitarbeiter und Teams ein Unternehmen zu gestalten, in dem jeder gerne arbeitet und seine persönliche Bestleistung bringt. Wenn Menschen lernen ihr Fachwissen mit ihrer Intuition, ihrem Bauchgefühl zu verbinden, können sie schnell sichere Entscheidungen treffen und Türen in neue Dimensionen öffnen.

Geht's den Menschen gut, geht's der Wirtschaft gut.

Die Basis und der zentrale Erfolgsfaktor für ein erfolgreiches und attraktives Unternehmen sind die Menschen, die Sinnvolles für das Unternehmen als wichtig erkennen. Die Talente, Kreativität, Intelligenz und Gesundheit der Führungskräfte und Mitarbeiterinnen und Mitarbeiter bringen nachhaltigen Erfolg für ein Unternehmen.

Werte und Nutzen für das Unternehmen

Große strukturelle Veränderungen sind nicht nötig, wenn Menschen als Erfolgsfaktor gesehen werden, die die vorgegebenen Strukturen mit Leben füllen.

Werte und Nutzen für die Gesellschaft

Durch das Lernen von vernetztem Denken werden neue Konzepte für menschliches Miteinander möglich, sowohl national als auch international. Um das bewerkstelligen zu können, müssen wir lernen unser Gehirn auf neue Art zu gebrauchen und verborgene Talente müssten schon in der Schule freigelegt werden, damit Kreativität und Innovationen möglich werden.

Menschen gestalten gemeinsam Regionen, in denen alle gerne leben, in denen sich Familien, Schulen und Unternehmen gemeinsam für Sicherheit und Lebensqualität verantwortlich fühlen.

FORSCHUNGSERGEBNISSE:

Quelle: Zusammenfassung der Ergebnisse in der Zeitschrift „soziologie heute" (Dezember 2015): Effizientere Unternehmen durch Selbst- und Sozialkompetenz.

Resonanz in Unternehmen

+ Einbringen von Werten steigt von 54 % auf 81 %
+ Treffen von Entscheidungen steigt von 32 % auf 62 %
+ Konflikte lösen steigt von 31 % auf 71 %
+ Zugang zur Intuition steigt von 44 % auf 76 %
+ Wahrnehmung von Stress reduziert sich um 50 %

Fazit:

Viele Probleme unserer Zeit liegen nicht auf der Fachebene, sondern auf der Beziehungsebene.

Wir benötigen daher dringend neue Lehr- und Lernmethoden zur nachhaltigen Schaffung eines Unterrichts in holistischem Denken und im Finden eines holistischen Menschenbildes.

KINDHEITSTRÄUME – UNMÖGLICHES MÖGLICH MACHEN

TRÄUME NICHT DEIN LEBEN – LEBE DEINEN TRAUM

Eines Tages wirst Du die Melodie hören und
dann tanz. Ob Du traurig oder glücklich bist …
tanz … Warte nicht erst, bis andere tanzen,
bis dahin könnte die Melodie vorbei sein,
sei Du Melodie – tanz …

–Andrea Schwarz
(„Der kleine Drache Hab-mich-lieb“)

Bei der Entwicklung des Konzepts war das Leben mein bester Lehrmeister. Oft musste ich unter großem Zeitdruck Ergebnisse erzielen und dafür neue Wege finden.

In den vielen Jahren, in denen ich Menschen begleiten durfte, habe ich folgendes gelernt: Menschen wollen Sinn im Leben finden, zum Beispiel, indem sie versuchen den richtigen Beruf zu finden. Sie erlernen spezifisches

Fachwissen und beginnen dann zu arbeiten. Trotzdem haben viele das Gefühl, dass ihnen etwas fehlt.

Um Sinn zu finden und Sinn stiften zu können, ist es wichtig, dass sich die einzelnen Teile, die wesentlich für jeden Menschen sind, zu einem Ganzen zusammenfügen.

Ich glaube, dass die vielen Erfahrungen unserer Kindheit und Jugend, die oft nicht nur als angenehm erlebt wurden, die ersten Lehrjahre für unsere Sinnfindung sind. Wenn wir all das achten, was wir in diesen ersten Erfahrungen gelernt haben und diese ganz individuelle Weisheit mit dem zusammenbringen, was wir uns später als Fachwissen aneignen, fügt sich zum Fachwissen ganz neuer Reichtum und Begeisterung für das, was wir tun. Dann wollen wir unsere Arbeit immer wieder verbessern und sind von unserem Tun begeistert. Dies gilt für jeden Beruf. Ob es ein Buchhalter ist, der sich für die Klarheit und Ordnung in einem Unternehmen begeistert oder ein Müllfahrer, der sich für die Sauberkeit in einer Stadt verantwortlich fühlt oder ein Wissenschaftler, der tiefe Strukturen und Zusammenhänge verstehen will oder ein Arzt, der es liebt Menschen dabei zu helfen sich in ihrem Körper wohl und gesund zu fühlen oder Eltern, die sich freuen ein Zuhause zu gestalten, in das jeder gerne kommt. Wenn wir so denken, erleben wir, wie wichtig jeder Beruf und jede Tätigkeit ist und wie sich das Tun jeder einzelnen Person zu einem großen Ganzen zusammenfügt. Die eigene Lebensgeschichte ergibt dann Sinn und bringt Versöhnung.

Indem ich meine persönliche Geschichte erzähle, lade ich die Leserinnen und Leser ein ihre eigenen Lebenserfahrungen zu erforschen und herauszufinden, wann sie ihre Fähigkeiten entwickelt haben. Wahrscheinlich haben sie schon sehr früh gewusst, wo und wie sie mithelfen können, um die Welt zu einem besseren Platz zu machen. Wie in der Drachengeschichte zu Beginn kann jeder selbst entscheiden: Ist in meiner Erinnerung meine Kindheit ein Horror-Movie oder schaue ich darauf, wie ich all diese Erfahrungen gemeistert habe und was ich daraus gelernt habe.

Das Kriegsende

Ich war vier Jahre alt, als der 2. Weltkrieg zu Ende war. Ein Jahr zuvor war meine Mutter mit uns Kindern von der Stadt Graz in das kleine Dorf St. Lambrecht in der Steiermark evakuiert worden. In der Stadt hatte es kein Gas und keine Heizung mehr gegeben und meine Mutter hatte mit uns Kindern immer wieder bei Bombenangriffen in den Keller gemusst. Wir Kinder waren bei der Evakuierung drei, zwei und ein Jahr alt und meine Mutter war hoch schwanger mit Zwillingen.

Mit uns kamen zwei weitere befreundete Familien nach St. Lambrecht. Dort war eine Siedlung für kinderreiche Nazifamilien errichtet worden, zwölf Häuser für je vier Familien. Wir drei Familien mit insgesamt zwölf Kindern bildeten eine Großfamilie, in der ich aufwuchs. Wenn ich zurückschaue, wird mir bewusst, was diese Frauen Großartiges geleistet haben. Sie machten immer wieder Unmögliches möglich, während ihre Männer im Krieg und dann in Gefangenschaft waren. Wenn wir nichts zu essen hatten, musste ich mit meiner Mutter stundenlang zu Bauern gehen, um dort Essen zu bekommen. Oft hörten wir von den Bauern Sätze wie: „Ihr habt früher genug gefressen, ihr braucht jetzt nichts". Ich fragte mich, warum ich für etwas bestraft wurde, was mein Vater getan hatte. Ich wusste nicht einmal, was genau das war.

Immer gab es aber auch Helfer, sodass meine Mutter nie allein war. Ich bewunderte sie sehr, wie sie sich immer wieder für uns einsetzte. Bald nach dem Krieg wurde alles „normal" und ich genoss die Schule, die Freunde und das Skifahren.

Es klingt vielleicht merkwürdig, aber für uns Kinder war es eine wunderschöne und sehr bewegte Zeit, in der ich sehr viel lernte und immer großartige Helfer hatte. Zwei von ihnen waren für mich immer da:

Die Anni, ein sogenanntes Pflichtjahrmädchen, die mit uns von Graz gekommen war und dann in St. Lambrecht heiratete. Sie hatte eine tiefe, ganz einfache Weisheit, mit der sie mir die alltäglichen Schwierigkeiten erklärte und sie lehrte mich, dass in der Natur und Kirche immer Antworten für mich da seien. Natur und Religion waren für sie lebendiges Miteinander mit vielen Geschichten, denen ich so gerne lauschte.

Wichtig für mich war auch ein alter Pfarrer aus dem Stift St. Lambrecht, der fünf Doktortitel hatte und mir seine persönliche Bibel und seinen persönlichen Rosenkranz schenkte, als ich mit 14 Jahren in das Internat nach Graz ging. Diese beiden Dinge begleiten mich noch immer. Er unterstützte mich auch in meinem Wunsch die Handelsakademie zu besuchen, um dort die Matura machen zu können.

Die Siedlung wurde von Kriegsgefangenen in ihren gestreiften Anzügen gebaut. Sie waren Spanier und auch unsere Babysitter – ich erlebte sie als großartige, liebevolle Männer. Dann plötzlich waren diese Männer weg und unsere Väter mussten die „Streifenanzüge" anziehen. Zu dieser Zeit wusste ich schon, dass gestreifte Häftlingskleidung etwas Schlimmes war und man wollte möglichst nichts mit „denen" zu tun haben. Dann kamen die Engländer mit ihren Panzern, gaben uns die ersten Bananen und die erste Schokolade und ließen uns am Panzer mitfahren. Wir sollten nicht mit den Engländern reden, weil das unsere Feinde waren. Ich mochte sie aber alle – die Spanier, die Eltern und die Engländer.

Ich war damals vier Jahre alt und verstand die Erwachsenen nicht. Ich fragte mich, wer entscheidet eigentlich, wer die Streifenanzüge zu tragen hat, wer entscheidet, wer unsere Feinde sind? Warum waren DIE Engländer, DIE Spanier, DIE Nazis, DIE Katholiken gut oder schlecht? Wer durfte das entscheiden, wo sie für mich doch alle liebevoll und hilfreich waren? Diese Form der kollektiven Beurteilung ist für mich bis heute schrecklich und gefährlich. So erlebte ich, dass die gleichen Menschen doch immer nur das Gleiche tun, wenn sie nichts dazulernen. Bis heute wiederholen sich weltweit Nationalismen, Menschenverachtung, Rassismus und Fanatismus. Ich wünsche mir, dass Menschen endlich vom Beklagen äußerer Umstände wegkommen und von der Unselbstständigkeit hin zur Eigenverantwortung finden.

Erst wenn Menschen Eigenverantwortung lernen, sind sie nicht mehr so leicht manipulierbar.

Genau diese Eigenverantwortung könnte uns im Miteinander neue Richtungen weisen. Ich glaube noch immer fest daran, dass alle Menschen sich danach sehnen die Liebe und die Schönheiten an einander zu entdecken, im Miteinander zu leben und gemeinsam Unmögliches möglich zu machen – wenn sie nur wüssten, wie das geht.

Meine Eltern sind früh gestorben. Sie haben für uns Kinder gelebt und waren für mich großartige Menschen. Ich fragte sie als Jugendliche immer wieder: „Warum habt ihr nicht rechtzeitig, bevor der Krieg begonnen hat, etwas unternommen? Ihr müsst doch mitbekommen haben, was da vor sich ging?" Sie antworteten, dass sie schon bemerkt hätten, dass es unterschiedliche Meinungen gab, aber dass sie fest daran glaubten, dass die Guten gewinnen würden. Ich war wütend und zu jung, um genauer nachzufragen, was mir bis heute leid tut. Folgendes werde ich meinen Kindern und Enkelkindern antworten, wenn sie mir die gleiche Frage stellen:

Ich tue alles, damit Menschen nicht nur Fachwissen vermittelt bekommen, sondern auch lernen Verantwortung für die Anwendung ihres Wissens zu übernehmen. Ich tue alles, damit Menschen Hoffnung und Vertrauen in einer Zukunft finden, in der für alle genug Platz ist, genug Geld, genug Arbeit, genug Liebe, und in der allen bewusst ist, dass sie nicht hilflos sind, sondern dass jeder einen wichtigen Beitrag leisten kann. Dieses Buch und meine vierzig Jahre währende Arbeit sind meine Antworten.

Meine Jahre im österreichischen Ski-Team: Vom Talent zum Erfolg – Grenzen austesten

Skifahren war für mich die Rettung, um durch die Schule zu kommen. Ich war viel unterwegs und ich bin sicher, dass ich ohne meine Skier die Schule kaum durchgehalten hätte. Von meinem siebten Lebensjahr an bin ich täglich nach der Schule bis es finster wurde Ski gefahren. Täglich testeten wir Grenzen aus und setzten uns neue Hindernisse.

Als ich mit zwölf Jahren zu den Bezirksmeisterschaften fahren durfte, brauchte ich neue Ski. Ich wollte Rennskier. Mein Vater hatte dafür kein Geld, aber er glaubte an mich und war auf mich sehr stolz und sagte mir: „Ich weiß, dass du zu den Meisterschaften fahren wirst, ich weiß, dass du mit Rennskiern dort antreten wirst, ich weiß, dass du gewinnen wirst und ich weiß auch, dass ich dir keinen Schilling dazu geben werde." Ich schaffte es nicht nur meine Skier selbst zu finanzieren, sondern auch in den Leistungskader zu kommen, wo ich bis zur Geburt meines ersten Kindes blieb.

Was habe ich in dieser Zeit gelernt *und was war prägend für meinen weiteren Lebensweg und gleichzeitig die Basis für meine Ausbildungsrichtlinien? Wenn man etwas wirklich will, kann man es erreichen. Wenn man den Kindern volles Vertrauen gibt, glauben sie an sich und ihre Talente. Fachwissen allein ist zu wenig. Kinder brauchen weitere Möglichkeiten ihre Talente zu entfalten.*

Im Ski-Team lernte ich viel darüber, was es braucht, um **ein Talent zum Erfolg zu führen**. Man konnte Techniken lernen, um den eigenen Stil immer weiter zu verbessern. Aber nur schlechte Trainer wollten bei den Sportlern die persönliche Note verändern oder sie einem Modell anpassen. Dies ist eine wichtige Unterscheidung, die sich durch meine ganze Arbeit zieht: Wo es gelingt Techniken und den persönlichen Stil oder das eigene Talent zu kombinieren, ist **persönliche Bestleistung** möglich.

Für meine Ausbildung heißt das: Wir haben klare Strukturen und Werkzeuge, die aber von jedem Menschen anders mit Leben gefüllt werden. Bis heute ist für mich jeder Mensch, den ich begleiten darf, ein Wunder, das sich entfalten kann.

Noch etwas Wichtiges lernte ich im Ski-Team: Es machte großen Spaß mit so vielen unterschiedlichen Jungen und Mädchen zusammen zu sein. Es gab ganz wunderbare Diskussionen und viele verschiedene Meinungen. Was ich aber damals beobachtete und was mich nachdenklich Stimmte, war die Tatsache, dass die jungen Männer ihre Weisheit in der Stadt und bei ihrer Arbeit auf einmal nicht mehr lebten. Im Stadtanzug wurden sie plötzlich steif und unbeweglich. Ich dachte mir, wenn sie ihre wunderbare Intuition, die sie beim Skifahren in der Natur hatten, in den Alltag mitnehmen könnten, wären sie die besten und erfolgreichsten Menschen und Führungskräfte.

*Deshalb war ich sehr froh, als ich in den USA bei meinen Ausbildungen lernte, **dass es möglich ist Ressourcen dorthin zu bringen, wo sie gebraucht werden.***

Steffis Start ins Leben in München

Die Geburt meiner jüngsten Tochter Stefanie (1971) war für uns beide traumatisch. Während Steffis Geburt war ich durch Wehentropf und Narkose völlig außer Gefecht gesetzt und Steffi hatte dadurch zu wenig Sauerstoff bekommen. Als sie kurz danach Krämpfe zeigte, war die Diagnose der Ärzte niederschmetternd: Sie würde nicht gehen und nicht sprechen können. Ich wollte dies nicht so hinnehmen, suchte nach Auswegen aus dieser scheinbar hoffnungslosen Situation und wünschte mir, dass meine Tochter in ihrem Leben genauso viel Spaß an der Bewegung ihres Körpers haben wird wie ich. In meinen Träumen sah ich uns beide lachend über eine Blumenwiese laufen. Statt in eine Art Schock zu fallen, begann ich etwas zu tun.

So öffneten sich Türen mit neuen Möglichkeiten in der Physiotherapie, die halfen die nicht vorhandenen Reflexe neu zu lernen. Ich erfuhr auch, dass manche Experten meinten, im ersten Lebensjahr könne alles korrigiert werden und Reflexe sowie Bewegungen neu erlernt werden. Meine Schwägerin hatte gerade ihr Medizinstudium abgeschlossen und berichtete mir von der sogenannten „Bobath-Methode", die spastischen Kindern durch gezielte Übungen helfen konnte, neue Reflexe zu stimulieren. Das Gehirn scheint in der Lage sein bisher ungenutzte Areale zu aktivieren. Mein erstes großes Ziel war, dass Steffi im ersten Jahr alle nichtvorhandenen Reflexe und Bewegungen lernt und „mit anderen lachend über eine Blumenwiese laufen kann". Ein unmögliches Unterfangen, urteilte meine Umgebung und war sich in dieser Haltung einig. Ich war jedoch bereit, alles für Steffi zu versuchen. Dies erforderte viel Disziplin und Geduld. Ich lernte, wie wichtig es ist, dass jeder Schritt zum darauffolgenden passt und jeder Schritt zu einer Ganzheit führt. So besteht beispielsweise die komplexe Krabbelbewegung aus endlos vielen kleinen Abläufen, die alle genau zueinander passen müssen, sonst wird das Krabbeln nicht rund und ausgeglichen.

Diese Erfahrungen wurden zur Grundlage meiner Ausbildungen und Forschungen: Ein klares Ziel und kleine genaue Schritte, die immer wieder zu einer komplexen Ganzheit und dem vorher bestimmten Ziel führen.

Erschwert wurde mein Plan durch die damalige medizinische Meinung, ein behindertes Kind zerstöre die gesunde Familie: Die Ärzte rieten mir eindringlich meine Tochter in ein Heim zu geben. Also begann ich mit den aufwändigen Übungen ohne Unterstützung meiner Familie, die es noch nicht fassen konnte, dass unser Kind nicht gesund war. Da ich noch zwei Kinder mit sieben und neun Jahren hatte, teilte ich mir meinen Tag so ein, dass niemand etwas merkte, wenn ich mit Steffi sieben bis zehn Stunden täglich übte. Die Erfolge waren kaum sichtbar. Es gab Rückschläge, aber mein Zielbild, in dem ich mit Steffi lachend über eine Blumenwiese laufe, gab mir immer wieder Kraft und Hoffnung. Steffi lernte die komplexen Abläufe, die notwendig sind, um sich aufzusetzen, sich umzudrehen und zu krabbeln, bis sie endlich mit einem Jahr laufen konnte. Wir hatten nach großen Anstrengungen unser erstes Ziel erreicht und konnten eine kleine Pause einlegen – laufen, lachen und genießen.

Dann galt es, das Sprechen zu erlernen. Da musste ich zunächst mithilfe einer Logopädin und einer Physiotherapeutin Übungen erfinden und kombinieren, damit ich mit Steffi jeden Laut einüben konnte: Die Logopädin beschäftigte sich mit der Lautbildung, wusste aber nicht, welche Muskeln aktiv werden müssen, damit sie arbeiten konnte, und umgekehrt wusste die Physiotherapeutin nicht, was die Logopädin brauchte. Also beschloss ich von beiden zu lernen und diese Übungen zu kombinieren. Dabei spielten Steffis Brüder eine wichtige Rolle: Sie ahmten spontan ihre Laute und Sprechversuche nach, sie spielten wie Steffi ungeschickt zu sein und gemeinsam lachten sie herzlich. Sie trugen dadurch viel zum Erfolg bei, weil Steffi nicht nur Freude mit ihrem Körper lernte, sondern auch viel Spaß mit anderen zu haben. Dies half ihr im Kindergarten Freunde zu finden und integriert zu sein, obwohl sie offensichtlich mit ihren spastischen Lippen und ihrer Zunge ganz anders war als die anderen Kinder. Meine Söhne hatten mir in dieser Zeit eine wichtige Erkenntnis für meine Ausbildungen und Forschungen geschenkt:

*Lernen braucht immer auch den Austausch
und den Spaß mit anderen.*

So verbrachten wir fünf Jahre mit Üben und nochmals Üben. Ich versuchte sie durch Spaß und Freude zu motivieren, es gab kleine Belohnungen und durch viele spielerische Komponenten gelang es bei aller Anstrengung unsere Beziehung zu erhalten. Tatsächlich konnte Steffi mit sechs Jahren alle Laute sprechen. Sie war gesund, und gemeinsam übersiedelten wir in die USA, wo ich sie in eine normale Schule einschulen konnte.

Natürlich war ich noch lange nervös, weil ich nicht wusste, wie Steffi auf Stress reagieren würde. Andererseits wusste ich, dass ich ihr jetzt die Chance geben musste sich allein zurechtzufinden. Sie schaffte es und vieles mehr in ihrem sehr abwechslungsreichen Leben. Sie war in der Schule immer sehr gut und zugleich durchdrungen von Liebe, Güte und Fröhlichkeit. Steffi war als Krankenschwestern für „Ärzte ohne Grenzen" an vielen Einsatzorten auf der Welt. Heute hat sie eine eigene Familie mit vier Kindern und ist gleichzeitig eine fantastische Mitarbeiterin im Institut Kutschera.

Mit dieser persönlichen Geschichte möchte ich alle Eltern anregen achtsam von und mit ihren Kindern zu lernen, besonders dann, wenn diese „von der Norm abweichen". Ich wünsche ihnen das tiefe Vertrauen zu finden, ihre Kinder in ihrer persönlichen Eigenart annehmen zu können und sie darin zu unterstützen.

Ich habe damals erfahren, dass alles möglich ist, wenn wir mit Spaß und Lust lernen. Für mein Ausbildungskonzept lernte ich, dass unser Gehirn riesige ungenutzte Kapazitäten hat, die noch genutzt werden können.

Anderssein ist Reichtum

Angetan von Steffis Entwicklung, nahm mich die Leiterin der Kinderpsychiatrie am Max–Planck–Institut für Psychiatrie (MPI) in München, die Steffi in ihrer psychischen Entwicklung betreute, in ihr Team auf. So entstand aus der Not heraus meine erste Anstellung und ich konnte den ersten Schritt tun, um meinen Lebenstraum zu verwirklichen. Es war Pionierarbeit: Gemeinsam mit der sozialpsychologischen Abteilung wurden im Max–Planck–Institut Programme für Eltern und Kinder mit Behinderungen entwickelt. Ich war, neben vielen anderen, für die Videos verantwortlich, die mit Familien aufgenommen wurden und als Basis für die wissenschaftliche Arbeit und Forschung zum Einsatz kamen. Damals existierten kaum Vorgaben, wo der Fokus des Interviews liegen sollte und was überhaupt abzufragen war; ich musste mich im Wesentlichen auf meine Intuition verlassen. Ich stand unter enormenen Druck, weil ich unsicher war, ob ich jederzeit Zugang zu meiner Intuition haben würde oder wie ich sie erreichen könnte, wenn dies nicht der Fall wäre. In den 1970er-Jahren wurde die Intuition von den Wissenschaftlern eher belächelt. Aber ich hatte Glück, mein Chef war ein ehemaliger Jesuit und seine klare und strukturierte wissenschaftliche Vorgehensweise faszinierte mich. Er wiederum spürte und achtete meine intuitive Arbeit und ließ mir alle Freiheiten. Beide wollten wir von einander lernen. Es gab sehr respektvolle und achtsame Diskussionen, die das große Interesse von beiden Seiten verdeutlichten.

Diese Erfahrungen und diese gemeinsame Begeisterung, Eltern und deren Kindern zu helfen, festigte meine innere Überzeugung: **Respekt zu haben vor dem Anderssein und zu wissen, dass Anderssein bereichert und man davon viel lernen kann.** Außerdem wollte ich alles über Intuition erfahren und herausfinden, wie sie klar und wissenschaftlich erklärt werden und für jedermann lernbar sein kann.

Praxistest in der Realität – Chicago, USA

Nach dem Umzug der ganzen Familie nach Chicago, USA, wollte ich einerseits in der Praxis arbeiten, aber auch eine feste Stelle haben. An einer staatlich geförderten Sonderschule sollte ich ein Therapieprogramm für jugendliche Kriminelle, Drogenabhängige und Jugendliche mit schweren psychischen Störungen sowie deren Eltern aufbauen. Nach dem relativ geschützten Rahmen am Max-Planck-Institut war meine nächste Herausforderung, täglich acht Stunden mit jungen Menschen in schwierigsten Lebenssituationen zu arbeiten.

Es gab zu dieser Zeit kein Buch über Psychotherapie mit Jugendlichen. Also war ich allein mit meinem psychotherapeutischen Wissen, das mir aber in dieser Situation nicht viel half. Denn ich hatte gelernt, dass die lange dauert und die schweren Traumata der Jugendlichen kaum zu heilen wären. Meine Erfahrungen wiederum hatten mir oft gezeigt, dass Lehrmeinungen in der Praxis nicht immer anwendbar sind.

Die Direktorin der Sonderschule sah es ähnlich. Sie gab mir den klaren Auftrag, in drei Monaten Ergebnisse vorzuweisen, sonst wäre ich für diese staatlich geförderte Stelle nicht geeignet. Wieder war ich mit enormem Zeitdruck konfrontiert, der mich fast zum Aufgeben zwang. Ich hatte jedoch bereits mit den Jugendlichen Gespräche geführt, konnte ihre Situation spüren und wollte sie nicht so einfach verlassen. Ich musste mir also etwas einfallen lassen, um ihnen zu helfen. Getragen von Liebe und Respekt erzielte ich gemeinsam mit den Jugendlichen bald beachtliche Erfolge. Ich durfte viel von ihnen und ihren Familien lernen und bis heute sind sie meine großen Lehrmeister geblieben.

Schwierigen Situationen verdanke ich das Wissen, dass Unmögliches möglich ist, dass jeder Mensch Begeisterung fürs Leben und für eine Tätigkeit finden kann, dass menschliches Miteinander lern- und lebbar ist. Gemeinsam öffneten wir Türen, die neue Chancen fürs Leben aufzeigten.

Vor allem lernte ich dort, dass im psychotherapeutischen und sozialen Bereich **schnell Ergebnisse erreicht werden können** und ich so vielen Jugendlichen in kurzer Zeit helfen konnte ein neues Leben zu beginnen und erfolgreich zu leben.

SCHLUSSWORT

In 35 Jahren haben mein Team und ich ein Programm entwickelt, das jedem Mensch hilft seine Talente zu entdecken und in einem Spezialgebiet Unmögliches möglich zu machen. Das heißt, jeder Mensch findet zu seiner ganz besonderen Individualität, seiner persönlichen Resonanz.

Menschen werden Unmögliches möglich machen, indem sie ihr Bestes finden. Sie werden Produkte entwickeln, die der Erde helfen sich wieder zu regenerieren und dabei viele neue Arbeitsplätze bieten. Sie werden lernen miteinander zu reden und miteinander zu leben – egal welche Religion oder Kultur die anderen haben. Sie werden sich respektieren und vom Anderssein lernen. Sie werden gemeinsam eine Welt gestalten, wo genug für alle da ist: Genug Platz, genug Liebe, genug Essen, genug Geld, genug Bildung, genug Freude und genug Glück – einfach genug von allem – in einem gesunden Klima und einer gesunden Erde.

Ich sehe Familien, wo jeder gerne heimkommt.

Ich sehe Unternehmen, wo jeder gerne arbeitet und sich entfaltet.

Ich sehe Schulen, in denen jeder gerne lernt.

Ich sehe Communities, in denen jeder gerne lebt.

Wir können all das nur gemeinsam bewirken, alleine geht es nicht. Indem wir in uns Resonanz wiederfinden, finden wir Resonanz zu unserem Umfeld, zu unseren Mitmenschen und zur Natur. Benutzen wir die volle Kapazität unseres Gehirns, können wir Unmögliches möglich machen und mit Zuversicht in die Zukunft gehen – glücklich, gesund und stark.

Dieses Jahrhundert ist das Jahrhundert des Bewusstwerdens.

Everybody matters!

ABBILDUNGSVERZEICHNIS

INDEX

LITERATUR

Bandler, Richard (2005). Reframing. Ein ökologischer Ansatz in der Psychotherapie (NLP), München; Junfermann Verlag

Bandler, Richard (1982). Veränderung des subjektiven Erlebens, Fortgeschrittene Methoden des NLP, Paderborn; Junfermann Verlag

Bateson, Gregory (1985). Ökologie des Geistes: Anthropologische, psychologische, biologische und epistemologische Perspektiven, Berlin; Suhrkamp-Verlag

Bauer, Joachim (2004). Das Gedächtnis des Körpers: Wie Beziehungen und Lebensstile unsere Gene steuern, Frankfurt am Main; Eichborn-Verlag

Bear, Sun/Wind, Wabun (2005). Das Medizinrad, Eine Astrologie der Erde, München; Wilhelm Goldmann Verlag

Blanchard, Kenneth/ Bowles, Sheldon M. (2003). Gung Ho!: Wie Sie jedes Team in Höchstform bringen, Hamburg; Rowohlt Taschenbuch Verlag

Chapman, Gary (2010). Die fünf Sprachen der Liebe – Wie Kommunikation in der Ehe gelingt, Marburg an der Lahn; Francke-Buchhandlung GmbH

Csikszentmihalyi, Mihaly (2015). Flow: Das Geheimnis des Glücks, Stuttgart; Klett-Cotta Verlag

Csillag, Charlotte/Kutschera, Gundl (2008). Die Geschichten von Susi und Funki: Ein Märchenbuch und Lehrbuch für Kinder – Leben in Resonanz, Wien; Institut Kutschera GmbH

Dilts, Robert B./ Epstein, Todd/ Dilts, Robert W. (1994). Know-how für Träumer. Strategien der Kreativität – NLP & Modelling – Struktur der Innovation, Paderborn; Junfermann Verlag

Gleick, James (1988). Chaos – die Ordnung des Universums: Vorstoß in Grenzbereiche der modernen Physik, München; Droemer Knaur Verlag

Goleman, Daniel/Boyatzis, Richard/McKee, Annie (2010). Emotionale Führung, Berlin; Ullstein Buchverlage GmbH

Hüther, Gerald (2014). Die Macht der inneren Bilder: Wie Visionen das Gehirn, den Menschen und die Welt verändern, Göttingen; Vandenhoeck & Ruprecht GmbH & Co. KG

Kutschera, Gundl (2003). Sich wieder neu begehren: Neuer Schwung für Ihre Partnerschaft, München; Kösel-Verlag

Kutschera, Gundl (1994). Tanz zwischen Bewusst-sein & Unbewusst-sein: NLP Arbeits- und Übungsbuch, Paderborn; Junfermann Verlag

Kutschera, Gundl/Carl, Roswitha/Pfeffer, Simone (1999). Resonanz in Partnerbeziehungen, NLP – in Harmonie miteinander leben, Paderborn; Junfermann Verlag

Lipton, Bruce (2007). Intelligente Zellen: Wie Erfahrungen unsere Gene steuern, Burgrain; KOHA-Verlag

Nørretranders, Tor (1997). Spüre die Welt. Die Wissenschaft des Bewußtseins (sic!), Reinbek; Rowohlt Verlag

Ruland, Jeanne (2004). Krafttiere begleiten dein Leben, Darmstadt; Schirner Verlag

Scharmer, Claus O. (2015). Theorie U. Von der Zukunft her führen: Presencing als soziale Technik, Heidelberg; Carl-Auer-Systeme Verlag

Schatz, Gottfried (2012). Jenseits der Gene: Essays über unser Wesen, unsere Welt und unsere Träume, Weinheim; Wiley-VCH

Sharma, Robin S. (2013). Der König, der ohne Krone regiert: Eine Parabel vom Erfolg, München; Droemer Knaur MensSana TB

Sheldrake, Rupert (2009). Das schöpferische Universum, Die Theorie des morphogenetischen Feldes, München; Nymphenburger Verlag

ÜBER DIE AUTORIN

Dr. Gundl Kutschera ist Soziologin, Psychotherapeutin, klinische Psychologin, Gesundheitspsychologin, Lebens- und Sozialberaterin, Lektorin an Universitäten und Autorin zahlreicher Bücher.

Mit der von ihr bereits im Jahr 1974 entwickelten Kutschera-Resonanz®-Methode begleitet Dr. Gundl Kutschera heute mit einem Team aus internationalen Trainern und Coaches erfolgreich Menschen in Partnerschaften, Familien, Schulen und Unternehmen in Veränderungsprozessen.

Die Methode setzt Erkenntnisse der Gehirnforschung erfolgreich in die Praxis um und eröffnet ungeahnte Möglichkeiten für neue Lernstrategien, Begeisterung und Motivation. Dabei wird ganzheitliche Gesundheit und gute Kommunikation lehr- und lernbar gemacht, Intuition und Fachwissen erfolgreich miteinander verbunden sowie individuelle Talente und Potentiale freigelegt.

In ihrer langjährigen Tätigkeit wurde sie immer wieder mit der Tatsache konfrontiert, dass zwar sehr viel Fachwissen gelehrt wird. Aber für das, was für unser Leben so wichtig ist – Beziehungen, Gefühle, Liebe und Miteinander – gibt es nur wenig bis gar keine Schulung. Diese zentralen Inhalte und Themengebiete hat sie mit ihrem Team erfolgreich lehr- und lernbar gemacht.

Gegründet 1982 bietet das Institut Kutschera:

- Umfangreiche Ausbildungen
- Persönliche und berufliche Beratung
- Business-Training für Mitarbeiter und Führungskräfte
- Vielseitige Seminare
- Einzel- und Gruppen-Coaching
- Projekt- und Prozessbegleitung auf höchstem Niveau

Im Jahr 2010 gründet Gundl Kutschera die Talente-Akademie (kurz TAK®). Diese widmet sich der Förderung von Grundlagenforschung zur individuellen Stärkung von Menschen auf den Gebieten Talente, Intuition, gute Kommunikation und Menschlichkeit. Übergeordnetes Forschungsziel ist die Erkundung und Wahrnehmung eines holistischen Menschenbildes.

Dr. Gundl Kutschera ist seit über 50 Jahren verheiratet, hat 3 Kinder und 14 Enkelkinder. Sie hat immer beides gelebt und geliebt – ihre Familie und ihre Arbeit.

institutkutschera

www.kutschera.org